2022
广东省区域创新能力评价报告

柳卸林　杨博旭　何健文◎主编

科学技术文献出版社
·北京·

图书在版编目（CIP）数据

2022广东省区域创新能力评价报告 / 柳卸林，杨博旭，何健文主编．—北京：科学技术文献出版社，2023.7
ISBN 978-7-5235-0444-4

Ⅰ．①2… Ⅱ．①柳… ②杨… ③何… Ⅲ．①区域经济发展—研究报告—广东—2022 Ⅳ．① F127.65

中国国家版本馆 CIP 数据核字（2023）第 120567 号

2022广东省区域创新能力评价报告

| 策划编辑：崔　蕤 | 责任编辑：张瑶瑶 | 责任校对：张永霞 | 责任出版：张志平 |

出　版　者　科学技术文献出版社
地　　　址　北京市复兴路15号　邮编 100038
编　务　部　（010）58882938，58882087（传真）
发　行　部　（010）58882868，58882870（传真）
邮　购　部　（010）58882873
官 方 网 址　www.stdp.com.cn
发　行　者　科学技术文献出版社发行　全国各地新华书店经销
印　刷　者　北京厚诚则铭印刷科技有限公司
版　　　次　2023年7月第1版　2023年7月第1次印刷
开　　　本　889×1194　1/16
字　　　数　324千
印　　　张　15.25
书　　　号　ISBN 978-7-5235-0444-4
定　　　价　68.00元

版权所有　违法必究

购买本社图书，凡字迹不清、缺页、倒页、脱页者，本社发行部负责调换

课题组成员

柳卸林　中国科学院大学经济与管理学院　教授、博导
杨博旭　中国社会科学院数量经济与技术经济研究所
　　　　助理研究员
张金水　广东省科学技术情报研究所　研究员
何健文　广东省科学技术情报研究所　副研究员
刘　文　中国科学院大学经济与管理学院　博士后
杨培培　弗劳恩霍夫系统与创新研究所　博士后
幸　雯　广东省科学技术情报研究所　助理研究员
常馨之　中国科学院大学经济与管理学院　博士生
吉晓慧　中国科学院大学经济与管理学院　博士生
张誉发　广东省科学技术情报研究所　助理研究员
黄志宇　广东省科学技术情报研究所　助理研究员
肖　楠　中国科学院大学经济与管理学院　科研助理
杨　萍　中国科学院大学经济与管理学院　硕士生

导　言

广东是中国改革开放得风气之先的地方，也是中国开放程度最高、经济活力最强的区域之一。自 2017 年以来，连续 6 年区域创新能力排名全国第一，广东深入实施创新驱动发展战略，构建高效能区域创新体系，以区域创新推动经济高质量发展。党的十八大以来，习近平总书记 3 次赴广东考察调研，指引广东解放思想、大胆创新，努力在全面建设社会主义现代化国家新征程中走在全国前列、创造新的辉煌。习近平总书记在考察广东期间，强调广东作为改革排头兵作用，先后提出广东应该"将改革开放继续推向前进""继续全面深化改革、全面扩大开放，努力创造出令世界刮目相看的新的更大奇迹""以更大魄力、在更高起点上推进改革开放"。《粤港澳大湾区发展规划纲要》《关于支持深圳建设中国特色社会主义先行示范区的意见》等文件的颁布实施，进一步赋予广东改革开放先行先试的使命和担当。

在过去 10 年里，广东创新能力也取得了令人瞩目的成就。一是区域创新能力全国领先。广东区域创新能力综合得分连续 6 年排名全国第一，从各维度来看，2022 年，广东在企业创新、创新环境、创新绩效中均排名第一，在研发人员全时当量、万人有效发明专利拥有量等基础指标方面也居全国首位，国家级战略科技力量布局居全国前列。二是保持较高增长速度。广东不仅拥有较强创新实力，同时也保持较快增长速度，2022 年创新潜力排名第二，创新能力相对得分的领先优势不断扩大；研发经费投入强度从 2011 年的 1.96% 提高到 2022 年的 3.14%，增加 1.18 个百分点，增加量全国第一。三是建成以企业为主体的创新体系。得益于改革开放示范区建设，广东市场化改革走在全国前列，企业创新较为活跃，规模以上工业企业投入、产出等多个企业相关指标均居全国首位。四是粤港澳大湾区建设成效显著。粤港澳大湾区建设是国家重大发展战略，"深圳－香港－广州"创新集群位列全球第二、国内第一，PCT 专利申请量明显高于京津冀、长三角等城市群。

面临复杂多变的国际国内形势，广东创新发展面临诸多机遇和挑战。一是国际形势深刻变革下，先行示范区建设要有新担当。广东必须风雨兼程，锐意进取，以新担当、新作为继续在全面建设社会主义现代化国家新征程中发挥重要的引领和带动作用。二是需要培育经济发展新动能。广东作为重要的沿海省份，毗邻港澳，也是连接国内大循环与国际大循环的重要节点，必须着眼大局、立足实际，全面实施创新驱动发展战略，促进产业转型升级，培育经济发展新动能。三是扎实推进共同富裕下，应对区域协调有新要求。从广东内部区域创新协调发展来看，区域发展不协调问题依然存在。广东应立足区域现状，依托产业特色和资源禀赋，推动高质量区域协调发展。四是推动高水平科技自立自强。当前，国内制造业出口增长受到抑制，发达国家在关键核心领域对国内制造业发展的限制升级，要求广东加快构建全过程创新生态链，推动广东科技和产业创新优势在新的高度立起来、强起来。

我们承担《广东省区域创新能力评价报告》研究任务以来，有不少理论和实践方面的探索。这份最新报告总结了前几年的经验，对广东省区域创新能力评价指标体系进行了调整，以便更全面反映广东各地市的创新能力。随着指标体系调整和数据消长，各地市评价得分和排位结果可能会出现较大变化。本报告关于区域创新能力年度变化的分析，均是基于新指标体系的新得分、新排位，而不是将新旧两套指标体系得分放在一起比较。为此我们采用新的指标体系做了2018年以来5年的广东区域创新能力追溯研究，但报告的重点仍是2022年。

与国内外相关报告的惯例一致，2022年广东省区域创新能力评价是基于2020年的数据进行的，分析的是各地市在2020年表现出来的创新能力，特此说明。由于本报告是集体完成的，文字风格不尽统一，加之经验有限，仍有许多不尽人意之处，欢迎各界批评指正。

本课题受到"全省区域创新能力建设相关研究（2021A1010010003）"的资助，得到了广东省科学技术情报研究所的支持，特此感谢。

柳卸林
2022 年 11 月

目 录

第一篇 2022年广东省区域创新能力分析 1

第1章 广东省区域创新能力现状与特征 2
- 1.1 创新人力资源分析 2
- 1.2 创新财力资源分析 4
- 1.3 创新存量资源分析 6
- 1.4 战略科技力量分析 9
- 1.5 产业运行分析 13

第2章 广东省区域创新能力综合分析 16
- 2.1 三大创新集群比较分析 16
- 2.2 区域创新能力综合排名分析 19
- 2.3 区域创新能力各维度分析 20
- 2.4 区域创新关键基础指标分析 21

第3章 广东省各地市创新能力排名 26
- 3.1 综合指标分析 26
- 3.2 分维度指标分析 29
- 3.3 排名变化较大地市分析 39

第4章 广东省区域创新的机遇和挑战 43
- 4.1 国际形势深刻变革下，先行示范区建设新担当 43
- 4.2 构建新发展格局下，培育经济发展新动能 44
- 4.3 扎实推进共同富裕下，应对区域协调新要求 44
- 4.4 西方加紧技术封锁下，推动高水平科技自立自强 45

第二篇 区域创新能力分地市报告……47

第5章 各地市创新能力分析……48
　　5.1　广州市创新能力分析……48
　　5.2　深圳市创新能力分析……56
　　5.3　珠海市创新能力分析……68
　　5.4　汕头市创新能力分析……78
　　5.5　佛山市创新能力分析……85
　　5.6　韶关市创新能力分析……92
　　5.7　河源市创新能力分析……99
　　5.8　梅州市创新能力分析……107
　　5.9　惠州市创新能力分析……115
　　5.10　汕尾市创新能力分析……125
　　5.11　东莞市创新能力分析……133
　　5.12　中山市创新能力分析……142
　　5.13　江门市创新能力分析……150
　　5.14　阳江市创新能力分析……158
　　5.15　湛江市创新能力分析……167
　　5.16　茂名市创新能力分析……175
　　5.17　肇庆市创新能力分析……183
　　5.18　清远市创新能力分析……192
　　5.19　潮州市创新能力分析……200
　　5.20　揭阳市创新能力分析……209
　　5.21　云浮市创新能力分析……219

第6章 区域创新能力评价的方法与意义……231
　　6.1　区域创新能力评价的意义……231
　　6.2　评价体系与分析框架……231

第一篇
2022 年广东省区域创新能力分析

第1章 广东省区域创新能力现状与特征

1.1 创新人力资源分析

创新人力资源是区域创新的主要投入要素，本报告选用研发人员全时当量代表地区创新人力资源投入。广东省2011—2020年研发人员全时当量及与全国平均水平的比较情况如图1-1所示。

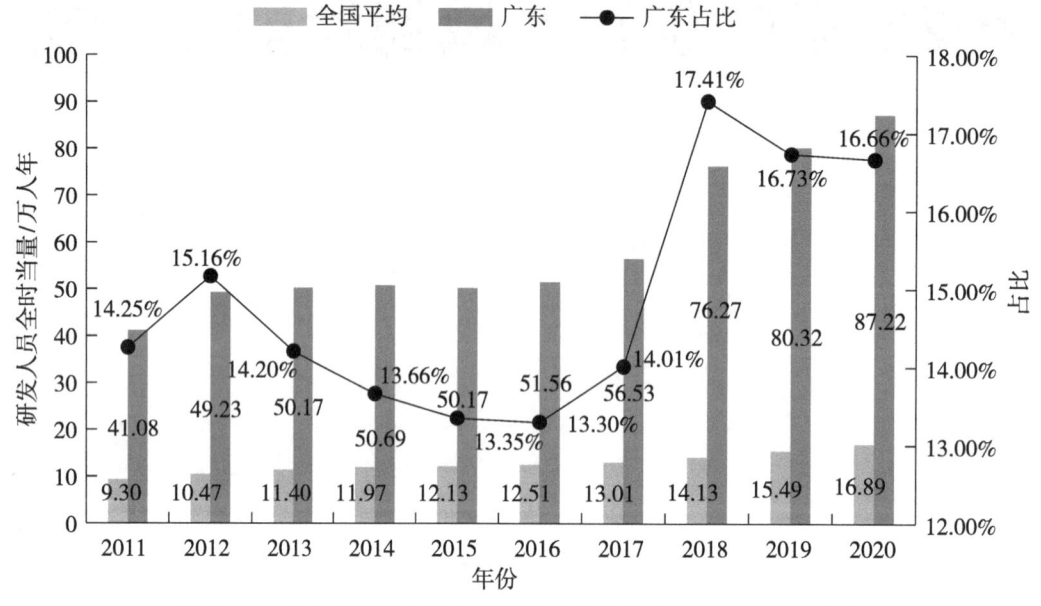

图1-1 广东省研发人员全时当量变化趋势（2011—2020年）

由图1-1可以看出，广东省创新人力资源投入呈现上升趋势，且投入总量远高于全国平均水平。特别是在2017年以后，广东省创新人力资源投入增长明显，领先优势持续扩大。从广东省创新人力资源投入占比来看，广东省创新人力资源投入占全国比例保持在13%以上，虽然2012—2016年占比有所下降，但是2018年占比快速上升，此后占比提高到16%以上。

2011年和2020年广东省研发人员全时当量与全国其他省份的对比情况如表1-1所示。从表中数据可以看出，2011年和2020年广东省的研发人员全时当量在全国的排名一直保持第一，江苏省、浙江省和山东省紧随其后，且广东省的创新人力资源投入量一直保持明显优势。从研发人员全时当量的增长来看，过去 10 年间，广东省增长 112.32%，排全国第 8 位，在研发人员全时当量超过 20 万人年省份中仅低于浙江省，高于江苏、山东和北京等省份。江西、贵州和重庆等中西部省份因基数较低增长较快，排在广东省前面。

表1-1　全国各省份研发人员全时当量及排名

省份	2011 年		2020 年		变动	
	研发人员全时当量/人年	排名	研发人员全时当量/人年	排名	增长率	排名
广东	410 805.0	1	872 238.3	1	112.32%	8
江苏	342 765.3	2	669 084.0	2	95.20%	10
浙江	253 686.5	3	582 980.8	3	129.80%	7
山东	228 607.5	4	341 158.7	4	49.23%	20
北京	217 255.2	5	336 279.8	5	54.79%	18
上海	148 500.4	6	228 620.8	6	53.95%	19
河南	118 040.5	7	203 080.3	7	72.04%	12
湖北	113 919.6	8	192 167.7	9	68.69%	14
福建	96 884.1	9	185 622.3	11	91.59%	11
湖南	85 783.0	10	177 561.2	12	106.99%	9
四川	82 484.8	11	189 828.8	10	130.14%	6
安徽	81 086.9	12	194 688.1	8	140.10%	5
辽宁	80 976.5	13	111 931.2	16	38.23%	22
天津	74 293.4	14	90 639.5	18	22.00%	24
陕西	73 500.5	15	118 806.6	15	61.64%	17
河北	73 024.8	16	125 057.6	13	71.25%	13
黑龙江	66 599.0	17	44 204.5	23	-33.63%	31
山西	47 354.5	18	52 394.1	20	10.64%	26
吉林	44 814.6	19	44 472.2	22	-0.76%	28
重庆	40 697.7	20	105 712.0	17	159.75%	3
广西	40 135.3	21	45 820.7	21	14.17%	25
江西	37 517.2	22	124 326.1	14	231.38%	1
内蒙古	27 603.5	23	27 913.7	25	1.12%	27
云南	25 091.9	24	60 368.5	19	140.59%	4

续表

省份	2011年		2020年		变动	
	研发人员全时当量/人年	排名	研发人员全时当量/人年	排名	增长率	排名
甘肃	21 332.1	25	26 813.5	26	25.70%	23
贵州	15 885.5	26	41 496.4	24	161.22%	2
新疆	15 450.6	27	14 108.8	27	−8.68%	29
宁夏	7357.5	28	12 168.8	28	65.39%	16
海南	5396.6	29	8961.4	29	66.06%	15
青海	5006.2	30	4423.3	30	−11.64%	30
西藏	1080.9	31	1578.9	31	46.07%	21

数据来源：《中国科技统计年鉴》。

1.2 创新财力资源分析

创新财力资源是区域创新的重要投入要素，也是各类创新活动的基础，本报告用研发经费投入强度，即研发经费内部支出与地区GDP之比代表地区创新财力资源投入情况。广东省2011—2020年研发经费投入强度及与全国平均水平的比较情况如图1-2所示。

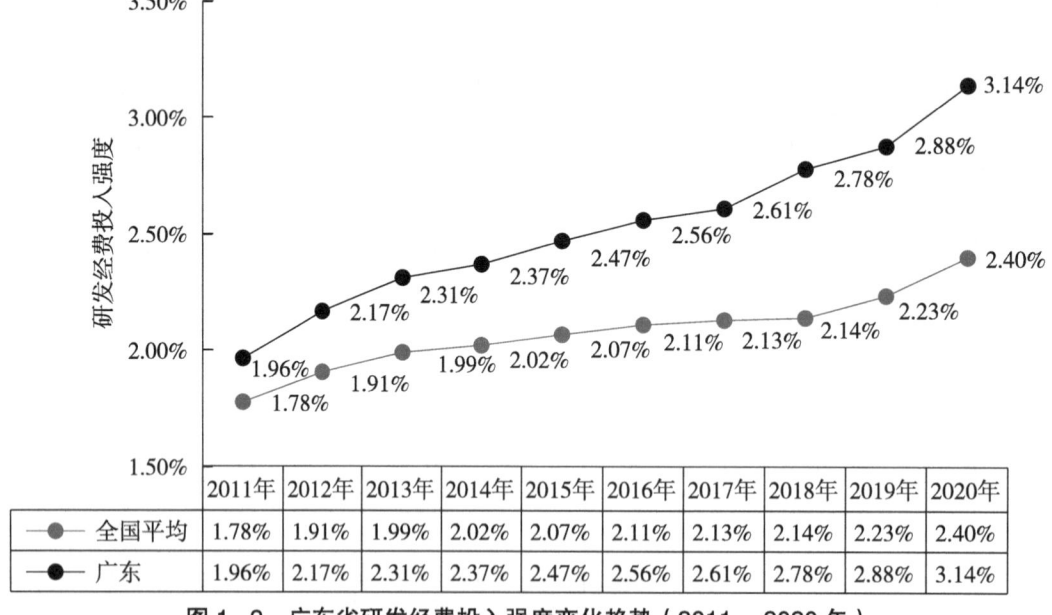

图1-2 广东省研发经费投入强度变化趋势（2011—2020年）

由图1-2可以看出，广东省研发经费投入强度始终高于全国平均水平，且在2016年达到2.56%，已经完成了国家"十三五"研发经费投入目标。2011—2020年，广东省研发经费投入强度呈现上升趋势，且增长速度高于全国平均水平。较高的研发经费投入强度在很大程度上为广东省区域创新能力的提升提供了保障。

2011年和2020年广东省研发经费投入强度与全国其他省份的对比情况如表1-2所示。与2011年相比，广东省2020年的研发经费投入强度由全国第6位提高到全国第4位，增长1.18个百分点，居全国首位。2020年研发经费投入强度排名前三的依次是北京市、上海市和天津市，均为直辖市，广东省研发经费投入强度比第3位的天津市少0.30个百分点，与北京市和上海市相比依然存在一定差距。

表1-2 全国各省份研发经费投入强度及排名

省份	2011年		2020年		变动	
	研发经费投入强度	排名	研发经费投入强度	排名	增长量/个百分点	排名
广东	1.96%	6	3.14%	4	1.18	1
上海	3.11%	2	4.17%	2	1.06	2
浙江	1.85%	8	2.88%	6	1.03	3
湖南	1.19%	15	2.15%	13	0.97	4
河北	0.82%	22	1.75%	16	0.93	5
安徽	1.40%	11	2.28%	10	0.88	6
江西	0.83%	21	1.68%	17	0.85	7
重庆	1.28%	13	2.11%	14	0.82	8
天津	2.63%	3	3.44%	3	0.81	9
宁夏	0.73%	24	1.52%	19	0.79	10
四川	1.40%	12	2.17%	12	0.77	11
江苏	2.17%	4	2.93%	5	0.76	12
北京	5.76%	1	6.44%	1	0.68	13
湖北	1.65%	9	2.31%	8	0.67	14
福建	1.26%	14	1.92%	15	0.66	15
河南	0.98%	18	1.64%	18	0.66	16
辽宁	1.64%	10	2.19%	11	0.55	17
吉林	0.84%	20	1.30%	20	0.45	18

续表

省份	2011 年		2020 年		变动	
	研发经费投入强度	排名	研发经费投入强度	排名	增长量/个百分点	排名
山东	1.86%	7	2.30%	9	0.44	19
陕西	1.99%	5	2.42%	7	0.42	20
云南	0.63%	27	1.00%	24	0.37	21
内蒙古	0.59%	28	0.93%	25	0.33	22
贵州	0.64%	26	0.91%	26	0.27	23
海南	0.41%	30	0.66%	29	0.25	24
甘肃	0.97%	19	1.22%	22	0.25	25
黑龙江	1.02%	16	1.26%	21	0.24	26
山西	1.01%	17	1.20%	23	0.19	27
广西	0.69%	25	0.78%	27	0.09	28
西藏	0.19%	31	0.23%	31	0.04	29
青海	0.75%	23	0.71%	28	-0.04	30
新疆	0.50%	29	0.45%	30	-0.05	31

数据来源：《中国科技统计年鉴》。

1.3 创新存量资源分析

区域创新能力是一个地区投入产出的综合水平，本报告已经将创新人力资源和创新财力资源两个投入资源进行了分析，而创新投入的产出累积量便构成地区创新的存量资源。由于技术知识具有累积性，所以这些存量资源是增量资源投入的产出基础，也是地区引进、消化、吸收外部资源的重要基础。因此在某种程度上，创新存量资源是地区创新能力的标志性指标，不同地区的创新存量资源状况也能反映地区的创新能力。

考虑到各地区体量导致的投入产出之间的差异，本报告选用万人有效发明专利拥有量反映地区创新存量资源的情况。广东省 2011—2020 年万人有效发明专利拥有量及与全国平均水平的比较情况如图 1-3 所示。

第1章 广东省区域创新能力现状与特征

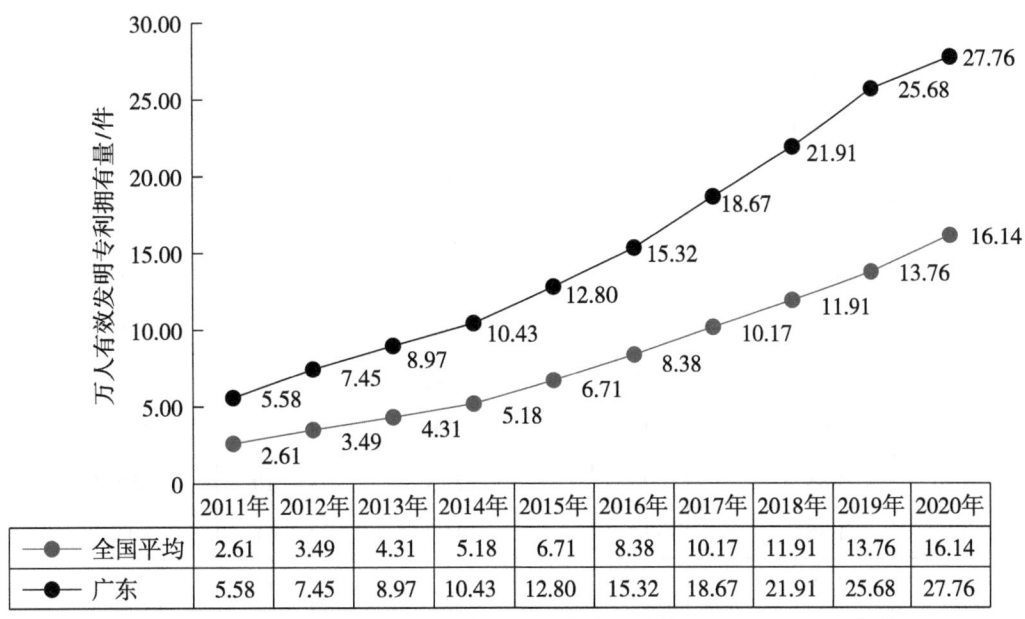

图1-3　广东省万人有效发明专利拥有量变化趋势（2011—2020年）

通过广东省万人有效发明专利拥有量与全国平均水平的对比发现，广东省一直高于全国平均水平，且领先优势呈扩大趋势。2011年，广东省万人有效发明专利拥有量为5.58件，比全国平均水平2.61件高出2.97件，到2020年，广东省万人有效发明专利拥有量比全国平均水平高11.62件。

2011年和2020年广东省万人有效发明专利拥有量与全国其他省份的对比情况如表1-3所示。由表可见，与2011年相比，2020年广东省万人有效发明专利拥有量在全国的排名略有下降，由2011年的第4位下降到2020年的第5位，下降了1个位次，尽管广东省的万人有效发明专利拥有量大幅增长，但是随着全国对专利产出重视程度的不断提高，大多数省份的万人有效发明专利拥有量都实现了快速增长，特别是江苏省和浙江省，因此也导致广东省的排名下降了1个位次，也说明广东省创新存量资源累积速度不够快。从万人有效发明专利拥有量的变化来看，广东省增长率全国仅排第28位，而安徽省增长率居全国首位，其他增长率排名靠前的省份大多为中西部省份。

表1-3　全国各省份万人有效发明专利拥有量及排名

省份	2011年		2020年		变化	
	万人有效发明专利拥有量/件	排名	万人有效发明专利拥有量/件	排名	增长率	排名
北京	26.01	1	153.30	1	489.30%	19
上海	13.26	2	58.52	2	341.41%	31
江苏	3.72	6	34.40	3	824.83%	4
浙江	4.71	5	30.86	4	555.17%	16

续表

省份	2011年		2020年		变化	
	万人有效发明专利拥有量/件	排名	万人有效发明专利拥有量/件	排名	增长率	排名
广东	5.58	4	27.76	5	397.32%	28
天津	6.02	3	27.51	6	356.82%	30
安徽	0.80	18	16.08	7	1907.17%	1
陕西	2.19	8	13.82	8	530.92%	18
湖北	1.54	11	12.80	9	731.24%	8
山东	1.63	9	12.25	10	652.59%	11
福建	1.35	14	12.20	11	803.02%	6
辽宁	2.38	7	11.23	12	370.97%	29
重庆	1.63	10	11.02	13	577.01%	13
黑龙江	1.51	12	8.62	14	471.43%	20
湖南	1.28	15	8.47	15	560.64%	15
四川	1.15	16	8.41	16	631.17%	12
吉林	1.37	13	7.19	17	424.48%	25
宁夏	0.50	25	5.12	18	915.91%	3
广西	0.40	29	4.94	19	1149.58%	2
山西	0.93	17	4.72	20	404.83%	26
河北	0.60	24	4.57	21	666.65%	9
河南	0.65	21	4.38	22	570.98%	14
海南	0.78	19	4.22	23	443.09%	22
江西	0.41	27	3.76	24	806.15%	5
甘肃	0.61	23	3.32	25	444.37%	21
云南	0.66	20	3.30	26	399.01%	27
贵州	0.61	22	3.26	27	431.63%	24
青海	0.36	30	3.12	28	759.27%	7
内蒙古	0.45	26	2.89	29	544.90%	17
新疆	0.41	28	2.19	30	437.46%	23
西藏	0.27	31	2.09	31	664.03%	10

数据来源：《中国科技统计年鉴》。

1.4 战略科技力量分析

国家战略科技力量是体现国家意志、服务国家需求、代表国家水平的科技中坚力量，强化国家战略科技力量是新时代实现我国科技自立自强、支撑全面建设社会主义现代化国家的必然选择，是加快建设科技强国的重要任务。国家"十四五"规划提出，要坚持创新在我国现代化建设全局中的核心地位，把科技自立自强作为国家发展的战略支撑，强化国家战略科技力量。

现阶段，我国正加快打造创新发展战略高地，形成"3个国际科技创新中心+4个综合性国家科学中心"创新空间布局。其中，粤港澳大湾区作为国家战略高地之一，国际科技创新中心建设成效初显，大湾区综合性国家科学中心建设顺利起步，5G等领域产业优势不断显现。

国家重点实验室、国家工程技术研究中心等机构作为国家战略科技力量的重要体现，也是各地区创新能力的重要来源；而科技企业孵化器则在创新培育方面起到重要作用。为此，本报告对国家重点实验室、国家工程技术研究中心和科技企业孵化器的情况进行分析，考察广东省战略科技力量。

1.4.1 国家重点实验室

国家重点实验室，属于科学与工程研究类国家科技创新基地，面向前沿科学、基础科学、工程科学等，开展基础研究、应用基础研究等，推动学科发展，促进技术进步，发挥原始创新能力的引领带动作用。截至2020年，国家重点实验室分布在25个省份。其中，北京市136家，明显领先于其他省份；上海市和江苏省分别以44家和39家居全国第2位和第3位；广东省以30家居全国第4位，占全国的5.75%。

图1-4呈现了广东省国家重点实验室数量的变化情况，2011—2020年，广东省的国家重点实验室从13家增长到30家，增长130.77%。从国家重点实验室分布来看，学科类12家、企业类13家、省部共建类5家。广东省国家重点实验室在地域分布上，已覆盖广州（21家）、深圳（6家），以及肇庆、东莞、珠海等珠二角地市；在领域分布上，涵盖材料、医学、医药、工程、地球、生物、农业、信息、矿产、能源等多个领域。

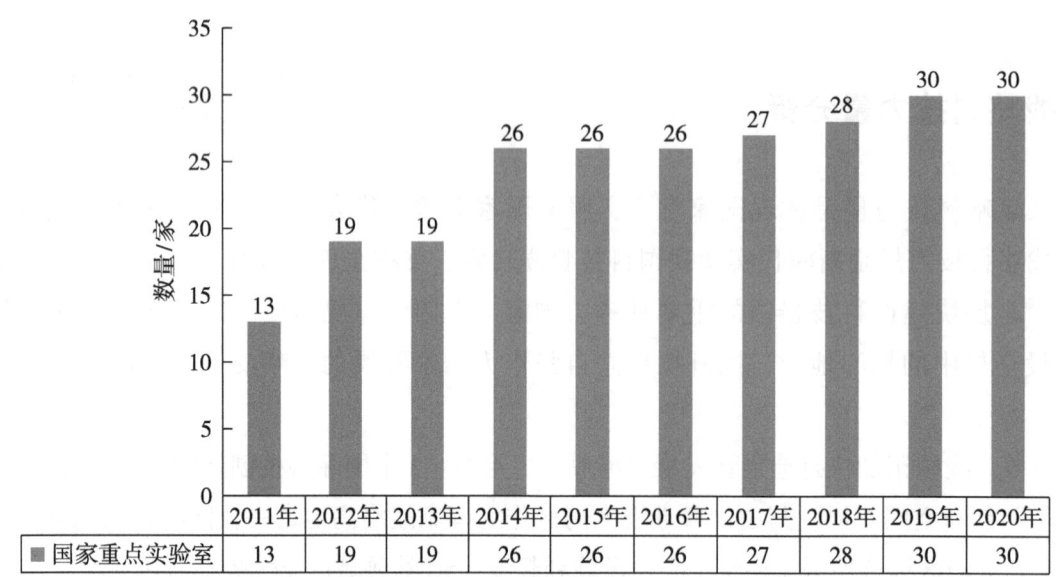

图 1-4　广东省国家重点实验室数量变化（2011—2020 年）

广东省国家重点实验室充分发挥国家队和主力军的作用，承担国家重大、重点研究任务能力不断增强，突破了一批核心关键技术，取得了一批国际领先的原创性研究成果。近 3 年，广东省国家重点实验室牵头承担的国家级项目超 2000 项，获得财政经费近 40 亿元；牵头承担的省部级项目 1800 多项，获得财政经费超 19 亿元；获得国家级科技奖项 14 项、省部级科技奖项近 300 项，发表论文 16 000 多篇，其中高水平论文 12 000 多篇[①]。

广东省国家重点实验室整体数量快速提升，但是与北京市、上海市和江苏省仍有差距，实验室分布以广州和深圳为主，呈现出地理分布的非均衡性，未来仍需要强化国家重点实验室建设，争取更多国家重点实验室在广东省布局。

1.4.2　国家工程技术研究中心

国家工程技术研究中心主要是指依托于行业、领域科技实力雄厚的重点科研机构、科技型企业或高校，拥有国内一流的工程技术研究开发、设计和试验的专业人才队伍，具有较完备的工程技术综合配套试验条件，能够提供多种综合性服务，与相关企业紧密联系，同时具有自我良性循环发展机制的科研开发实体。

截至 2018 年，国家工程技术研究中心总数达到 346 家，包含分中心在内共 359 家，分布在 30 个省份[②]，涵盖了农业、电子与信息通信、制造业、材料、节能与新能源、现代交通、生物与医药、资源开发、环境保护、海洋、社会事业等领域。其中，北京市以 64 家位居榜

---

① 罗俊博.广东省国家重点实验室建设主要情况与展望[J].广东科技，2022，31（5）：41-43。
② 自 2018 年后，科技部不再批复新建国家工程技术研究中心。

首，山东省和江苏省分别为36家和32家，居第2位和第3位，广东省则以24家居第5位[①]。广东省国家工程技术研究中心虽然全国排第5位，但与北京市、山东省和江苏省存在明显差距。

从广东省国家工程技术研究中心数量的变化来看（图1-5），2011—2020年，数量基本保持稳定，自2013年从22家增长到23家后，一直保持不变。

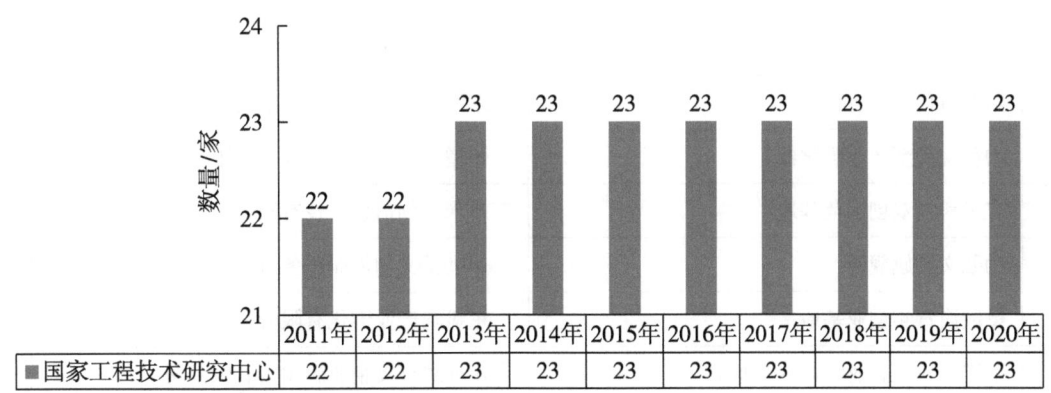

图1-5 广东省国家工程技术研究中心数量变化（2011—2020年）

1.4.3 科技企业孵化器

科技企业孵化器是培育和扶持高新技术中小企业的服务机构。部分孵化器也担负着一定的科技研发任务，拥有相应的实验室配备。2021年，全国创业孵化机构数量达15 253家，其中孵化器6227家（国家级科技企业孵化器1287家），众创空间9026家（国家备案众创空间2551家）。全国创业孵化机构总体运营成效良好，总收入达到801.76亿元，同比增长10.58%。其中，孵化器在孵企业年收入1.24万亿元，同比增长21.30%[②]。

科技部火炬中心网站发布2021年度国家级科技企业孵化器名单，共149家机构入选。其中，广东省入选机构25家，包括5家综合机构和20家专业机构，具体情况如表1-4所示。

表1-4 2021年广东省国家级科技企业孵化器名单

序号	孵化器名称	运营主体名称	类型
1	01共创孵化器	中山火炬零壹共创孵化器有限公司	专业
2	港湾1号科创园	珠海高新文创投资有限公司	综合
3	广东华南新药创制中心	广东华南新药创制中心	专业
4	广州芯大厦科技企业孵化器	广州广胜电子有限公司	专业

---

① 数量含分中心，数据来源于前瞻产业研究院：https://www.sohu.com/a/436176285_473133。
② 数据来源：《中国创业孵化发展报告（2022）》。

续表

序号	孵化器名称	运营主体名称	类型
5	广东省科学院佛山产业技术研究院孵化器	广东省科学院佛山产业技术研究院有限公司	专业
6	广东融谷创新产业园科技企业孵化器	广东融谷创新产业园有限公司	专业
7	云浮高新技术产业开发区科技企业孵化器	云浮市信息科技发展有限公司	专业
8	白云电气孵化器	广州市世科高新技术企业孵化器有限公司	专业
9	中山坦南创客园	中山市坦南创客园投资有限公司	综合
10	网商时代江门孵化器	广东网商时代产业园投资管理有限公司	综合
11	增科院高新产业孵化器	广州增电科学技术研究院有限公司	专业
12	有米科技双创示范基地	广州米双创信息科技有限公司	专业
13	励弘文创旗舰园	广州励弘文创创业服务有限公司	专业
14	粤港澳青年创业基地	广东科鑫产业孵化有限公司	专业
15	远洋新三板企业孵化培育基地	广州远鸥科技企业孵化器有限公司	专业
16	乐天云谷	广东乐天创意园投资有限公司	专业
17	金美科技园	东莞市金美科技园有限公司	专业
18	云谷·软件和信创产业孵化器	广州云谷科技创业投资有限公司	专业
19	宝豪 Winpark 科技企业孵化器	东莞市宝豪通讯科技有限公司	专业
20	珠海信息港	珠海禾田信息港发展有限公司	专业
21	凤凰里孵化器	广州大诚物业发展有限公司	专业
22	骏翔 U8 智造孵化器	深圳市骏翔智造实业有限公司	综合
23	汇聚新桥 107 创智园	深圳市汇聚创新园运营有限公司	专业
24	We Serve 紫荆 1 号双创园	深圳市众创空间创业投资管理有限公司	综合
25	众里创新社区·兴东孵化器	深圳市泛得孵化器管理有限公司	专业

2011—2020 年，广东省科技企业孵化器和在孵企业数量变化如图 1-6 所示。在过去 10 年里，广东省科技企业孵化器和在孵企业数量均呈现快速增长态势，科技企业孵化器数量从 2011 年的 48 家增长到 2020 年的 1104 家，增长 20 多倍，在孵企业数量从 2011 年的 4040 家增长到 2020 年的 34 553 家，增长近 9 倍。科技企业孵化器和在孵企业数量的增加，为广东省区域创新不断注入活力。

第 1 章
广东省区域创新能力现状与特征

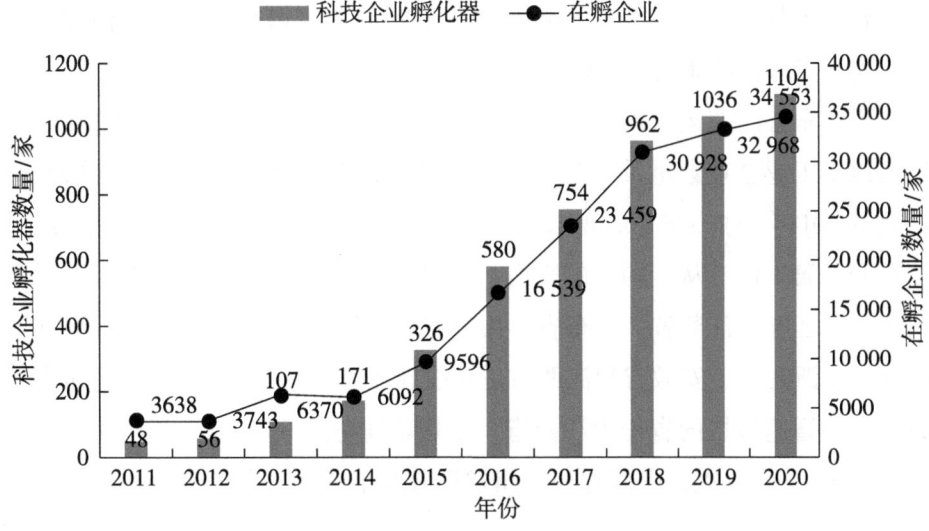

图 1-6　广东省科技企业孵化器和在孵企业数量变化（2011—2020 年）

1.5　产业运行分析

本报告选取有研发机构的规模以上工业企业数量作为产业层面创新资源的分析指标。一般认为，有研发机构的企业意味着企业内部有持续、稳定的研发活动，因此，有研发机构的规模以上工业企业数量可以衡量产业整体的创新活动情况。

广东省有研发机构的规模以上工业企业数量及与全国平均水平的比较情况如图 1-7 所示。2011—2020 年，广东省有研发机构的规模以上工业企业数量远高于全国平均水平，并且随着时间推移，广东省有研发机构的规模以上工业企业数量与全国平均水平相比领先优势有不断拉大的趋势，从 2011 年是全国平均水平的近 3 倍，增长到 2020 年的 8.4 倍左右，特别是 2015—2017 年，

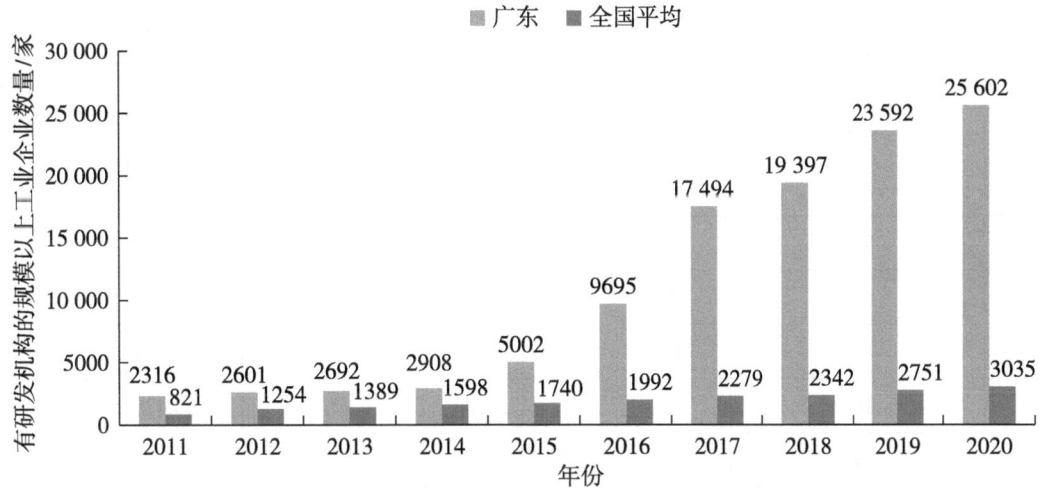

图 1-7　广东省有研发机构的规模以上工业企业数量变化（2011—2020 年）

广东省有研发机构的规模以上工业企业数量几乎以倍增的速度增长。研发机构数量多，且呈快速增长的趋势，有利于广东省产业结构向高端化发展。

为更好地分析广东省产业运行的动态变化，本报告对比了全国31个省份2011年和2020年有研发机构的规模以上工业企业数量及排名，具体结果如表1-5所示。广东省有研发机构的规模以上工业企业数量从2011年的2316家，增长到2020年的25 602家，年均增长率达到30.60%，全国排名从第3位提升到第1位。从全国范围来看，2011年有研发机构的规模以上工业企业数量排名前五的省份依次为浙江省、江苏省、广东省、山东省和安徽省，到2020年，排名前五的省份依次为广东省、江苏省、浙江省、安徽省和江西省。从变化率来看，过去10年，有研发机构的规模以上工业企业数量年均增速最快的省份为江西省，年均增速达到35.48%，其次为广东省。从排名变化来看，江西省提升13个位次，山西省和贵州省提升8个位次，北京市下降9个位次，天津市和上海市下降7个位次。

表1-5 全国各省份有研发机构的规模以上工业企业数量及排名

省份	2011年 有研发机构的规模以上工业企业数量/家	排名	2020年 有研发机构的规模以上工业企业数量/家	排名	年均增长率	排名变化
广东	2316	3	25 602	1	30.60%	2
江苏	5327	2	17 624	2	14.22%	0
浙江	6344	1	17 344	3	11.82%	-2
安徽	1153	5	5601	4	19.20%	1
江西	266	18	4090	5	35.48%	13
山东	1742	4	3966	6	9.57%	-2
湖北	587	10	2693	7	18.44%	3
河北	443	14	2197	8	19.47%	6
福建	949	7	1972	9	8.47%	-2
重庆	270	16	1907	10	24.26%	6
河南	993	6	1714	11	6.25%	-5
湖南	688	9	1701	12	10.58%	-3
四川	453	13	1485	13	14.10%	0
山西	161	22	1070	14	23.42%	8
上海	747	8	743	15	-0.06%	-7
贵州	121	24	603	16	19.54%	8

续表

省份	2011年		2020年		年均增长率	排名变化
	有研发机构的规模以上工业企业数量/家	排名	有研发机构的规模以上工业企业数量/家	排名		
陕西	243	19	546	17	9.41%	2
辽宁	415	15	515	18	2.43%	−3
天津	496	12	479	19	−0.39%	−7
北京	561	11	453	20	−2.35%	−9
云南	191	20	437	21	9.63%	−1
广西	267	17	389	22	4.27%	−5
宁夏	86	27	217	23	10.83%	4
黑龙江	169	21	171	24	0.13%	−3
吉林	153	23	150	25	−0.22%	−2
甘肃	100	25	133	26	3.22%	−1
内蒙古	95	26	112	27	1.85%	−1
新疆	76	28	79	28	0.43%	0
海南	27	29	43	29	5.31%	0
青海	13	30	33	30	10.91%	0
西藏	2	31	3	31	4.61%	0

第 2 章 广东省区域创新能力综合分析

2.1 三大创新集群比较分析

创新集群是指一组交互作用的创新型企业和关联机构，因具有异质性和互补性而联系在一起，并根植于某一特定地域而形成的一种地方性网络组织。随着创新驱动发展战略的深入实施，我国已经形成了京津冀、长三角和粤港澳三大创新集群。自世界知识产权组织《全球创新指数报告》于2017年开始设置创新集群分类以来，"深圳-香港"创新集群一直位列全球第二，仅次于"东京-横滨"创新集群（表2-1）。《2021年全球创新指数报告》将"深圳-香港"创新集群扩展为"深圳-香港-广州"创新集群，尽管排名未变，但表明粤港澳大湾区创新集聚和创新协同持续发展，形成了区域性创新生态。北京、上海和南京分别居第3位、第8位和第21位，但尚未与周边城市形成创新集群[①]。

从主要成果来看，东京-横滨2021年PCT申请占比达到10.78%，而深圳-香港-广州的PCT申请占比为7.79%，虽然与东京-横滨仍有一定差距，但远高于其他集群（表2-1）。

表 2-1 全球排名前十创新集群

排名	集群名称	所属国家	2021年			较2020年排名
			PCT申请占比	出版物占比	累计占比	
1	东京-横滨	日本	10.78%	1.61%	12.39%	0
2	深圳-香港-广州	中国	7.79%	1.51%	9.30%	0
3	北京	中国	2.62%	2.95%	5.57%	1
4	首尔	韩国	3.93%	1.61%	5.54%	-1
5	圣何塞-旧金山	美国	3.69%	1.03%	4.72%	0
6	大阪-神户-京都	日本	2.88%	0.72%	3.60%	0
7	波士顿-剑桥	美国	1.44%	1.47%	2.91%	0
8	上海	中国	1.36%	1.49%	2.85%	1
9	纽约州纽约市	美国	1.11%	1.54%	2.66%	-1
10	巴黎	法国	1.26%	1.02%	2.28%	0

---

① 谭慧芳，谢来风．综合性国家科学中心高质量建设思路：以粤港澳大湾区为例[J]．开放导报，2022（4）：77-85．

为比较三大创新集群的创新能力及内部合作创新情况，本报告通过搜索集群中的中心区域的 PCT 专利，对集群创新情况进行分析。具体而言，首先，本报告分别以"广东""北京""上海"为地址关键词，搜索并整理三地 PCT 专利申请情况。其次，本报告分析各地 PCT 专利数量及合作专利数量。最后，本报告分析了集群内跨城市专利合作的具体数量和比重。

表 2-2 呈现了 2016—2020 年三大创新集群 PCT 专利变化情况，在 PCT 专利数量方面，广东省历年的申请数量明显高于北京市和上海市，占全国比重达到 40% 左右，特别是在 2016—2017 年，占全国比重接近 50%。从合作专利数量来看，广东省合作专利绝对数量在 2017 年以后与北京市相当，但高于上海市；从合作专利占比来看，广东省合作专利占比明显低于北京市和上海市，具体而言，北京市的合作专利占比最高，基本维持在 30% 以上，而广东省合作专利占比不足 10%。

表 2-2 三大创新集群 PCT 专利（2016—2020 年）

年份	广东				北京				上海			
	PCT 专利数量/件	全国占比	合作专利数量/件	合作专利占比	PCT 专利数量/件	全国占比	合作专利数量/件	合作专利占比	PCT 专利数量/件	全国占比	合作专利数量/件	合作专利占比
2016	21 078	48.87%	648	3.07%	5686	13.18%	2798	49.21%	1526	3.54%	302	19.79%
2017	24 427	49.97%	1762	7.21%	4702	9.62%	1436	30.54%	1971	4.03%	369	18.72%
2018	22 978	41.60%	2059	8.96%	5899	10.68%	1916	32.48%	2248	4.07%	559	24.87%
2019	23 155	39.25%	1993	8.61%	6376	10.81%	1987	31.16%	2826	4.79%	496	17.55%
2020	26 439	38.48%	2183	8.26%	7461	10.86%	2376	31.85%	3276	4.77%	717	21.89%

数据来源：Incopat 专利数据库，作者整理。

对三大创新集群 PCT 合作专利的具体情况进行分析，结果如表 2-3 所示。2016—2020 年，广东省 PCT 合作专利申请中，其合作者为粤港澳地区的专利数量为 410～1065 件，占比为 36.14%～63.27%，可以看出，虽然广东省 PCT 合作专利数量整体呈增长态势，但内部合作数量并没有呈现上升趋势，与粤港澳地区类似，京津冀地区的 PCT 合作专利数量和长三角地区的内部合作占比也处于波动之中。

表 2-3 三大创新集群 PCT 合作专利（2016—2020 年）

年份	粤港澳			京津冀			长三角		
	合作专利数量/件	内部合作/件	占比	合作专利数量/件	内部合作/件	占比	合作专利数量/件	内部合作/件	占比
2016	648	410	63.27%	2798	2116	75.63%	302	126	41.72%
2017	1762	842	47.79%	1436	527	36.70%	369	136	36.86%
2018	2059	1065	51.72%	1916	793	41.39%	559	291	52.06%
2019	1993	930	46.66%	1987	707	35.58%	496	266	53.63%
2020	2183	789	36.14%	2376	928	39.06%	717	371	51.74%

数据来源：Incopat 专利数据库，作者整理。

对三大创新集群内部合作的合作者所在地进行分析，结果如表 2-4 所示。粤港澳地区的内部合作主要为广东省内部合作，而与香港的合作数量相对较少，2019 年和 2020 年均为 5 件，占比不足 1%。长三角的内部合作主要体现在上海市与江苏省及上海市内部的合作，其中，上海市与江苏省的合作超过 50%。京津冀的内部合作也主要为北京市内部合作，而北京市与河北省、天津市的合作较少，特别是北京市与天津市的合作占比不足 5%。

表 2-4 三大创新集群内部合作情况

集群	地区	2019 年		2020 年	
		合作数量/件	占比	合作数量/件	占比
长三角	安徽	2	0.75%	9	2.43%
	江苏	165	62.03%	220	59.30%
	上海	256	96.24%	370	99.73%
	浙江	23	8.65%	42	11.32%
京津冀	北京	707	100.00%	928	100.00%
	河北	25	3.54%	10	1.08%
	天津	9	1.27%	28	3.02%
粤港澳	广东	930	100.00%	789	100.00%
	香港	5	0.54%	5	0.63%

数据来源：Incopat 专利数据库，作者整理。

2.2 区域创新能力综合排名分析

表2-5呈现了2022年领先省份区域创新能力指标值和排名情况，2022年广东省区域创新能力排第1位，综合得分为64.04，连续6年居全国首位；北京市、江苏省分列第2位和第3位，综合得分分别为54.89和50.78，排名与上年保持一致。从得分来看，江苏省和北京市均与广东省存在较大差距。

从实力、效率和潜力分指标来看，在实力方面，广东省、江苏省和浙江省作为大省，均具有较强的实力，排名前三；在效率方面，北京市和上海市占据前两位，作为直辖市，在人均方面具有明显优势，广东省和江苏省分别排第3位和第4位；在潜力方面，浙江省排第1位，作为共同富裕示范区，浙江省区域创新后劲十足，广东省排第2位，依然具有强劲的发展动力，而北京市和江苏省潜力排名相对靠后，分别为第25位和第18位。

表2-5 2022年领先省份区域创新能力指标值和排名情况

省份	综合指标		实力		效率		潜力	
	指标值	排名	指标值	排名	指标值	排名	指标值	排名
广东	64.04	1	87.20	1	44.69	3	56.78	2
北京	54.89	2	42.66	4	73.84	1	41.96	25
江苏	50.78	3	64.16	2	38.63	4	48.20	18
浙江	44.34	4	43.79	3	38.47	5	57.11	1
上海	42.82	5	34.00	6	52.69	2	41.39	27
山东	35.83	6	35.52	5	27.50	13	52.35	9
安徽	33.34	7	22.31	7	32.85	8	55.62	4
湖南	30.16	8	20.03	11	28.39	12	52.66	7
陕西	30.08	9	19.18	13	30.98	9	49.60	14
湖北	29.78	10	21.07	10	28.76	11	48.14	19

数据来源：《中国区域创新能力评价报告2022》，作者整理。

图2-1呈现了2018—2022年领先省份区域创新能力变化情况，2022年广东省领先优势进一步扩大，浙江省呈现持续追赶状态，北京市、上海市增速放缓，山东省、安徽省的区域创新能力迅速提升，与广东省、江苏省的差距有所收窄。

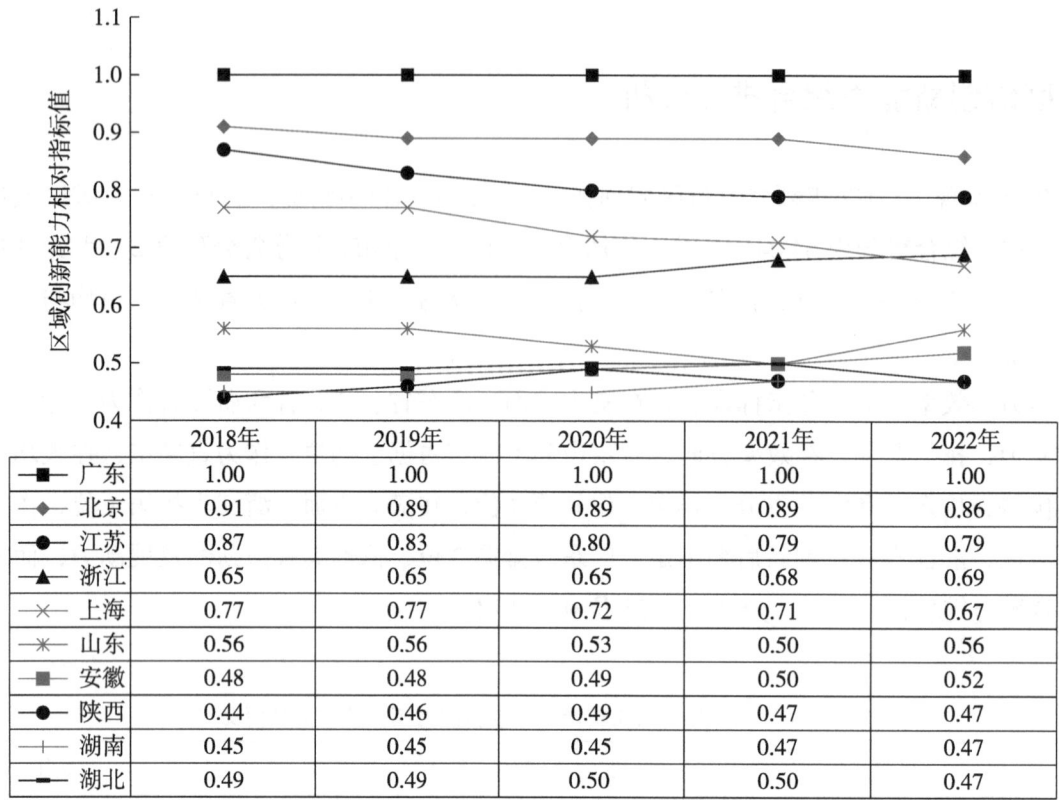

图 2-1　2018—2022 年领先省份区域创新能力变化情况

（数据来源：《中国区域创新能力评价报告 2022》，作者整理）

2.3　区域创新能力各维度分析

从支撑区域创新的 5 个维度来看，广东省的排名均具有明显优势，其中，企业创新、创新环境、创新绩效均排第 1 位，知识创造和知识获取排第 2 位。

在知识创造方面，北京市排名全国首位，效用值为 80.03，领先优势明显；广东省位居其后，排第 2 位，浙江省排第 3 位。在知识获取方面，海南省排第 1 位，效用值为 45.79；广东省排第 2 位，效用值为 44.16，上海市和北京市分别列第 3 位和第 4 位。在企业创新方面，广东省继续保持第 1 位，效用值为 77.50，连续 6 年居全国首位；江苏省、浙江省分别排第 2 位和第 3 位。在创新环境方面，广东省位居全国第一，效用值为 59.17；北京市、江苏省位居其后，排名与上年保持一致。在创新绩效方面，表现最好的省份依然是广东省，效用值为 69.45；江苏省超过北京市，重新回到第 2 位（表 2-6）。

表2-6　2022年各省份区域创新能力一级指标排名情况

省份	综合值		知识创造		知识获取		企业创新		创新环境		创新绩效	
	效用值	排名	效用值	排名	效用值	排名	效用值	排名	效用值	排名	效用值	排名
权重	1.00		0.15		0.15		0.25		0.25		0.20	
广东	64.04	1	49.99	2	44.16	2	77.50	1	59.17	1	69.45	1
北京	54.89	2	80.03	1	27.78	4	45.65	4	56.72	2	58.94	3
江苏	50.78	3	41.88	4	23.30	6	61.21	2	44.53	3	64.65	2
浙江	44.34	4	46.47	3	18.34	11	52.29	3	42.99	4	49.83	4
上海	42.82	5	41.69	5	27.96	3	41.79	6	37.03	5	49.44	5
山东	35.83	6	27.05	11	26.88	5	39.58	7	30.90	8	42.84	13
安徽	33.34	7	33.66	7	15.72	18	42.52	5	24.11	18	45.30	7
湖南	30.16	8	25.89	12	13.50	22	32.87	9	27.86	12	44.29	10
陕西	30.08	9	36.77	6	21.55	9	24.64	18	32.58	6	34.42	19
湖北	29.78	10	30.97	8	16.83	16	37.16	8	24.8	16	34.29	20

数据来源：《中国区域创新能力评价报告2022》，作者整理。

2.4 区域创新关键基础指标分析

本报告对广东省基础指标进行分析，一方面，对广东省具有明显优势和劣势的基础指标进行分析，可以更好地了解广东省在区域创新方面的优势和短板，在提升区域创新能力过程中做到有的放矢。其中，优势指标选取广东省排名第1位的代表性指标，劣势指标选取广东省排名超过第25位的代表性指标。另一方面，对广东省变化较大的指标进行动态分析，通过对比近两年指标变化，研判广东省区域创新未来方向。

2.4.1 优势指标分析

在优势指标方面，选取了16个代表性指标（表2-7）。这些指标分布在5个维度中，其中，企业创新的优势指标最多。

在知识创造方面，广东省"研究与试验发展全时人员当量"和"发明专利授权数"均排第1位，为广东省区域创新能力发展奠定了良好的基础，同时，江苏省和北京市的指标排名也均位居前五。

在知识获取方面，广东省"高校和科研院所研发经费内部支出额中来自企业的资金"和"技术市场交易金额（按流向）"两个指标排第1位，表明其在产学研合作和技术市场活跃度方面表现较好，创新要素可以充分流动，同时江苏省和北京市的这两个指标表现也较好，均为全国前三。

在企业创新方面,广东省规模以上工业企业投入、产出等指标均居全国首位,企业创新十分活跃;同时,江苏省在企业创新方面也具有一定优势,大多数指标排名仅次于广东省,但是从指标绝对值上看,江苏省距离广东省依然存在一定差距;相比来看,北京市的企业创新相对较弱,这也与北京市自身定位有一定关系。

在创新环境方面,广东省"科技企业孵化器数量""高技术企业数"两个指标居全国首位,江苏省紧随其后,全国排第2位,而北京市排名相对落后,分别是第7位和第13位。

在创新绩效方面,广东省"第三产业增加值""高技术产业新产品销售收入""高技术产品出口额"和"高技术产业就业人数"4个指标居全国首位,江苏省紧随其后,全国排第2位,而北京市排名相对落后,分别是第5位、第5位、第7位和第15位。

表2-7 优势指标分析

维度	指标	单位	广东 指标值	广东 排名	江苏 指标值	江苏 排名	北京 指标值	北京 排名
知识创造	研究与试验发展全时人员当量	人年	872 238.3	1	669 084.0	2	336 279.8	5
知识创造	发明专利授权数	件	70 695	1	45 975	4	63 266	2
知识获取	高校和科研院所研发经费内部支出额中来自企业的资金	万元	2 539 382	1	874 893	3	1 006 596	2
知识获取	技术市场交易金额(按流向)	万元	43 062 702	1	22 170 336	3	31 285 506	2
企业创新	规模以上工业企业国外技术引进金额	万元	2 111 485.0	1	208 182.7	4	167 106.1	6
企业创新	规模以上工业企业研发人员数	万人	911 222	1	710 532	2	64 256	18
企业创新	规模以上工业企业研发活动经费内部支出总额	亿元	2499.95	1	2381.69	2	297.42	16
企业创新	规模以上工业企业有研发机构的企业数	个	25 602	1	17 624	2	453	20
企业创新	规模以上工业企业发明专利申请数	件	127 497	1	62 892	2	13 078	10
企业创新	规模以上工业企业新产品销售收入	亿元	44 313.05	1	39 442.84	2	5344.94	14
创新环境	科技企业孵化器数量	个	1079	1	928	2	246	7
创新环境	高技术企业数	家	10 670	1	5973	2	884	13
创新绩效	第三产业增加值	亿元	62 540.78	1	53 955.83	2	30 278.57	5
创新绩效	高技术产业新产品销售收入	亿元	23 358.38	1	11 702.84	2	2487.54	5
创新绩效	高技术产品出口额	百万美元	129 552.80	1	78 860.07	2	12 942.69	7
创新绩效	高技术产业就业人数	人	4 015 335	1	2 163 717	2	256 474	15

数据来源:《中国区域创新能力评价报告2022》,作者整理。

2.4.2 劣势指标分析

虽然广东省整体上居全国首位，但个别基础指标依然有待提升（表2-8），特别是知识获取方面。值得注意的是，广东省在企业创新方面没有劣势指标。整体来看，广东省的劣势指标主要是效率指标，这与广东省人口众多、地区发展不平衡有关。

在知识创造方面，广东省"每十万研发人员平均发表的国内论文数""每十万研发人员平均发表的国际论文数"排名相对落后，分别是全国第31位和第30位。在国内国际论文发表平均数方面，北京市具有一定优势，分别排第8位和第3位，这与北京市高校集聚有密切关系。江苏省在"每十万研发人员平均发表的国内论文数"指标上同样具有劣势。

在知识获取方面，广东省在"每十万研发人员作者同省异单位科技论文数""每十万研发人员作者异省科技论文数""每十万研发人员作者异国科技论文数""作者异国科技论文数增长率"4个指标方面存在劣势，排名依次为第30位、第31位、第29位和第27位，这些劣势指标均是与论文发表相关，与知识创造的劣势指标密切相关。同样地，北京市在论文合作发表方面具有一定优势，而江苏省则存在劣势。

在创新环境方面，广东省在"平均每个科技企业孵化器创业导师人数""本地区上市公司市值增长率"两个指标方面具有劣势。其中，"平均每个科技企业孵化器创业导师人数"全国排第25位，高于江苏省的第31位，但是低于北京市的第2位；"本地区上市公司市值增长率"全国排第27位，低于江苏省的第13位，但是高于北京市的第28位。

在创新绩效方面，广东省的劣势指标主要在失业人口和绿色发展方面，具体而言，"城镇登记失业人数"全国排第31位，而江苏省和北京市分别排第23位和第14位，失业人数的增加与其增长率较高，这可能与2020年疫情冲击相关。"电耗总量""废水中主要污染物排放量"分别排第30位和第28位，绿色化转型迫在眉睫，江苏省在电耗和污水及污染物排放方面也存在劣势，而北京市在上述两个指标上存在一定优势，这与当地产业结构密切相关。

表2-8 劣势指标分析

维度	指标	单位	广东		江苏		北京	
			指标值	排名	指标值	排名	指标值	排名
知识创造	每十万研发人员平均发表的国内论文数	篇	2191	31	4206	26	12 724	8
	每十万研发人员平均发表的国际论文数	篇	4266	30	8878	17	26 398	3
知识获取	每十万研发人员作者同省异单位科技论文数	篇	484	30	802	25	2260	7
	每十万研发人员作者异省科技论文数	篇	301	31	606	28	2299	7
	每十万研发人员作者异国科技论文数	篇	27	29	48	22	213	1
	作者异国科技论文数增长率	%	0.16	27	1.38	25	4.74	18

续表

维度	指标	单位	广东		江苏		北京	
			指标值	排名	指标值	排名	指标值	排名
创新环境	平均每个科技企业孵化器创业导师人数	人	11	25	8	31	30	2
	本地区上市公司市值增长率	%	31.8	27	68.6	13	26.5	28
创新绩效	城镇登记失业人数	万人	73.87	31	36.67	23	29.02	14
	城镇登记失业人员增长率	%	50.61	28	3.30	15	143.48	31
	电耗总量	亿千瓦时	6926	30	6374	29	1140	8
	废水中主要污染物排放量	万吨	406.96	28	342.71	26	11.52	1

数据来源：《中国区域创新能力评价报告2022》，作者整理。

2.4.3 变化较大的指标分析

表2-9呈现了广东省变化较大的基础指标。2022年，广东省在科技合作、创业水平、技术创新和科技进步方面表现突出。其中，"高校和科研院所研发经费内部支出额中来自企业资金的比例"排第1位，较上年上升8位，增速为495.48%；"技术市场企业平均交易额（按流向）"排名较上年提升4位，增速29.14%；"规模以上工业企业平均技术改造经费支出"排名较上年提升4位，增速为12.27%。在就业环境、可持续发展与环保、金融环境方面，也出现了不同程度的下降。其中，"本地区上市公司平均市值"排名较上年下降5位；"科技企业孵化器当年风险投资强度"排名较上年下降7位，降速为17.13%。

表2-9 广东省变化较大的指标分析

指标	单位	2021年	2022年	增速	2021年排名	2022年排名	排名变化
高校和科研院所研发经费内部支出额中来自企业资金的比例	%	13.04	77.65	495.48%	9	1	8
平均每个科技企业孵化器当年毕业企业数	家	3.72	4.01	7.80%	26	20	6
技术市场企业平均交易额（按流向）	万元/项	595.34	768.85	29.14%	7	3	4
规模以上工业企业平均技术改造经费支出	万元/个	101.9	114.4	12.27%	14	10	4
高校和科研院所研发经费内部支出额中来自企业的资金	万元	388 555	253 9382	553.55%	4	1	3
规模以上工业企业就业人员中研发人员比重	%	6.05	6.96	15.04%	7	4	3

续表

指标	单位	2021年	2022年	增速	2021年排名	2022年排名	排名变化
平均每个科技企业孵化器孵化基金额	万元	1471.88	2411.88	63.86%	14	11	3
本地区上市公司平均市值	亿元/个	173.06	209.4	21.00%	4	9	−5
城镇登记失业人数	万人	36.87	73.87	100.35%	26	31	−5
科技企业孵化器当年风险投资强度	万元/项	613.1	508.05	−17.13%	4	11	−7
万元地区生产总值能耗（等价值）下降率	%	−3.52	−1.16	−67.05%	10	20	−10

数据来源：《中国区域创新能力评价报告2022》，作者整理。

第 3 章 广东省各地市创新能力排名

3.1 综合指标分析

3.1.1 综合指标排名与变化

2022 年广东省各地市创新能力综合指标排名如图 3-1 所示[①]。其中，深圳、广州、珠海位居前三，而汕头、揭阳和潮州排名相对落后。广东省各地市创新能力综合指标排名呈现出明显的梯队分布，深圳、广州和珠海为第一梯队，综合指标值超过 50；东莞、佛山、中山、惠州和江门为第二梯队，综合指标值在 27～50；韶关、湛江、云浮、茂名、清远、肇庆、河源、梅州、阳江、汕尾、汕头为第三梯队，综合指标值在 11～21；揭阳和潮州为第四梯队，综合指标值低于 10。

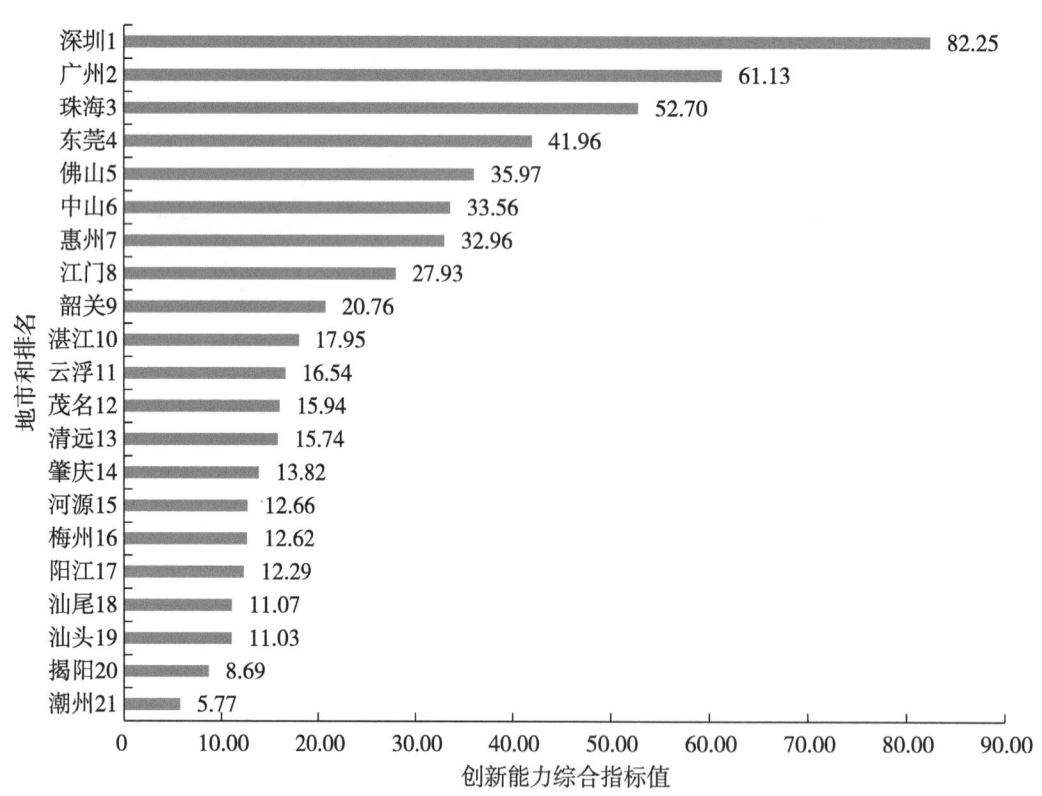

图 3-1 2022 年广东省各地市创新能力综合指标排名

① 按惯例使用滞后两年数据进行评价，即 2022 年评价结果基于 2020 年基础指标测算。

2021—2022年广东省各地市创新能力排名及变化如表3-1所示。在广东省21个地市中，排名前9位均未出现变化；排名上升的有5个，其中茂名、清远、河源和汕尾均提升2位，湛江提升1位；排名下降的有5个，其中阳江下降4位，肇庆下降2位，云浮、汕头和揭阳均下降1位。

表3-1 2021—2022年广东省各地市创新能力排名及变化

地市	2022年	2021年	排名变化	地市	2022年	2021年	排名变化
深圳	1	1	0	茂名	12	14	2
广州	2	2	0	清远	13	15	2
珠海	3	3	0	肇庆	14	12	-2
东莞	4	4	0	河源	15	17	2
佛山	5	5	0	梅州	16	16	0
中山	6	6	0	阳江	17	13	-4
惠州	7	7	0	汕尾	18	20	2
江门	8	8	0	汕头	19	18	-1
韶关	9	9	0	揭阳	20	19	-1
湛江	10	11	1	潮州	21	21	0
云浮	11	10	-1				

3.1.2 领先地市动态分析

为更好地分析广东省领先地市的动态追赶情况，本报告对第一梯队和第二梯队的地市相对指标值进行分析，即以各年度最高指标值为100.00，其他地市指标值折算为相对指标值（图3-2）。2018—2022年，深圳始终排第一位，且具有绝对的领先优势；广州、珠海、东莞和江门则处于动态追赶状态，相对指标值呈现上升趋势；中山、佛山和惠州相对指标值基本稳定。

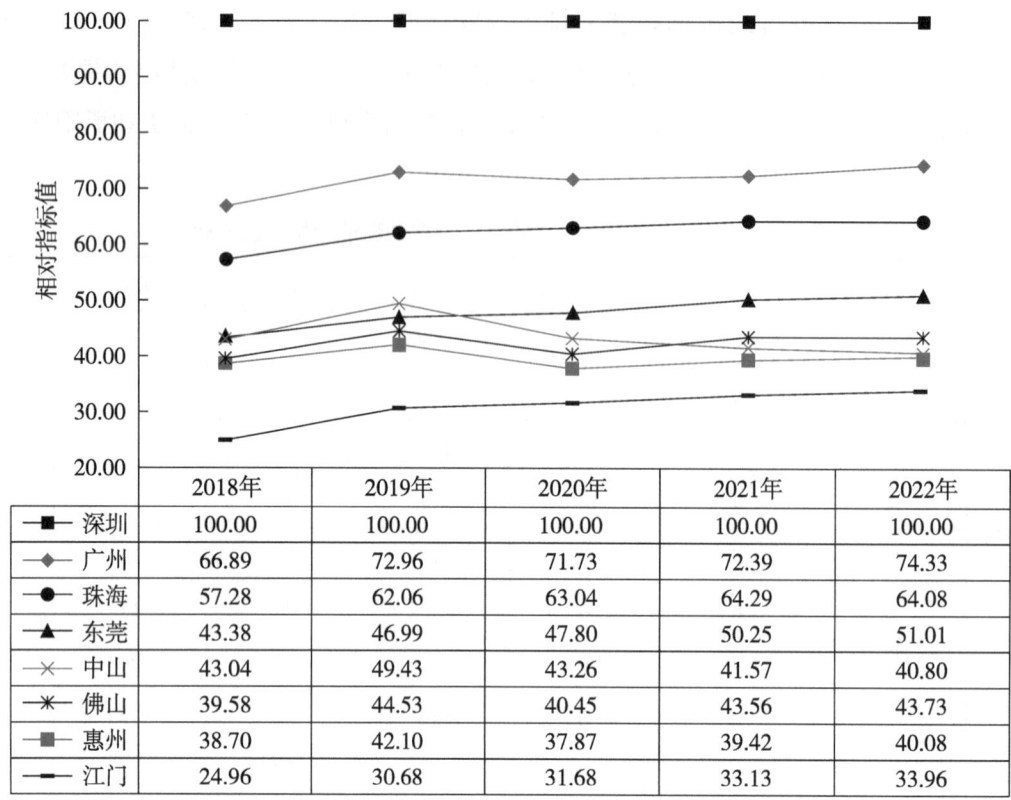

图 3-2　2018—2022 年广东省领先地市创新能力变化

3.1.3 分区域创新能力分析

广东省的 21 个地市可以沿珠江口划分为珠江三角洲、东翼、西翼和山区四大区域,四大区域经济发展和创新能力各不相同,本报告对 2021—2022 年四大区域内各地市创新能力排名进行比较,结果如表 3-2 所示。

广东省珠江三角洲是创新能力最强的区域,广东省创新能力排名前 8 位的地市均在珠江三角洲,且排名相对稳定。肇庆则是珠江三角洲中创新能力较弱的地市,2022 年排第 14 位,比 2021 年下降 2 位。

广东省东翼包括汕头、潮州、揭阳、汕尾 4 个地市,位于广东省东部沿海,是广东省的"东大门"。在这 4 个地市中,汕尾排名上升 2 位,由第 20 位上升到第 18 位;汕头和揭阳均下降 1 位,分别由第 18 位和第 19 位,下降到第 19 位和第 20 位;潮州排名未发生变化。

广东省西翼包括湛江、茂名和阳江三市。相较于 2021 年,茂名排名上升 2 位,由第 14 位上升到第 12 位;湛江上升 1 位,由第 11 位上升到第 10 位;阳江下降 4 位,由第 13 位下降到第 17 位。

广东省山区包括韶关、梅州、清远、河源和云浮 5 个地市。其中,排名最靠前的是韶关,排第 9 位,处于广东省中上游水平;清远和河源均上升 2 位,分别由第 15 位和第 17 位,上升到第 13 位和第 15 位;云浮则下降 1 位,由第 10 位下降到第 11 位。

表 3-2 2021—2022 年四大区域内各地市创新能力排名比较结果

区域	地市	2022 年	2021 年	排名变化
珠江三角洲	广州	2	2	0
	深圳	1	1	0
	珠海	3	3	0
	佛山	5	5	0
	惠州	7	7	0
	东莞	4	4	0
	中山	6	6	0
	江门	8	8	0
	肇庆	14	12	-2
东翼	汕头	19	18	-1
	潮州	21	21	0
	揭阳	20	19	-1
	汕尾	18	20	2
西翼	湛江	10	11	1
	茂名	12	14	2
	阳江	17	13	-4
山区	韶关	9	9	0
	梅州	16	16	0
	清远	13	15	2
	河源	15	17	2
	云浮	11	10	-1

3.2 分维度指标分析

本报告根据国内外区域创新能力评价报告，结合广东省区域创新实际情况，构建了包含创新投入、创新产出、产业升级、创新环境和创新绩效 5 个维度的区域创新能力评价指标体系，在效用值法的基础上，基于逐级等权法计算得到各地市指标值，这里进一步对各维度指标值进行分析。

3.2.1 创新投入指标分析

创新投入是各区域在开展创新活动过程中的人员和经费投入,2022 年广东省各地市创新投入指标值如图 3-3 所示。其中,深圳、珠海和广州位居前三,惠州、东莞和江门紧随其后,而湛江、河源和梅州排名相对落后。深圳在创新投入方面具有明显领先优势,珠海虽然与深圳之间仍存在一定差距,但明显领先于第 3 名的广州。广州、惠州和东莞之间指标值较为接近。揭阳、茂名等 9 个地市指标值低于 10,创新投入有待进一步提升。

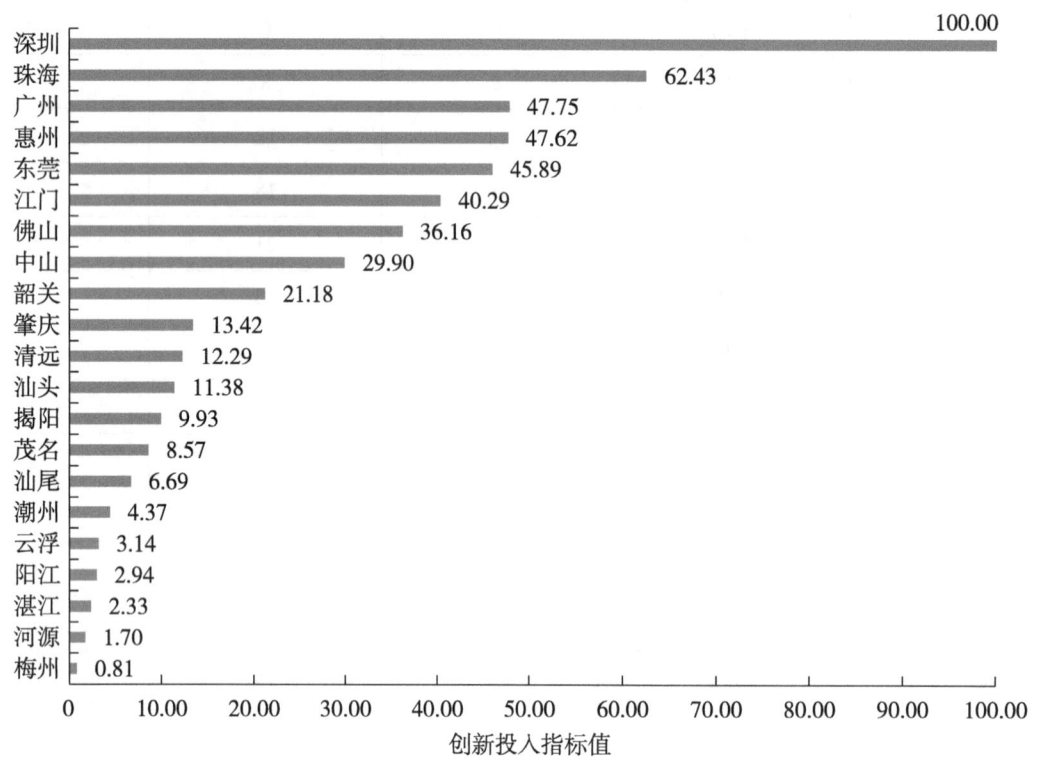

图 3-3　2022 年广东省各地市创新投入指标值

2021—2022 年广东省各地市创新投入及其二级指标排名和变化如表 3-3 所示。在创新投入方面,云浮上升 2 位,其他地市排名变化不超过 1 位。在人员投入方面,云浮上升 5 位,揭阳、潮州和梅州均下降 2 位,其他地市排名变化不超过 1 位。在经费投入方面,汕尾上升 3 位,揭阳、河源和梅州均上升 2 位,阳江下降 3 位,其他地市排名变化不超过 1 位。

表 3-3 2021—2022 年广东省各地市创新投入及其二级指标排名和变化

地市	1 创新投入			1.1 人员投入			1.2 经费投入		
	2022年	2021年	变化	2022年	2021年	变化	2022年	2021年	变化
深圳	1	1	0	1	1	0	1	1	0
珠海	2	2	0	2	2	0	2	2	0
广州	3	4	1	4	4	0	4	3	-1
惠州	4	3	-1	3	3	0	5	6	1
东莞	5	5	0	5	5	0	3	4	1
江门	6	6	0	7	7	0	6	5	-1
佛山	7	7	0	6	6	0	8	7	-1
中山	8	8	0	8	8	0	7	8	1
韶关	9	9	0	9	9	0	9	9	0
肇庆	10	10	0	11	11	0	11	10	-1
清远	11	12	1	10	10	0	13	13	0
汕头	12	11	-1	13	13	0	12	11	-1
揭阳	13	13	0	17	15	-2	10	12	2
茂名	14	14	0	12	12	0	15	14	-1
汕尾	15	16	1	14	14	0	14	17	3
潮州	16	15	-1	18	16	-2	16	15	-1
云浮	17	19	2	15	20	5	20	19	-1
阳江	18	17	-1	16	17	1	21	18	-3
湛江	19	18	-1	20	21	1	17	16	-1
河源	20	20	0	19	18	-1	18	20	2
梅州	21	21	0	21	19	-2	19	21	2

3.2.2 创新产出指标分析

创新产出是各区域在开展创新活动过程中产生的创新成果，包括专利产出和产业创新等，2022年广东省各地市创新产出指标值如图3-4所示。其中，深圳、珠海和东莞位居前三，广州、云浮和中山紧随其后，而河源、茂名和揭阳排名相对落后。深圳在创新产出方面具有明显领先优势，珠海虽然与深圳之间仍存在一定差距，但明显领先于第3名的东莞。潮州、汕头等5个地市指标值低于10，创新产出有待进一步提升。

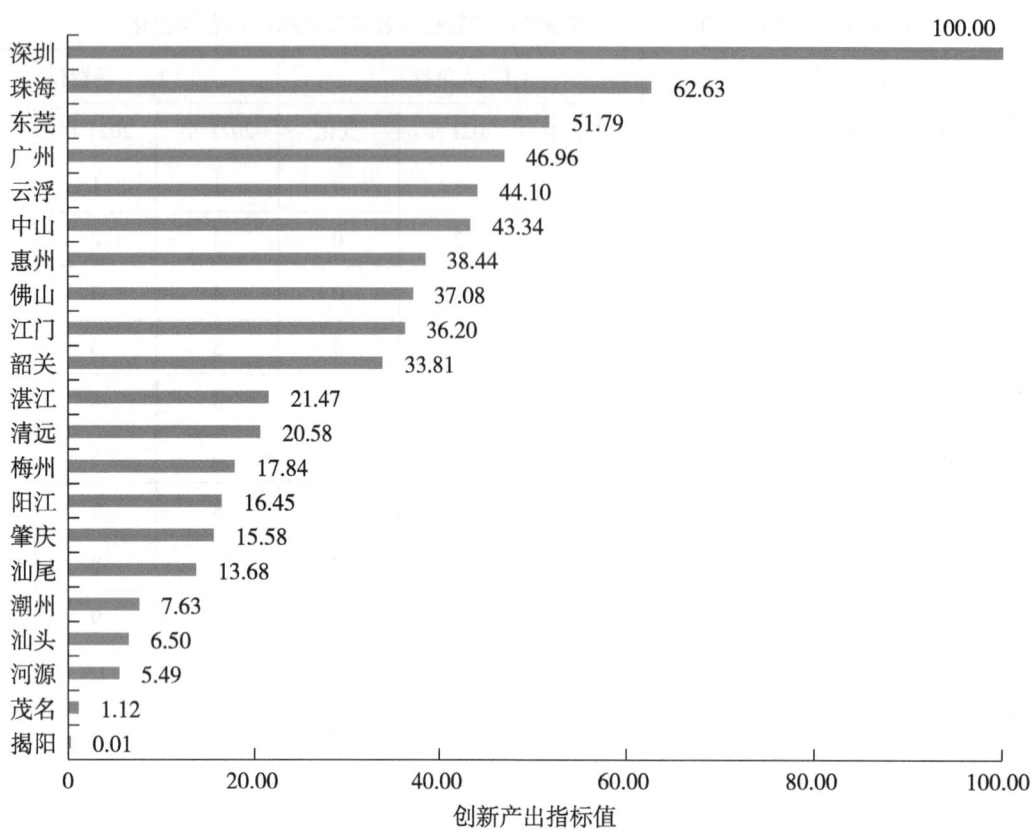

图3-4 2022年广东省各地市创新产出指标值

2021—2022年广东省各地市创新产出及其二级指标排名和变化如表3-4所示。在创新产出方面，湛江和梅州均上升3位，肇庆下降4位，阳江下降2位，其他地市排名变化不超过1位。在专利产出方面，地市排名相对稳定，变化均不超过1位。在产业创新方面，湛江和梅州均上升3位，广州上升2位，肇庆下降4位，阳江下降2位，其他地市排名变化不超过1位。

表3-4 2021—2022年广东省各地市创新产出及其二级指标排名和变化

地市	2 创新产出			2.1 专利产出			2.2 产业创新		
	2022年	2021年	变化	2022年	2021年	变化	2022年	2021年	变化
深圳	1	1	0	1	1	0	1	1	0
珠海	2	2	0	2	2	0	3	3	0
东莞	3	3	0	3	3	0	5	4	-1
广州	4	5	1	4	4	0	6	8	2
云浮	5	4	-1	18	17	-1	2	2	0
中山	6	6	0	6	6	0	4	5	1

续表

地市	2 创新产出			2.1 专利产出			2.2 产业创新		
	2022年	2021年	变化	2022年	2021年	变化	2022年	2021年	变化
惠州	7	7	0	7	7	0	7	6	-1
佛山	8	8	0	5	5	0	10	10	0
江门	9	9	0	8	8	0	8	7	-1
韶关	10	10	0	12	12	0	9	9	0
湛江	11	14	3	14	14	0	11	14	3
清远	12	13	1	11	11	0	12	13	1
梅州	13	16	3	17	18	1	13	16	3
阳江	14	12	-2	19	20	1	14	12	-2
肇庆	15	11	-4	10	10	0	15	11	-4
汕尾	16	15	-1	15	16	1	16	15	-1
潮州	17	18	1	13	13	0	17	18	1
汕头	18	17	-1	9	9	0	18	17	-1
河源	19	19	0	16	15	-1	19	19	0
茂名	20	20	0	20	19	-1	20	20	0
揭阳	21	21	0	21	21	0	21	21	0

3.2.3 产业升级指标分析

产业升级是各区域产业向附加值更高的产业转型的过程，2022年广东省各地市产业升级指标值如图3-5所示。其中，深圳、广州和河源位居前三，珠海、惠州和东莞紧随其后。深圳在产业升级方面具有明显领先优势，广州虽然与深圳之间仍存在一定差距，但明显领先于第3名的河源。潮州、湛江等5个地市指标值低于10，产业升级有待进一步加强。

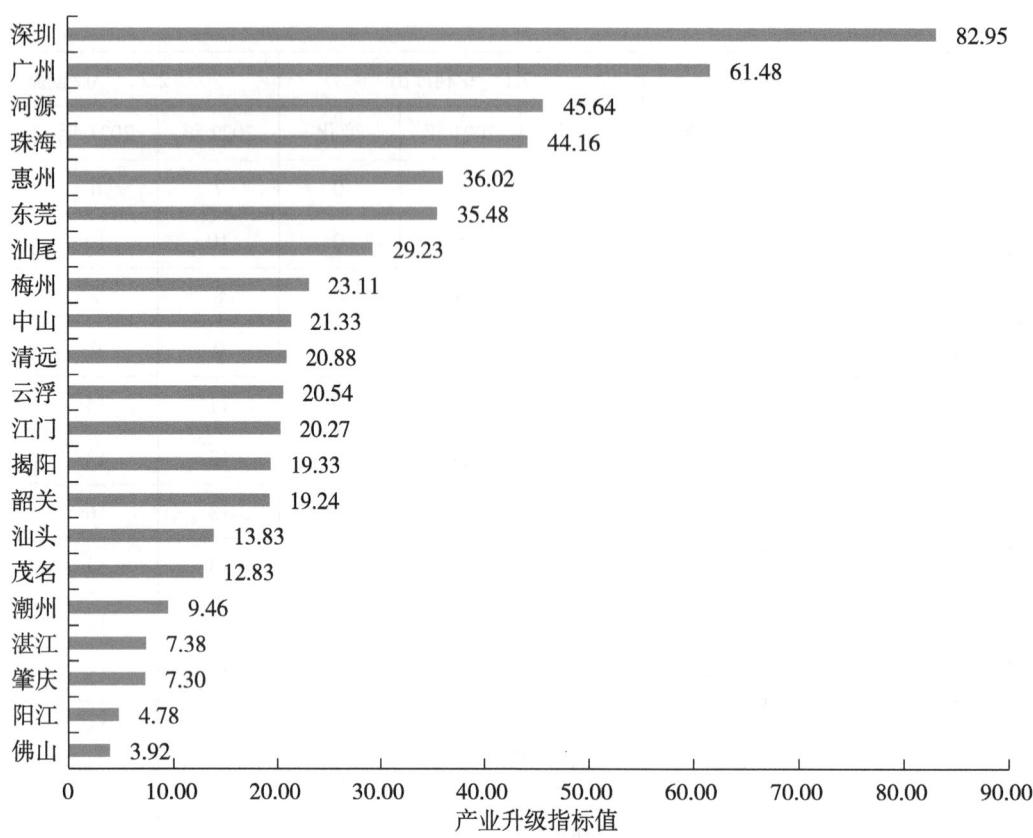

图 3-5 2022 年广东省各地市产业升级指标值

2021—2022 年广东省各地市产业升级及其二级指标排名和变化如表 3-5 所示。在产业升级方面，清远上升 3 位，汕尾、中山、江门和潮州均上升 2 位，揭阳下降 5 位，韶关下降 4 位，阳江下降 2 位，其他地市排名变化不超过 1 位。产业升级只有一个二级指标，结构优化排名和变化与产业升级一致。

表 3-5 2021—2022 年广东省各地市产业升级及其二级指标排名和变化

地市	3 产业升级			3.1 结构优化		
	2022 年	2021 年	变化	2022 年	2021 年	变化
深圳	1	1	0	1	1	0
广州	2	2	0	2	2	0
河源	3	3	0	3	3	0
珠海	4	4	0	4	4	0
惠州	5	5	0	5	5	0
东莞	6	6	0	6	6	0

续表

地市	3 产业升级			3.1 结构优化		
	2022年	2021年	变化	2022年	2021年	变化
汕尾	7	9	2	7	9	2
梅州	8	7	−1	8	7	−1
中山	9	11	2	9	11	2
清远	10	13	3	10	13	3
云浮	11	12	1	11	12	1
江门	12	14	2	12	14	2
揭阳	13	8	−5	13	8	−5
韶关	14	10	−4	14	10	−4
汕头	15	15	0	15	15	0
茂名	16	16	0	16	16	0
潮州	17	19	2	17	19	2
湛江	18	17	−1	18	17	−1
肇庆	19	20	1	19	20	1
阳江	20	18	−2	20	18	−2
佛山	21	21	0	21	21	0

3.2.4 创新环境指标分析

创新环境是影响创新主体开展创新活动的总和，包括政策环境、市场环境等。2022年广东省各地市创新环境指标值如图3-6所示。其中，广州、深圳和佛山位居前三，珠海、中山和东莞紧随其后。广州和深圳在创新环境方面具有明显领先优势，地市之间创新环境指标值差距较大，只有4个地市指标值超过40。清远、汕头等12个地市指标值低于10，创新环境有待进一步改善。

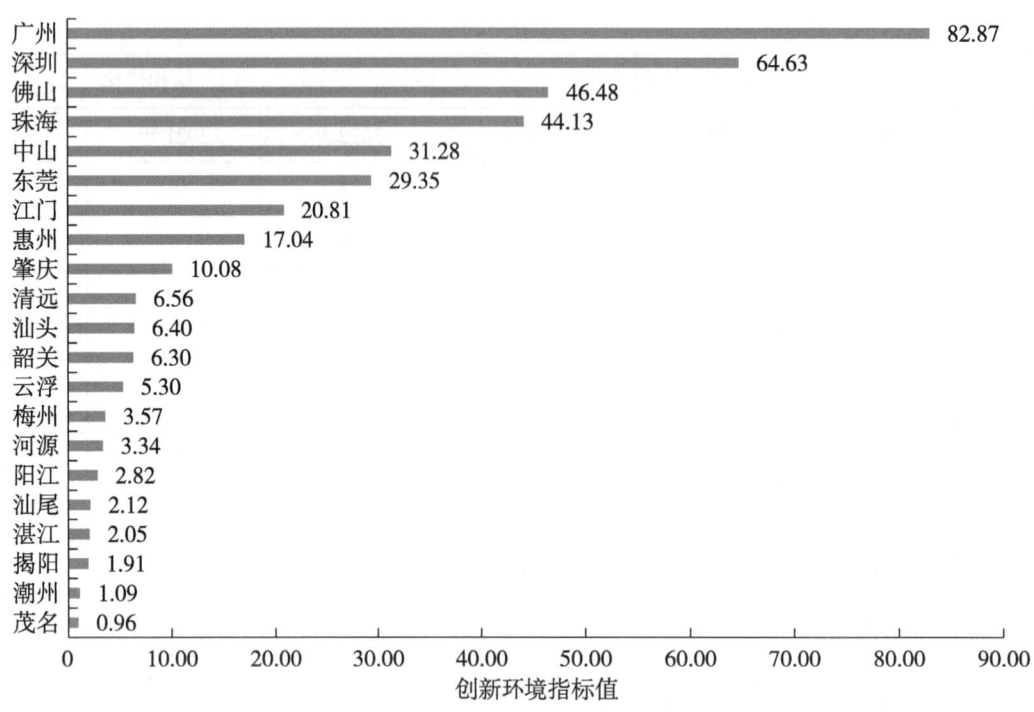

图 3-6 2022年广东省各地市创新环境指标值

2021—2022年广东省各地市创新环境及其二级指标排名和变化如表 3-6 所示。在创新环境方面，汕尾上升 4 位，清远上升 2 位，潮州下降 2 位，其他地市排名变化不超过 1 位。在政策环境方面，汕尾上升 7 位，珠海和东莞均上升 2 位，潮州下降 4 位，其他地市排名变化不超过 1 位。在市场环境方面，地市排名相对稳定，变化均不超过 1 位。在技术要素流动方面，云浮上升 8 位，汕头、阳江和茂名均上升 2 位，江门下降 4 位，潮州下降 3 位，东莞、清远和河源均下降 2 位，其他地市排名变化不超过 1 位。在创新平台方面，地方排名相对稳定，变化均不超过 1 位。

表 3-6 2021—2022年广东省各地市创新环境及其二级指标排名和变化

地市	4 创新环境			4.1 政策环境			4.2 市场环境			4.3 技术要素流动			4.4 创新平台		
	2022年	2021年	变化	2022年	2021年	变化	2022年	2021年	变化	2022年	2021年	变化	2022年	2021年	变化
广州	1	1	0	4	3	-1	3	3	0	1	1	0	1	1	0
深圳	2	2	0	2	1	-1	1	1	0	2	2	0	2	2	0
佛山	3	4	1	1	2	1	5	6	1	8	8	0	3	3	0
珠海	4	3	-1	3	5	2	2	2	0	3	4	1	7	7	0
中山	5	6	1	5	4	-1	6	5	-1	7	7	0	6	6	0

续表

地市	4 创新环境			4.1 政策环境			4.2 市场环境			4.3 技术要素流动			4.4 创新平台		
	2022年	2021年	变化	2022年	2021年	变化	2022年	2021年	变化	2022年	2021年	变化	2022年	2021年	变化
东莞	6	5	−1	6	8	2	4	4	0	5	3	−2	4	4	0
江门	7	7	0	8	7	−1	7	7	0	9	5	−4	5	5	0
惠州	8	8	0	7	6	−1	8	8	0	6	6	0	9	9	0
肇庆	9	9	0	9	9	0	9	9	0	10	9	−1	10	10	0
清远	10	12	2	10	11	1	12	12	0	16	14	−2	12	12	0
汕头	11	10	−1	13	13	0	10	10	0	13	15	2	8	8	0
韶关	12	11	−1	11	10	−1	11	11	0	11	10	−1	16	17	1
云浮	13	14	1	12	12	0	18	18	0	4	12	8	19	19	0
梅州	14	13	−1	16	15	−1	14	14	0	12	11	−1	13	13	0
河源	15	16	1	17	16	−1	13	13	0	18	16	−2	15	14	−1
阳江	16	15	−1	15	14	−1	17	16	−1	17	19	2	20	20	0
汕尾	17	21	4	14	21	7	21	21	0	20	21	1	21	21	0
湛江	18	17	−1	19	19	0	16	17	1	14	13	−1	11	11	0
揭阳	19	19	0	18	18	0	19	19	0	19	20	1	17	16	−1
潮州	20	18	−2	21	17	−4	15	15	0	21	18	−3	18	18	0
茂名	21	20	−1	20	20	0	20	20	0	15	17	2	14	15	1

3.2.5 创新绩效指标分析

创新绩效是各区域创新活动实施或新技术应用后取得的成效，包括生活质量和技术水平等。2022年广东省各地市创新绩效指标值如图3-7所示。其中，广州、深圳和湛江位居前三，茂名、佛山和珠海紧随其后。广州和深圳在创新绩效方面具有明显领先优势。只有云浮、河源、潮州和汕尾4个地市指标值低于10，创新绩效有待进一步提升。

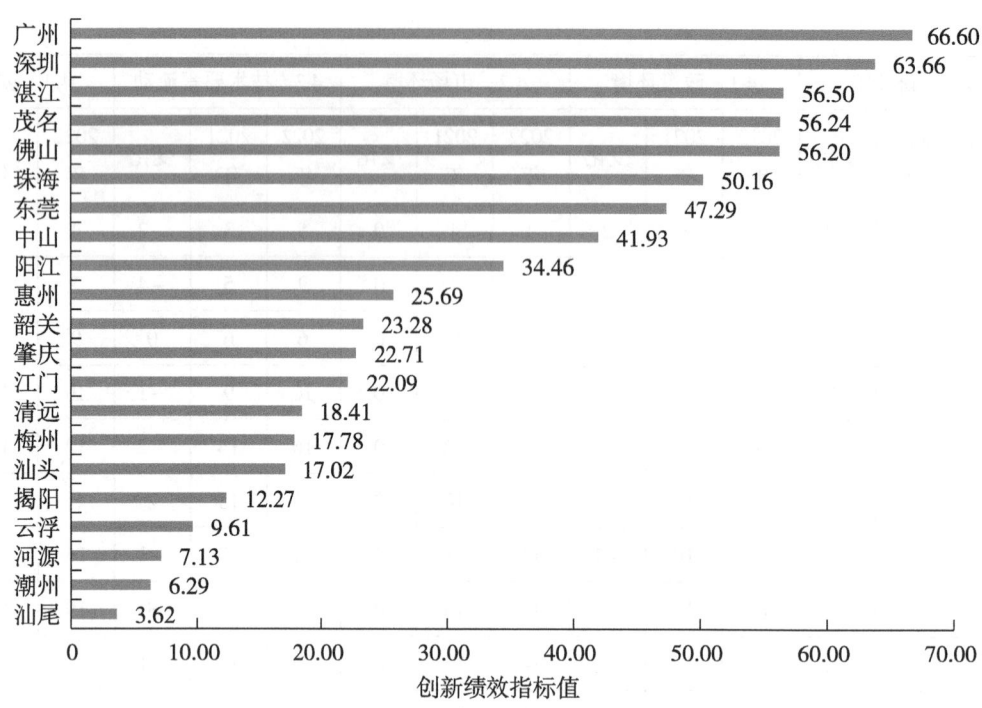

图 3-7　2022 年广东省各地市创新绩效指标值

2021—2022 年广东省各地市创新绩效及其二级指标排名和变化如表 3-7 所示。在创新绩效方面，韶关上升 2 位，佛山下降 2 位，其他地市排名变化不超过 1 位。在生活质量方面，地市排名相对稳定，变化均不超过 1 位。在技术水平方面，韶关和梅州均上升 2 位，揭阳下降 3 位，惠州下降 2 位，其他地市排名变化不超过 1 位。

表 3-7　2021—2022 年广东省各地市创新绩效及其二级指标排名和变化

地市	5 创新绩效			5.1 生活质量			5.2 技术水平		
	2022 年	2021 年	变化	2022 年	2021 年	变化	2022 年	2021 年	变化
广州	1	2	1	3	3	0	4	4	0
深圳	2	1	-1	1	1	0	7	6	-1
湛江	3	4	1	13	14	1	2	1	-1
茂名	4	5	1	14	13	-1	1	2	1
佛山	5	3	-2	5	5	0	5	5	0
珠海	6	6	0	6	6	0	8	7	-1
东莞	7	7	0	2	2	0	19	19	0
中山	8	8	0	4	4	0	20	20	0
阳江	9	9	0	10	10	0	3	3	0

续表

地市	5 创新绩效			5.1 生活质量			5.2 技术水平		
	2022年	2021年	变化	2022年	2021年	变化	2022年	2021年	变化
惠州	10	10	0	7	7	0	18	16	-2
韶关	11	13	2	11	12	1	6	8	2
肇庆	12	11	-1	9	9	0	10	10	0
江门	13	12	-1	8	8	0	14	13	-1
清远	14	15	1	15	15	0	11	12	1
梅州	15	14	-1	17	16	-1	9	11	2
汕头	16	17	1	12	11	-1	13	14	1
揭阳	17	16	-1	21	21	0	12	9	-3
云浮	18	18	0	18	18	0	15	15	0
河源	19	19	0	19	19	0	17	18	1
潮州	20	20	0	20	20	0	16	17	1
汕尾	21	21	0	16	17	1	21	21	0

3.3 排名变化较大地市分析

3.3.1 云浮市（15→11）[①]

2022年云浮市创新能力全省排第11位，相比2018年排名上升4位，创新能力提升效果显著，分项指标排名如表3-8所示。对分项指标进行分析，2022年创新投入排第17位，比2018年提升3位；创新产出排第5位，较2018年提升5位；产业升级排第11位，较2018年提升4位；创新环境排第13位，较2018年下降3位；创新绩效下滑明显，较2018年下降3位，列第18位。

表3-8 2018—2022年云浮市创新能力分项指标排名

年份	综合排名	创新投入	创新产出	产业升级	创新环境	创新绩效
2018	15	20	10	15	10	15
2019	14	19	8	13	9	20
2020	11	17	4	11	12	20
2021	10	19	4	12	14	18
2022	11	17	5	11	13	18

---

① 注：表示排名变化情况，全书同。

从基础指标看,在创新投入方面,2020年云浮市规模以上工业企业研发经费内部支出为2.43亿元,较2019年增加10.96%,规模以上工业企业研发人员数量为2051人,较2019年增加64.47%。在创新产出方面,产业创新明显增强,2022年产业创新指标较2018年提升8位,列全省第2位。在创新环境方面,2022年技术要素流动指标列全省第4位,优势突出,技术环境良好。在创新绩效方面,2022年生活质量和技术水平指标均处于全省靠后位置,尤其是技术水平下滑严重,较2018年下降5位。综合而言,云浮市要继续在创新投入、创新环境和创新绩效方面进行改善,从而带动整体创新能力的提升,加强高新技术研发,提高技术水平,下一步应在保持当前良好态势的前提下,加大创新研发的投入力度,实现产业升级。

3.3.2 湛江市（17→10）

2022年湛江市创新能力全省排第10位,相比2018年排名上升7位,创新能力提升较为明显,分项指标排名如表3-9所示。对分项指标进行分析,2022年创新投入排第19位,最近几年排名小幅变动;创新产出排第11位,较2021年提升3位;产业升级排第18位,较2018年维持不变;创新环境排第18位,较2021年降低1位;创新绩效提升较大,较2018年的第11位提升8位,列全省第3位,创新绩效成绩显著。

表3-9 2018—2022年湛江市创新能力分项指标排名

年份	综合排名	创新投入	创新产出	产业升级	创新环境	创新绩效
2018	17	18	11	18	17	11
2019	11	20	11	19	17	5
2020	10	19	11	18	19	4
2021	11	18	14	17	17	4
2022	10	19	11	18	18	3

从基础指标看,在创新投入方面,2020年湛江市的R&D经费达到15.27亿元,同比增长12.61%;R&D经费投入强度（R&D经费占GDP的比重）达0.49%;R&D活动人员达到4236人,较上年增长4.63%,近5年来总体呈上升态势,但是依旧低于2018年的R&D活动人员总量;近5年来规模以上工业企业研发经费内部支出保持增长态势。在创新产出方面,2020年湛江市有效发明专利拥有量、高新技术产品产值、高技术制造业增加值占规模以上工业增加值的比重较2019年均有提升,从而2022年创新产出排名较2021年整体提升3位。在产业升级方面,从2016—2020年的变化来看,湛江市2020年的第三产业占比和第一产业占比较2016年均有提升,第二产业占比总体呈下降态势;湛江市占广东省地区生产总值比重总体呈下降态势。在创新环境方面,近5

年排名变化幅度不大,处于全省较为靠后的位置,需要改善整体创新环境。在创新绩效方面,2022年湛江市技术水平指标位列全省第二,之前两年保持全省第一。综合而言,湛江市创新投入、产业升级和创新环境方面需要进一步提升,进而带动全市创新能力的整体提升,下一步应在保持当前创新绩效的前提下,增加创新成果产出。

3.3.3 汕头市(16→19)

2022年汕头市创新能力全省排第19位,相比2018年排名下降3位,分项指标排名如表3-10所示。对分项指标进行研究,2022年创新投入排第12位,较2021年下降1位;创新产出排第18位,较2018年下降3位;产业升级和创新环境分别排第15位和第11位,较2018年均下降2位;在创新绩效方面,过去5年排名相对稳定,基本维持在第16位,处于全省靠后位置。

表3-10 2018—2022年汕头市创新能力分项指标排名

年份	综合排名	创新投入	创新产出	产业升级	创新环境	创新绩效
2018	16	13	15	13	9	17
2019	18	13	18	15	11	16
2020	20	11	18	16	10	16
2021	18	11	17	15	10	17
2022	19	12	18	15	11	16

从基础指标看,在创新投入方面,汕头市规模以上工业企业研发人员数量在2016—2019年实现持续增加后,2020年出现下降,规模以上工业企业研发经费内部支出2020年也有所下降。在创新产出方面,汕头市排名较为靠后,2022年仅为第18位,其中,PCT国际专利申请量和发明专利授权量2018—2019年有明显下降。在产业升级方面,第一产业对地区经济发展的贡献度较低,工业总产值自2018年有所下降,近5年从3304亿元下降至2985亿元;高新技术企业数在2016—2018年大幅增长之后,近两年有下降趋势。在创新环境方面,汕头市缺少国家重点实验室和国家工程技术研究中心,产学研合作需要加强。在创新绩效方面,2022年技术水平指标排名提升显著,较2018年提升4位,居全省第13位,但仍有较大提升空间,需要加强高新技术研发,提升技术水平。总体来看,近5年汕头市创新能力排名下降3位,在创新产出、产业升级和创新环境等方面排名都有所下降,下一步既要促进创新成果产出,加强产业升级,又要从加强产学研合作入手改善产业创新环境。

3.3.4 肇庆市（8→14）

2022年肇庆市创新能力全省排第14位，相比2018年排名下降6位，分项指标排名如表3-11所示。对分项指标进行分析，2022年创新投入排第10位，近5年排名维持不变；创新产出排第15位，较2018年下降6位，变化较大；产业升级排第19位，排名较为落后；创新环境排第9位，较2018年下降2位；创新绩效排名较2018年下降幅度较大，从第3位下降到第12位。肇庆市创新能力排名呈下降趋势，整体创新水平仍处于全省中下游。

表3-11 2018—2022年肇庆市创新能力分项指标排名

年份	综合排名	创新投入	创新产出	产业升级	创新环境	创新绩效
2018	8	10	9	19	11	3
2019	10	10	10	20	10	12
2020	12	10	13	20	9	12
2021	12	10	11	20	9	11
2022	14	10	15	19	9	12

从基础指标看，在创新投入方面，2020年肇庆市规模以上工业企业数、规模以上工业企业营业收入、规模以上工业企业研发人员数量、规模以上工业企业研发经费内部支出等指标与上年相比均有不同幅度的波动，但在广东省内排名均与上年持平。在创新产出方面，2020年肇庆市技术市场成交合同金额及技术市场成交合同数、有效发明专利拥有量、专利授权量、地方财政科技拨款等指标与上年相比均有所增加，但产出情况在全省排名依然落后，近5年整体下降了6位，排在第15位。在产业升级方面，2020年高新技术产品产值较上年下降明显，高技术制造业增加值占规模以上工业增加值的比重在省内的排名与2019年相比下降2位，产业升级在全省排名靠后，亟待提升。在创新环境方面，2022年较2018年上升2位，但研发中心、重点实验室等各类创新平台仍较少，为推动创新产业链协同发展，肇庆市应进一步打造高水平创新平台，竭力打通与粤港澳高校、科研机构合作的通道。在创新绩效方面，2022年技术水平指标排名下降幅度较大，较2018年下降8位，列全省第10位；生活质量指标排名连续5年保持不变。可以看出，肇庆市创新产出排名下降较为明显，变化幅度较大，产业升级较为落后，创新投入和创新环境均有较大改善空间，但近两年发展情况有所下滑，创新绩效下降幅度较大，下一步应持续改善创新环境，在保持原有优势的前提下，加大创新投入力度，加强高新技术研发，提高技术水平，促进创新产出，带动产业升级。

第4章 广东省区域创新的机遇和挑战

广东省区域创新能力已经连续6年保持全国第一,广东省在创新人力资源、创新财力资源、创新存量资源及战略科技力量等方面,均居全国前列。以广州和深圳为龙头的粤港澳大湾区建设,也在全国乃至全球处于创新领跑地位。与此同时,全球正经历百年未有之大变局,俄乌局势尚不明朗,疫情起伏反复,导致国际形势动荡。我国进入新发展阶段,是全面建设社会主义现代化国家、向第二个百年奋斗目标进军的阶段。在如此复杂的国内外环境下,广东省区域创新能力发展面临诸多机遇和挑战。

4.1 国际形势深刻变革下,先行示范区建设新担当

党的二十大报告强调,新时代新征程新使命,以中国式现代化全面推进中华民族伟大复兴。中国式现代化面临国际形势的深刻复杂演变,经济全球化逆流涌现,单边保护主义抬头明显,国际安全挑战错综复杂。不同思想文化相互激荡,带来我国发展历史交汇期和世界发展转型过渡期相互叠加的各种风险,这些也给走和平发展道路的中国式现代化带来不少挑战。广东省作为中国经济大省、人口大省,承担着中国特色社会主义先行示范区建设的重要使命,因此,在目前复杂多变的国际形势下,广东省必须风雨兼程,锐意进取,以新担当、新作为,继续在全面建设社会主义现代化国家新征程中发挥重要的引领和带动作用。

2020年10月12—13日,习近平总书记第3次视察广东,赋予广东省在全面建设社会主义现代化国家新征程中走在全国前列、创造新的辉煌的使命任务。近些年来,广东省坚决贯彻总书记、党中央决策部署,围绕落实总书记赋予广东省的使命任务,统筹推进疫情防控和经济社会发展,推动各项工作取得新进步。在新的国际形势下,坚持和完善中国特色社会主义制度,推进国家治理体系和治理能力现代化,是实现第二个百年奋斗目标和中华民族伟大复兴的关键保证。广东省须进一步先行示范,为中国特色社会主义制度的完善及国家治理体系和治理能力现代化做出更大贡献。精准把握地方改革创新的广阔空间,进一步解放思想,有效破除束缚经济和社会发展的体制藩篱,尤其要发挥人民群众和基层改革探索的积极性,将宽容改革创新中的失误落到实处,鼓励大胆试、大胆闯。在将制度优势更好转化为治理效能方面起示范作用,制度优势并不必然转化为治理效能,必须通过党的领导与群众参与的协同治理才能更好地实现转化。

4.2 构建新发展格局下，培育经济发展新动能

党的二十大报告提出，加快构建以国内大循环为主体、国内国际双循环相互促进的新发展格局，增强国内大循环内生动力和可靠性，提升国际循环质量和水平。广东省作为重要的沿海省份，毗邻港澳，一直以来都是我国大进大出、两头在外的典型地区，也是连接国内大循环与国际大循环的重要节点。然而，在中美贸易摩擦持续升级和国内外疫情反复的双重影响下，外向型经济受到一定挑战。一方面，中美贸易摩擦导致我国部分订单转移到东南亚等其他地区，广东省的企业在开拓新市场、留住和挖掘新订单方面遇到一定困难；另一方面，受疫情和国际形势的影响，产业链、供应链受阻，产品原材料和物流成本上涨等多重压力，也在很大程度上打击了广东省的外贸业务。为此，广东省必须着眼大局、立足实际，全面实施创新驱动发展战略，促进产业转型升级，培育经济发展新动能。

一是进一步推进供给侧结构性改革，加快产业升级，增强供给体系的韧性，促进供给侧有效畅通并较好适应消费结构升级需要。二是突破产业瓶颈，提升关键核心技术的自给水平，尤其是加快突破广东省电子信息制造业等支柱产业的"卡脖子"技术。三是加快推进技术创新，提升产业竞争力，培育一批在全球领先的产业、产品和技术，提高我国在全球价值链中的竞争地位。四是在中央的统一部署下，与其他兄弟省份携手促进城乡区域间要素自由流动，推动区域市场一体化建设，完善区域交易平台和制度，共同构建全国统一的大市场。五是充分发挥对外开放窗口作用，进一步推动制度型开放，加快与世界规则、规制、管理、标准的对接与融合，通过深度对接国际大循环，提升国内大循环的效率和水平。

4.3 扎实推进共同富裕下，应对区域协调新要求

党的二十大报告明确指出"扎实推进共同富裕"，为中国式现代化道路指明了方向，而区域协调发展是共同富裕的重要抓手，在扎实推进共同富裕的背景下，对广东省的区域协调发展提出来更高的要求。广东省整体区域创新能力全国领先，但是从广东省内部区域协调发展来看，区域发展不协调问题依然存在。一是地市之间创新能力差距过大。深圳、广州作为广东省创新能力最强的地市，无论是整体创新能力还是分维度指标均名列前茅；而揭阳、潮州等地市创新能力相对落后，虽然在个别维度表现不错，但整体能力有待提升。二是区域发展不平衡。珠江三角洲集聚了大量具有较强创新能力的地市，而东翼、西翼和山区的创新能力相对较弱，创新能力的地理分化导致创新的溢出效应受到限制。

近年来，广东省立足区域现状，依托产业特色和资源禀赋，推动高质量区域协调发展。早在2019年，广东省委、省政府印发《关于构建"一核一带一区"区域发展新格局促进全省区域

协调发展的意见》，提出 2022 年基本建成"一核一带一区"区域发展新格局。珠三角核心区创新驱动、示范带动态势正在凸显。珠三角核心区优质资源、高端产业进一步集聚，新动能、新优势加快培育，已经迈上高质量发展快车道，对广东全省的辐射带动作用也正在日益增强。沿海经济带陆海统筹、港产联动态势明显。沿海经济带（含珠三角沿海地区）拥有广州、深圳、珠海、东莞、湛江、江门等 6 个亿吨大港，创造占全省八成的经济总量，产生占全省九成的进出口总额，作为广东全省发展主战场地位日益凸显。北部生态发展区生态优先、绿色发展态势也在显现。北部生态环境持续保持全省最优，空气质量优良天数比例平均为 96.4%，地表水水质优良断面比例达 97.1%，各集中式饮用水源水质达标率为 100%。

4.4 西方加紧技术封锁下，推动高水平科技自立自强

目前，俄乌局势尚不明朗，逆全球化趋势明显，经济全球化遭遇逆流，保护主义上升、世界经济低迷、全球市场萎缩，疫情对全球经济产生巨大冲击，世界进入动荡变革期。国内制造业出口增长受到抑制，发达国家在关键核心领域对国内制造业发展的限制升级，企业加速调整全球产业布局和全球资源配置，国内产业链、供应链安全和稳定面临前所未有的压力。加快建设科技强国，突破关键核心技术，实现高水平科技自立自强刻不容缓。

广东省作为我国制造业发展的排头兵，具有制造业产业集聚的优势，在装修材料、电器、科技数码、汽车制造等多个领域形成较为成熟的产业集群，华为、腾讯、比亚迪等具有全球竞争力的企业集聚广东。与此同时，我们必须意识到，在西方加紧技术封锁的背景下，广东省产业集群的全球竞争力依然面临挑战。广东省以创新驱动发展为指引，积极应对挑战，深入推进科技创新强省建设，加快构建"基础研究+技术攻关+成果转化+科技金融+人才支撑"全过程创新生态链，推动广东省科技和产业创新优势在新的高度立起来、强起来。一是积极探索关键核心技术攻关新型举国体制"广东路径"。要瞄准战略需求强力攻关，实施新一轮重点领域研发计划，深入推进"广东强芯"工程、核心软件攻关工程、显示制造装备璀璨行动计划，突破一批"卡脖子"技术，掌握更多"杀手锏"技术，储备若干前沿技术。二是做强关键链条提升创新整体效能。要打造原始创新重要策源地，实施基础研究与应用基础研究十年"卓粤"计划，催生更多原创成果。要打造关键核心技术攻坚先行地，创新运用"揭榜挂帅""赛马制"等机制，更好激发创新活力、引领攻关突破。三是抓住打造粤港澳大湾区高水平人才高地契机推进人才强省建设。要聚焦高精尖缺打造科技创新主力军，绘制全球高精尖缺人才地图和引才图谱，引育集聚具有战略科学家潜质的高层次复合型人才、一流科技领军人才和创新团队、青年科技人才、卓越工程师。

第二篇
区域创新能力分地市报告

第 5 章 各地市创新能力分析

5.1 广州市创新能力分析

广州市近几年地区生产总值保持平稳上升，规模以上工业企业数和营业收入稳定增加，研发经费内部支出也实现了稳定增长。广州市科技发展呈现出良好态势，逐渐扩大了工程技术研究中心和国家重点实验室建设。整体研发投入和研发人员数量呈良好发展趋势。在数字金融方面位居全省前列，取得了较好的成效。广州市龙头企业也极大带动了相关行业的发展，激发了地区的创新活力。整体来看，广州市的创新能力排名较为稳定，各项指标均位居省内前列。

5.1.1 创新能力排名

2022年广州市创新能力居全省第2位，连续5年保持平稳，科技创新中心地位突出（图5-1）。

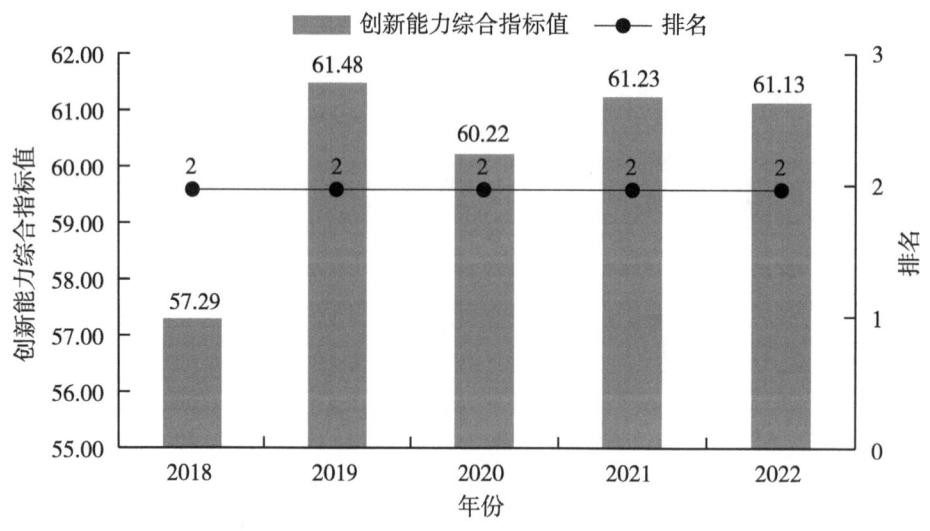

图 5-1 2018—2022 年广州市创新能力变化趋势

从指标维度看，广州市2022年创新投入指标排第3位，较上年上升1位；创新产出指标排第4位，较上年上升1位；产业升级指标和创新环境指标分别排第2位和第1位，均与上年保持不变；创新绩效指标排第1位，较上年上升1位（表5-1，图5-2）。

表 5-1 广州市创新能力指标分析

指标名称		2022 年		2021 年	
		指标值	排名	指标值	排名
综合		61.13	2	61.23	2
1	创新投入	47.75	3	49.42	4
1.1	人员投入	46.32	4	49.34	4
1.2	经费投入	49.18	4	49.50	3
2	创新产出	46.96	4	44.43	5
2.1	专利产出	23.69	4	22.77	4
2.2	产业创新	70.22	6	66.09	8
3	产业升级	61.48	2	60.15	2
3.1	结构优化	61.48	2	60.15	2
4	创新环境	82.87	1	83.68	1
4.1	政策环境	73.84	4	68.67	3
4.2	市场环境	57.64	3	66.05	3
4.3	技术要素流动	100.00	1	100.00	1
4.4	创新平台	100.00	1	100.00	1
5	创新绩效	66.60	1	68.49	2
5.1	生活质量	83.21	3	82.61	3
5.2	技术水平	50.00	4	54.37	4

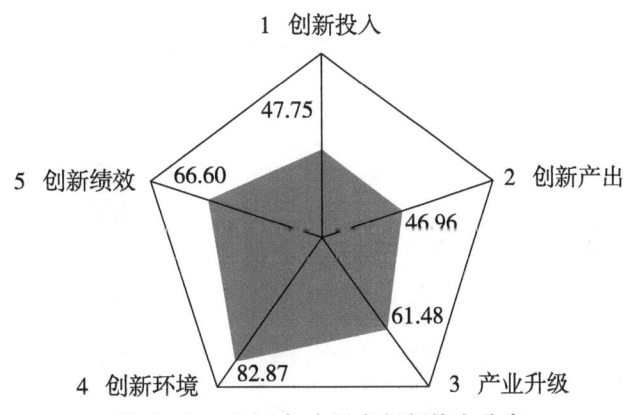

图 5-2 2022 年广州市创新能力分布

5.1.2 决定创新能力的关键指标分析

（1）国民经济综合发展情况

从国民经济综合发展情况来看，2016—2020年广州市的地区生产总值和人均生产总值均不断增长，2018—2019年呈现较快的增长趋势，2019—2020年趋于稳定增长（图5-3）。工业总产值缓慢增长，从2016年的18 907亿元增长到2020年的20 310亿元。

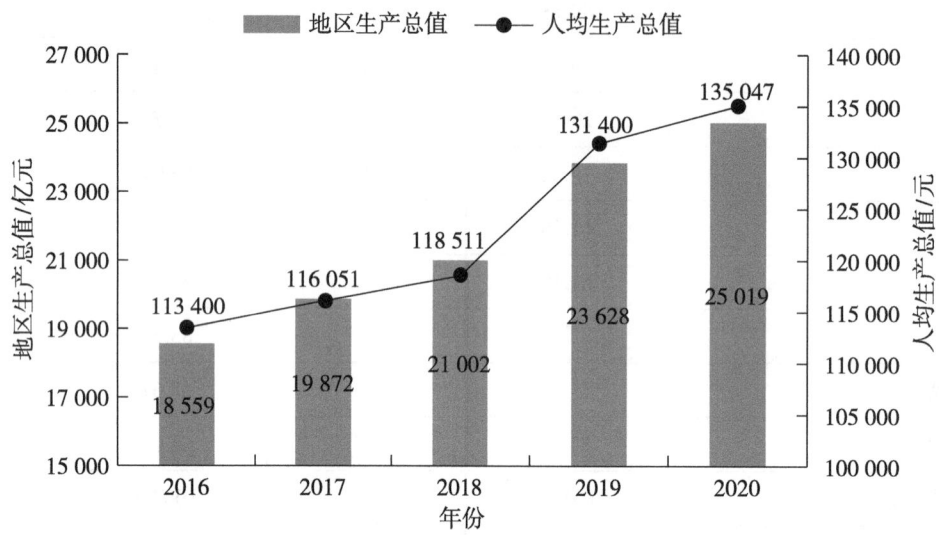

图5-3　2016—2020年广州市地区生产总值和人均生产总值

2016—2020年广州市三次产业生产总值如图5-4所示，可以看出广州市仍以第三产业为主，其生产总值稳定增长。第二产业生产总值也实现了缓慢增长，相对来说，第一产业贡献度较小。

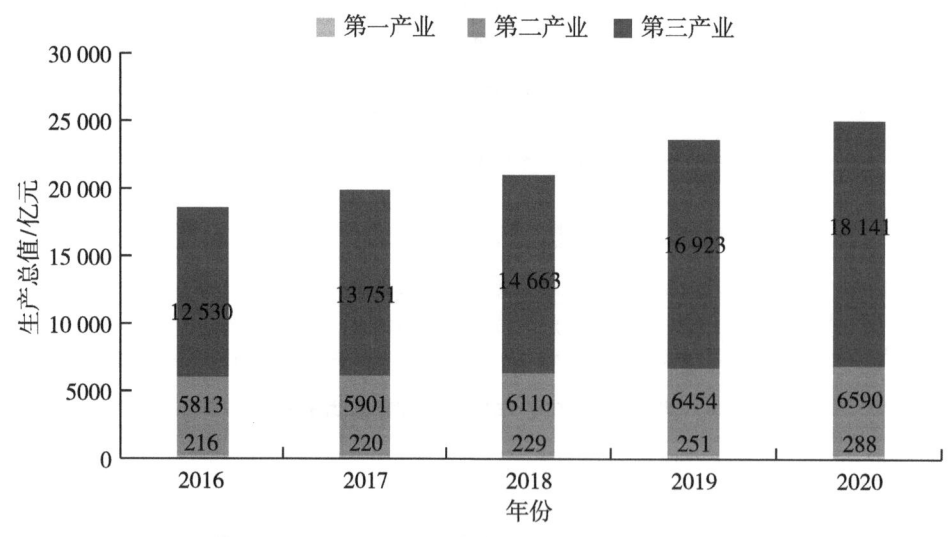

图5-4　2016—2020年广州市三次产业生产总值

2016—2020年,广州市城市人均可支配收入平稳增长,农村人均可支配收入也实现了缓慢增长(图5-5)。但总体来看,城市和农村人均可支配收入差距在不断扩大。广州市的全员劳动生产率也在不断增长,从2016年的328 067元/人增长到2020年的376 293元/人。

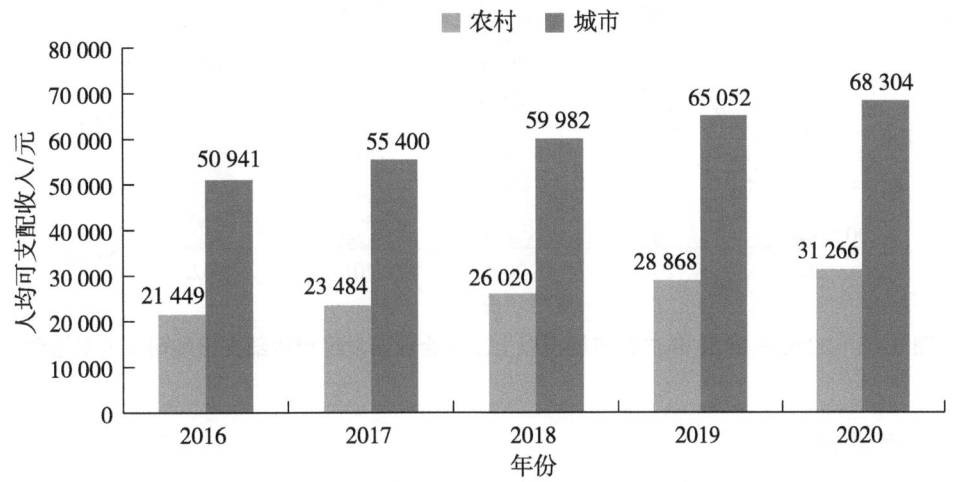

图5-5 2016—2020年广州市农村和城市人均可支配收入

(2)工业发展情况

从工业发展情况来看,2016—2020年广州市规模以上工业企业数稳定增加,从2016年的4660家增加到2020年的6208家。规模以上工业企业营业收入也随之实现了稳定增长(表5-2)。

表5-2 2016—2020年广州市规模以上工业企业数和营业收入

年份	规模以上工业企业数/家	规模以上工业企业营业收入/亿元
2016	4660	17 599
2017	4661	17 653
2018	4809	18 362
2019	5802	20 251
2020	6208	20 924

2016—2020年,广州市规模以上工业企业在研发经费内部支出上也实现了稳定增长,到2020年已达315亿元。规模以上工业企业研发人员数量在2018年有所下降,之后开始稳定增长(图5-6)。

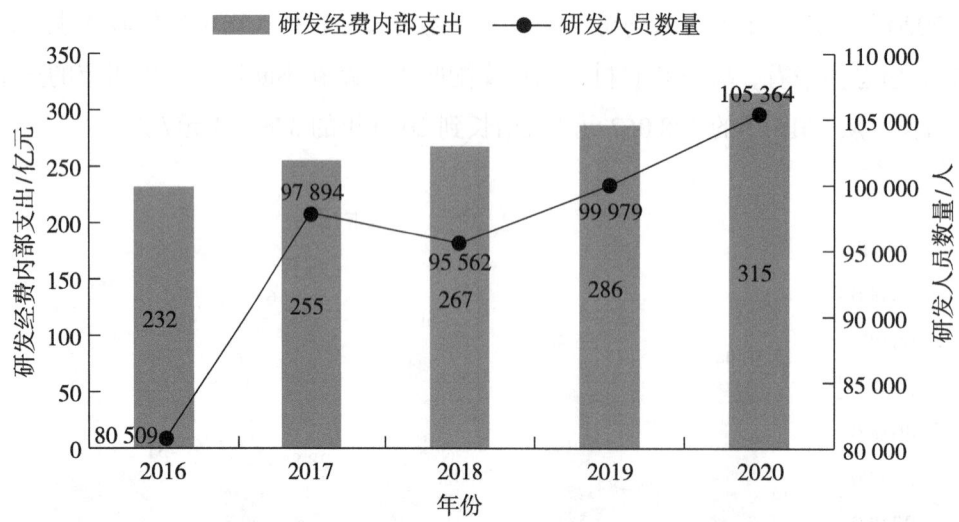

图5-6 2016—2020年广州市规模以上工业企业研发经费内部支出和研发人员数量

（3）科技发展情况

从科技发展情况来看，广州市的省工程技术研究中心不断增加，从2016年的878家增加到2020年的1625家，国家重点实验室5年中也增加了2家。技术市场成交合同金额也呈现出了显著的增长，从2016年的289.61亿元增长到2020年的2256.15亿元。

从投入和产出来看，2016—2020年广州市不断加大研发投入，R&D经费占GDP的比重和R&D人员数量均呈现出良好的发展态势（图5-7）。广州市在专利上，有效发明专利拥有量和万人发明专利拥有量呈现稳定上升趋势，2020年有效发明专利拥有量为71 342件，万人发明专利拥有量为46.61件（图5-8）。但在PCT国际专利申请上呈现出了波动，2016年有所下降之后，2019年略有回升。

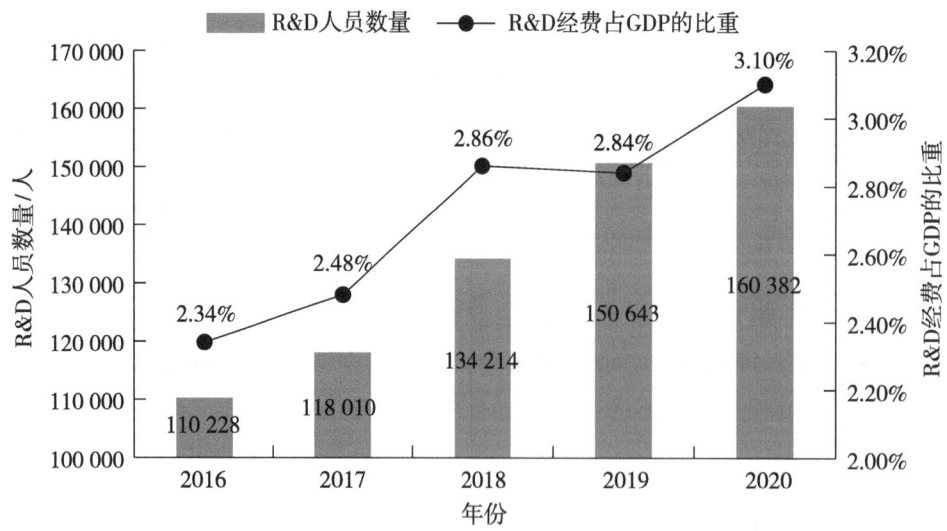

图5-7 2016—2022年广州市R&D人员数量和R&D经费占GDP的比重

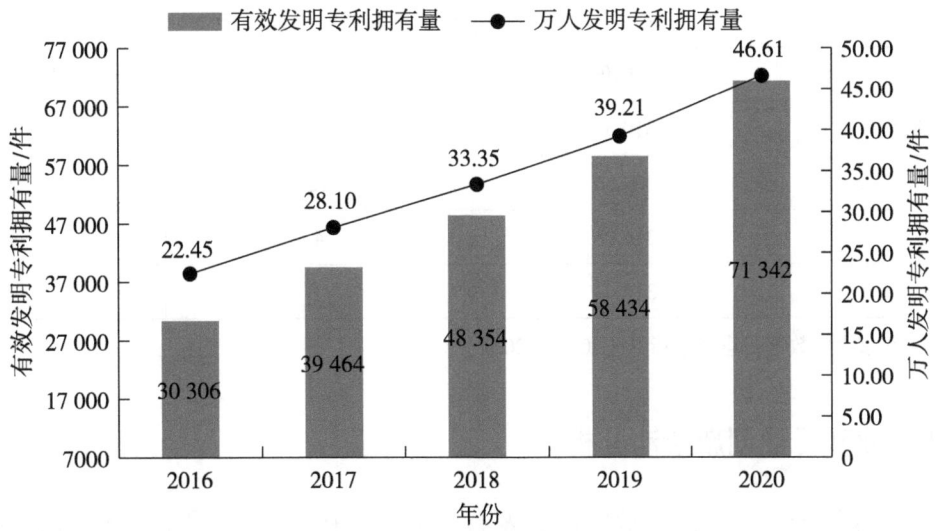

图 5-8　2016—2020 年广州市有效发明专利拥有量和万人发明专利拥有量

（4）新经济发展情况

从新经济发展情况来看，2016—2018 年广州市高新技术企业数快速增长，2018 年之后逐渐保持平稳趋势。高新技术产品产值 2017 年有所下降，之后呈稳定增长趋势，2020 年达到 10 713.54 亿元（图 5-9）。

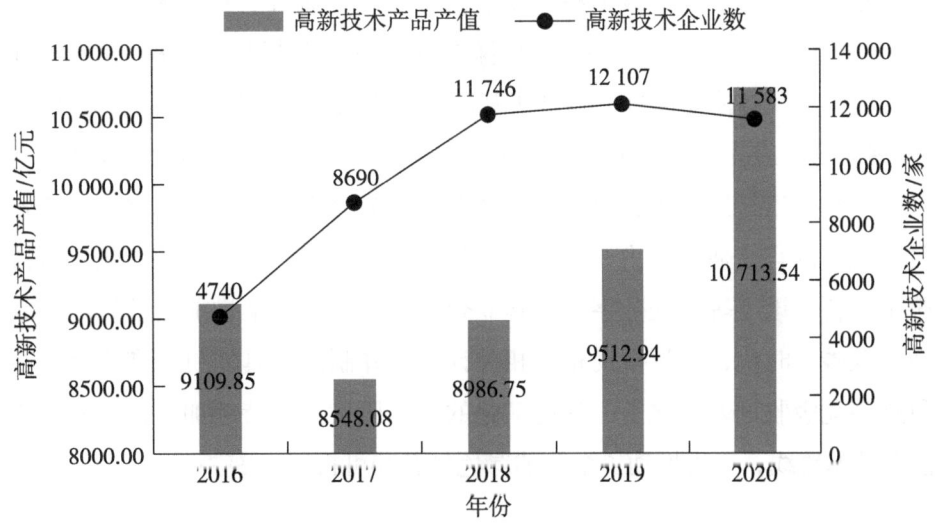

图 5-9　2016—2020 年广州市高新技术产品产值和高新技术企业数

2020 年，广州市数字普惠金融指数为 310.34，全国排第 7 位，省内排第 2 位。覆盖宽度为 304.80，全国排第 12 位，省内排第 3 位。使用深度为 316.96，全国排第 4 位，省内排第 1 位。数字化程度为 316.61，全国排第 13 位，省内排名第 2 位（表 5-3）。可以看出，广州市在新经济发展上取得了较好的成效，数字金融方面在全国及省内均居上游，其中使用深度居广东省之首。

表 5-3 2020 年广州市数字普惠金融综合指标

指标名称	指标值	全国排名	广东排名
数字普惠金融指数	310.34	7	2
覆盖宽度	304.80	12	3
使用深度	316.96	4	1
数字化程度	316.61	13	2

数据来源：《北京大学数字普惠金融指数（2011—2021）》。

5.1.3 主要企业和行业创新活动分析

根据中国企业联合会、中国企业家协会发布的数据，在 2021 中国企业 500 强榜单中，广州市有 21 家企业入围。中国南方电网有限责任公司和广州汽车工业集团有限公司居前 100 名，居前 200 名的企业共有 6 家（表 5-4），行业分布较为多元化，涉及电力、汽车、建筑、医药和投资等领域。同时，企业也不断关注技术和产业创新。中国南方电网有限责任公司是中央管理的国有重要骨干企业，参与投资、建设和经营相关跨区域输变电和联网工程，为广东省、广西壮族自治区、云南省、贵州省、海南省和港澳地区提供电力供应服务保障。勇于创新是领导团队的理念之一。中国南方电网有限责任公司将科技创新、管理创新、服务和商业模式创新作为重点任务进行布局，面向国家重大战略和行业科技前沿，聚焦基础研究、前沿引领技术研究、颠覆性技术研究等"从 0 到 1"的技术创新，不断提高企业的创新能力，并带动行业的发展。此外，企业围绕产业链布局创新链，为创新联合体建设打下了坚实基础。广州汽车工业集团有限公司成立于 1997 年，经过 25 年的发展，已经成为我国汽车行业的支柱企业之一。业务涵盖研发、整车、零部件、汽车商贸、汽车金融、移动出行服务等，也是国内产业链最为完整的汽车集团之一。广州汽车工业集团有限公司具有强大的自主研发实力，积极构建先进智能网联生态。在智能化领域持续加大研发投入，并与腾讯、科大讯飞等领先数字企业建立合作关系，稳步推进前沿的智能网联技术研发。此外，企业在"双碳"时代，也积极发布了相关计划，并制定了具体目标和举措。在多年对行业领先的混动科技消化吸收的基础之上，其混动化的自主研发力度持续加大，同时还积极探索更加前沿的各类混动技术路线，极大推动了企业的绿色创新和可持续发展。

表 5-4 广州市入围 2021 中国企业 500 强榜单的前 10 家企业

序号	企业名称	营业收入/亿元	排名
1	中国南方电网有限责任公司	5775.24	30
2	广州汽车工业集团有限公司	3982.96	58
3	雪松控股集团有限公司	2334.75	102

续表

序号	企业名称	营业收入/亿元	排名
4	广州市建筑集团有限公司	1839.09	128
5	广州医药集团有限公司	1798.84	129
6	广东鼎龙实业集团有限公司	1346.23	173
7	中国南方航空集团有限公司	930.51	234
8	奥园集团有限公司	883.52	245
9	广州工业投资控股集团有限公司	792.74	267
10	广东省广晟控股集团有限公司	746.44	280

数据来源：中国企业联合会、中国企业家协会发布的2021中国企业500强榜单。

5.1.4 政府部门引导创新的典型做法

广州市近几年不断出台相关政策促进地区的创新发展，2018年出台的《广州市鼓励创业投资促进创新创业发展若干政策规定》旨在鼓励社会资本进入创新创业领域，促进科技、金融与产业深度融合。政策对创业投资类管理企业投资在广州注册的种子期、初创期科技创新企业给予投资奖励。政策同时鼓励创业投资"引进来"和"走出去"，并鼓励创业投资类管理企业与产学研协同创新联盟、新型研发机构合作发展。对市科技创新发展专项产业技术重大攻关计划中引入了创业投资类企业投资的科技成果转化、产业化项目（企业）给予科技经费支持。2019年出台的《广州市人民政府关于印发进一步加快促进科技创新政策措施的通知》强调了科技创新对经济社会发展的支撑引领作用，并制定了一系列相关措施来加快地区科技创新发展，包括：构建高水平科技创新载体；支持国际一流创新平台建设；加强创新基础能力建设；支持粤港澳（国际）青年创新工场、粤港澳高校创新创业联盟发展，建设粤港澳大湾区（广东）青年创新创业基地、广州科学城粤港澳青年创新创业基地、粤澳青创国际产业加速器等一批港澳青年创新创业基地，基地被认定为省级科技企业孵化器的，可直接享受我市相关优惠政策；面向港澳开放市科技计划（专项、基金）；协同推进市财政科研资金跨境使用，允许项目资金直接拨付至港澳两地牵头或参与单位；完善港澳人才保障机制；加强科技人才住房保障，提升服务科技企业能力；探索建立符合国际规则的创新产品政府首购制度；放宽科技创新设施用地限制；简化科技创新用地相关手续。除此之外，广州市积极打造大湾区综合性国家科学中心，为推动地区之间的合作共赢打下了良好的基础。

5.1.5 小结

近年来，广州市积极推动科技创新建设，创新能力在省内排名较为稳定，各项指标均位居省内前列。广州市也不断出台相关政策促进地区创新发展，同时致力于粤港澳大湾区国际科技创新中心建设，加大地区科技研发投入。未来，广州市要把握科技创新优势，积极构建新的发展格局，利用地理优势打通国内国际双循环。并且，广州市也应引导科技成果落地转化，将科学研究成果转化为推动地区发展的新动能。

5.2 深圳市创新能力分析

深圳市，广东省副省级市、国家计划单列市、超大城市、国务院批复确定的经济特区、全国性经济中心城市、国际化城市、科技创新中心、区域金融中心、商贸物流中心。总面积1997.47平方千米，建成区面积927.96平方千米，深圳市常住人口为1767.38万人。深圳市地处中国华南地区、广东省南部、珠江口东岸，东临大亚湾和大鹏湾，西濒珠江口和伶仃洋，南隔深圳河与香港相连，是粤港澳大湾区四大中心城市之一、国家物流枢纽、国际性综合交通枢纽、国际科技产业创新中心、中国三大全国性金融中心之一，致力于建设中国特色社会主义先行示范区、综合性国家科学中心、全球海洋中心城市。未来，深圳市要抢抓建设粤港澳大湾区、深圳先行示范区和实施综合改革试点的重大历史机遇，在高质量全面建成小康社会基础上，全面建设成为一座充满魅力、动力、活力和创新力的国际化创新型城市。

5.2.1 创新能力排名

2022年深圳市创新能力全省排第1位，对比2021年，排名无变化，创新能力综合指标值略有下降（图5-10）。过去5年深圳市创新能力排名一直保持全省第一，具有强大的创新实力和创新活力。

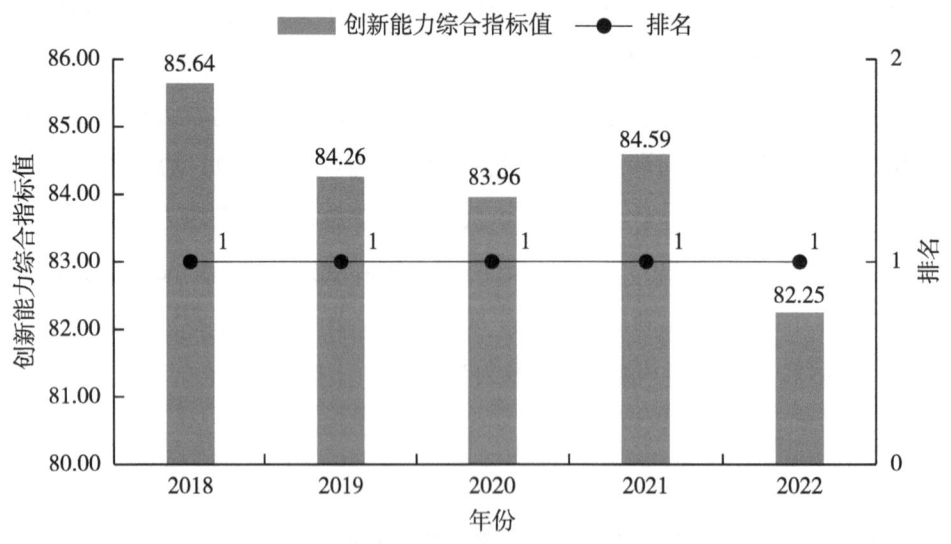

图5-10　2018—2022年深圳市创新能力变化趋势

分指标分析，2022年深圳市创新投入指标值是100.00，排第1位，较上年没有变化；创新产出指标值是100.00，排第1位；产业升级指标值是82.95，排第1位，指标值上升0.33；创新环境指标值是64.63，指标值下降6.42，排第2位，与上年一致，其中政策环境指标值下降较明显；创新绩效指标值是63.66，排第2位，技术水平指标值下降明显，有较大上升空间（表5-5，图5-11）。

表5-5 深圳市创新能力指标分析

指标名称	2022年		2021年	
	指标值	排名	指标值	排名
综合	82.25	1	84.59	1
1 创新投入	100.00	1	100.00	1
1.1 人员投入	100.00	1	100.00	1
1.2 经费投入	100.00	1	100.00	1
2 创新产出	100.00	1	100.00	1
2.1 专利产出	100.00	1	100.00	1
2.2 产业创新	100.00	1	100.00	1
3 产业升级	82.95	1	82.62	1
3.1 结构优化	82.95	1	82.62	1
4 创新环境	64.63	2	71.05	2
4.1 政策环境	78.70	2	100.00	1
4.2 市场环境	100.00	1	100.00	1
4.3 技术要素流动	41.52	2	48.91	2
4.4 创新平台	38.28	2	35.30	2
5 创新绩效	63.66	2	69.27	1
5.1 生活质量	95.91	1	96.78	1
5.2 技术水平	31.42	7	41.77	6

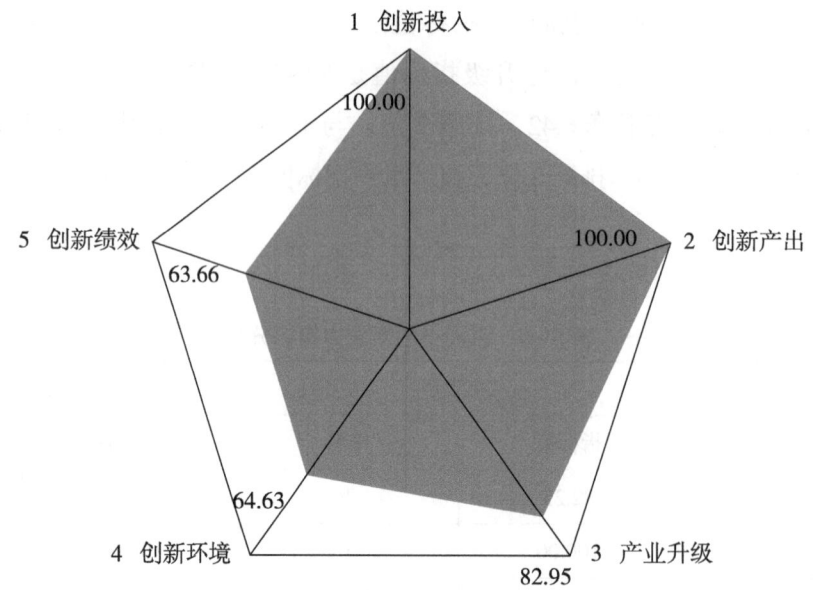

图 5-11 2022 年深圳市创新能力分布

5.2.2 决定创新能力的关键指标分析

（1）国民经济综合发展情况

2020 年，深圳市实现地区生产总值 27 670 亿元，居广东省第 1 位、亚洲城市第 5 位，比上年增长 2.76%，5 年年均增长 7.5%（图 5-12）。

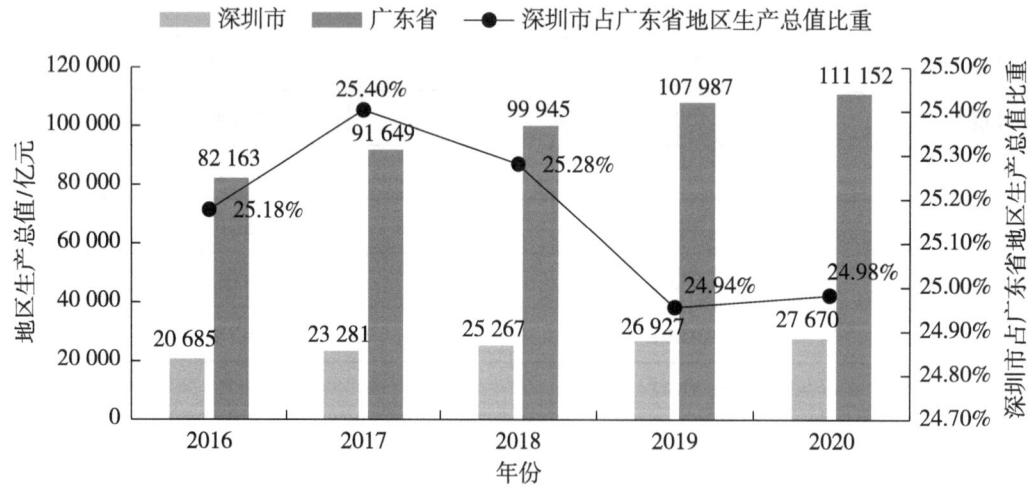

图 5-12 2016—2020 年深圳市地区生产总值变化情况

2020年，深圳市第一产业生产总值为26亿元，同比增长4.0%；第二产业生产总值为10 454亿元，同比下降0.4%；第三产业生产总值17 190亿元，同比增长4.8%，三次产业结构0.1∶37.8∶62.1（图5-13）。过去5年，第三产业生产总值占地区生产总值的份额逐年提升，第二产业生产总值比重逐年下降，随着深圳市产业结构的逐步调整，深圳市制造业正在逐渐向其他区域转移，产业发展更具竞争力。其中，先进制造业增加值占规模以上工业增加值的比重为72.5%，高出全省水平16.4个百分点；战略性新兴产业增加值达1.03万亿元，占地区生产总值比重达37.1%[①]；现代服务业占服务业增加值比重由2015年的69.3%提升到2020年的76.1%。总体而言，深圳市国民经济发展水平处于广东省乃至全国的领先地位，其高新技术产业发展迅速，创新能力全省排名第一。在广东省21个地市中，深圳市与广州市位列第一梯队。

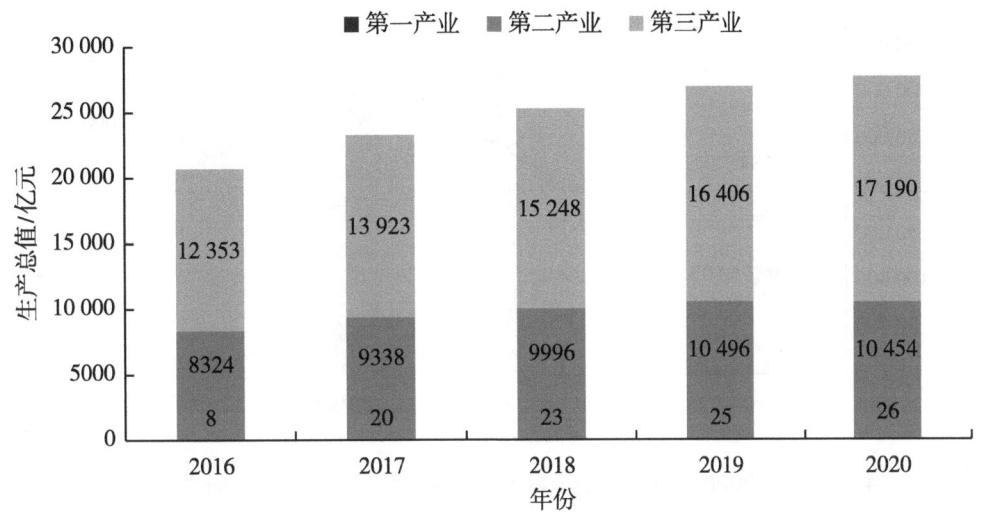

图5-13　2016—2020年深圳市三次产业生产总值

（2）工业发展情况

2020年，深圳市规模以上工业总产值3.7万亿元，居全国首位。规模以上工业实现利润总额2728.57亿元，比上年增长10.6%。亏损企业亏损总额301.33亿元，同比下降12.8%。分经济类型看，国有控股企业利润262.95亿元，同比下降4.0%；股份制企业利润1933.33亿元，同比增长9.0%；外商及港澳台商投资企业利润792.73亿元，同比增长14.3%。分门类看，采矿业利润113.26亿元，同比下降38.7%；制造业利润2420.48亿元，同比增长16.3%；电力、热力、燃气及水生产和供应业利润194.83亿元，同比下降3.6%。从行业看，电子信息制造业是深圳市工业的第一支柱产业，占全市规模以上工业增加值近六成，产业规模约占全国1/5。全市37个工业大类行业中，超八成工业行业实现正增长。

---

① 本书中的相关数值是以四舍五入前的统计数据计算得出，结果可能与四舍五入后的数据结果存在差异。

2020年，深圳市新一代信息技术产业增加值4893.45亿元，同比增长2.6%。数字经济产业增加值1601.03亿元，同比下降0.2%。高端装备制造产业增加值1380.69亿元，同比增长1.8%。绿色低碳产业增加值1227.04亿元，同比增长6.2%。

2016—2020年，深圳市市场主体活力不断激发，规模以上工业企业数从2016年的6627家增加至2020年11 255家，5年增长69.8%，创业密度居全国第一；世界500强企业从2016年的4家增加到2020年的8家。随着规模以上工业企业营业收入的逐年上升，内部研发投入也逐年增加，即使在疫情冲击下，也不减投入力度。2016—2020年，深圳市规模以上工业企业研发人员数量和研发经费内部支出均逐年增加（图5-14）。

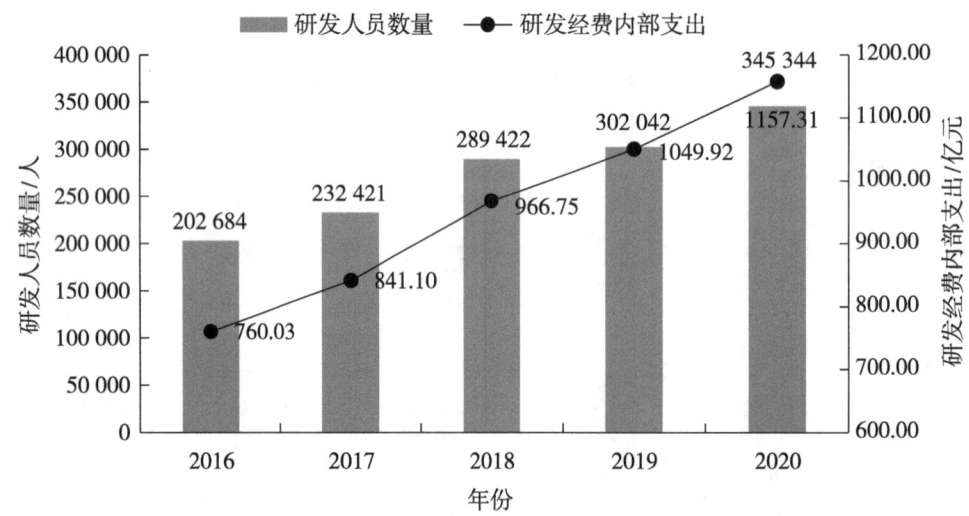

图5-14　2016—2020年深圳市规模以上工业企业研发人员数量和研发经费内部支出

（3）科技发展情况

深圳市R&D经费从2015年的732.29亿元增长到2020年的1510.81亿元，R&D经费占GDP的比重从2015年的4.18%增长到2020年的5.46%，达到全球领先水平（图5-15）。截至2020年年底，深圳市专利申请量31.02万件，专利授权量22.24万件，累计有效发明专利量达16万件，占广东省累计有效发明专利量的45.66%，PCT国际专利申请量2.02万件，是2015年的1.5倍，连续17年居全国城市首位，"十三五"期间，深圳市具有美国、日本、欧洲同族的高价值发明专利约1.2万件，约占高价值发明专利总量的25%[①]。

2020年，深圳市技术合同数量和成交额均大幅增长，共认定登记技术合同11 717项，同比增长14.68%，成交额达1036.3亿元，同比增长46.99%；近年来，深圳全市的技术合同成交额占R&D经费的比重始终保持稳步增长态势，连续5年保持在50%以上。

深圳市已累计建成基础研究机构12家、诺奖实验室11家、省级新型研发机构46家，各类创

---

① 数据来源：《深圳市知识产权保护和运用"十四五"规划》。

新载体达2642家。建成6家国家重点实验室、36家国家工程实验室（工程研究中心）、13家国家工程技术研究中心，并获批建设首批国家应用数学中心。

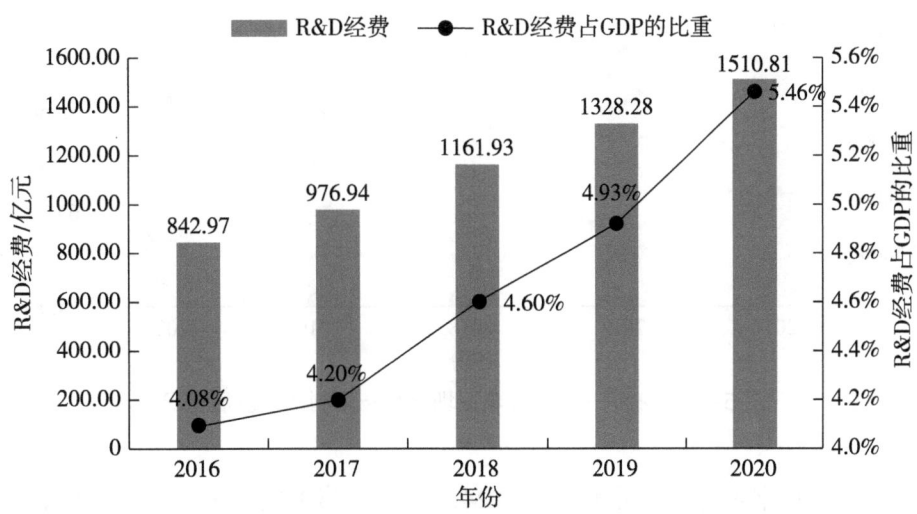

图5-15　2016—2020年深圳市R&D经费情况

（4）新经济发展情况

深圳市高新技术产业发展成为全国的一面旗帜，2020年，深圳市高新技术企业数为18 694家，是2015年的3.4倍，仅次于北京市的28 750家，位居全国第二，其数量约占广东省总量的1/3（图5-16）。2020年，深圳市先进制造业和高技术制造业增加值分别占规模以上工业增加值的比重为72.5%和66.1%（图5-17）。部分先进制造业和高技术制造业产品产量增长非常快。其中，医疗仪器设备及器械、3D打印设备、民用无人机分别增长了200.3%、144.8%、111.1%。

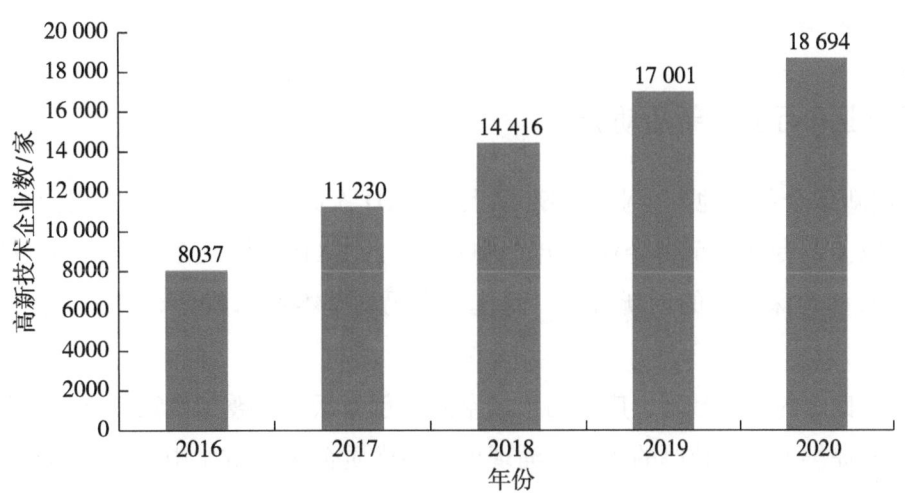

图5-16　2016—2020年深圳市高新技术企业数

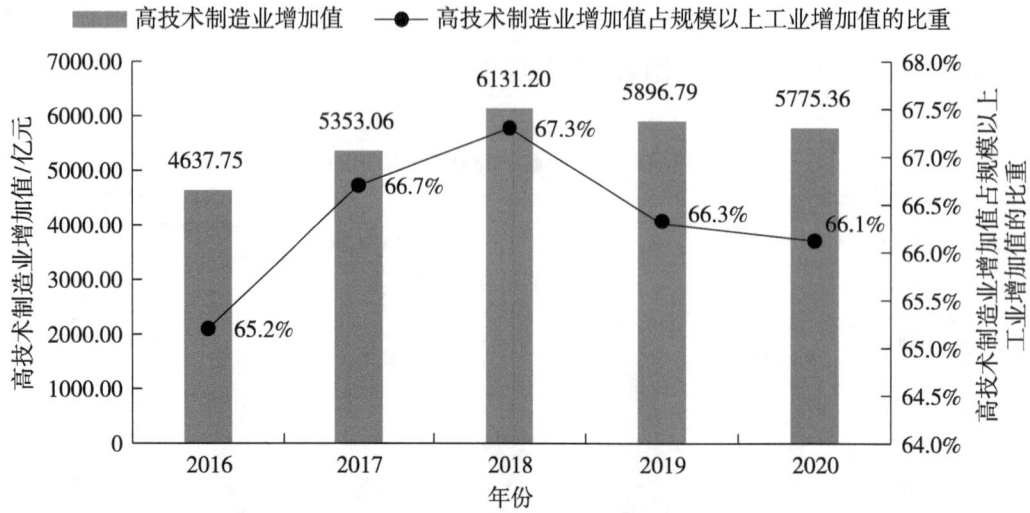

图 5-17　2016—2020 年深圳市高技术制造业发展情况

2020 年,深圳市数字普惠金融指数为 319.24,省内排第 1 位,全国排第 3 位。其中,覆盖宽度为 324.67,使用深度为 308.16,数字化程度为 321.47(表 5-6)。

表 5-6　2020 年深圳市数字普惠金融综合指标

指标名称	指标值	全国排名	广东排名
数字普惠金融指数	319.24	3	1
覆盖宽度	324.67	2	1
使用深度	308.16	8	2
数字化程度	321.47	6	1

数据来源:《北京大学数字普惠金融指数(2011—2021)》。

5.2.3　主要企业和行业创新活动分析

"90% 的创新型企业是地方企业,90% 以上的 R&D 人员来自企业,90% 以上的 R&D 经费出自企业,90% 以上的专利申请由企业提出,90% 以上的 R&D 机构设在企业,90% 的重大科技项目来自企业"被称为深圳市的创新密码,而这一密码的基本逻辑就是尊重企业在创新中的主体地位。

在深圳市,良好的产业基础、广阔的市场空间和创新沃土,叠加政策的支持与保障,为科技创新的快速发展提供了得天独厚的条件,涌现出众多优质企业。2021 中国企业 500 强榜单中深圳市有 23 家上榜(表 5-7)。

表 5-7 深圳市入围 2021 中国企业 500 强榜单的企业

序号	公司名称	营业收入/亿元
1	中国平安保险（集团）股份有限公司	13 214.15
2	华为投资控股有限公司	8913.68
3	正威国际集团有限公司	6919.37
4	恒大集团有限公司	5072.48
5	腾讯控股有限公司	4820.64
6	招商银行股份有限公司	4200.74
7	万科企业股份有限公司	4191.12
8	深圳市投资控股有限公司	2148.91
9	比亚迪股份有限公司	1565.98
10	顺丰控股股份有限公司	1539.87
11	华侨城集团有限公司	1470.80
12	阳光保险集团股份有限公司	1149.80
13	中国广核集团有限公司	1108.74
14	中兴通讯股份有限公司	1014.51
15	前海人寿保险股份有限公司	938.73
16	立讯精密工业股份有限公司	925.01
17	神州数码集团股份有限公司	920.60
18	深圳市爱施德股份有限公司	641.90
19	深圳海王集团股份有限公司	633.97
20	欧菲光集团股份有限公司	483.50
21	深圳金雅福控股集团有限公司	410.22
22	深圳市中农网有限公司	402.86
23	创维集团有限公司	398.53

数据来源：中国企业联合会、中国企业家协会发布的 2021 中国企业 500 强榜单。

制造业一直是深圳市的核心支撑，经过 40 多年的发展，深圳市从过去的代工、贴牌生产发展到如今的自主研发、自创品牌、制定标准，已经成为全球制造业重地，其第二产业依然保持强有力的发展势头，是经济增长的主动力。其中，电子信息制造业已成为新一轮产业革命的核心领域、深圳市的支柱产业，带动着经济社会发展。2020 年深圳市电子信息制造业产业规模已经提升到全国 1/5，全球 1/10。榜单中的华为、比亚迪、中兴、立讯、海王等企业都经过多年的发展，实现了技术赋能，通过创新与制造的结合，实现了智能化、网络化、数字化。无论是产业链还是高度市场化的体制机制都具备一定的优势，为其他企业发展提供了先进样本。

（1）华为技术有限公司

华为技术有限公司（简称"华为"）成立于1987年。2020年，面临以美国为首的西方国家全面封杀和全球疫情的双重冲击，华为依然取得了令人瞩目的成绩，其中销售收入8914亿元，同比增长3.8%，净利润646亿元，同比增长3.2%。从华为主要业务来看，消费者业务仍然占半壁江山。运营商业务收入3026亿元，占比33.9%，同比增长0.2%；企业业务收入1003亿元，占比11.3%，同比增长23.0%；消费者业务收入4829亿元，占比54.2%，同比增长3.3%。从国内外看，中国区业务保持增长，收入5849亿元，占比65.6%，欧洲、中东、非洲以1808亿元的收入位居第二，占比20.3%。

即使在营收增长连年放缓的情况下，2020年华为的研发投入占收入的比例依然在15%以上，达到1419亿元。在华为历年的研发投入强度里面，属于较高水平。持续的创新投入使得华为成为全球最大的专利持有企业之一。截至2020年年底，华为全球共持有有效授权专利4万余族（超10万件），其中90%以上专利为发明专利。

华为从小到大、从大到强、从国际化到全球化的全过程，就是基于创新的成功。华为过去30多年的成功，是基于客户需求的工程、技术、产品和解决方案创新的成功。

第一，华为的创新是开放式的创新。围绕着全球技术要素及资源，华为在全球建立了超过16家研发中心、60多家基础技术实验室，包括材料、散热、数学、芯片、光技术等。并且，围绕着全球人才和资源，建立研究中心。2006年至今，华为根据客户需求，已经和合作伙伴建立了遍及全球的36家联合创新中心。

第二，华为的成功是基于客户需求的创新的成功。以欧洲市场为例，该市场的成功拓展奠定了华为国际一流企业的地位。欧洲市场是国际主流通信设备公司的本土市场，低价竞争只会扰乱市场，只有技术领先和创新才可能被欧洲领先运营商所选择。华为站在客户视角，站在帮助客户商业成功的角度主动创新。2005年，华为突破传统基站的模式，开发了业界第一款分布式基站，解决了站址难找、安装困难、耗电多和运维成本高等一系列难题，能够更快、更便宜地建设移动网络。这些系列化创新的价值不仅是帮助运营商降低成本，更是极大地降低了网络建设的门槛，提高了建网速度。这些产品和解决方案的巨大技术和商业优势，使得欧洲厂商不得不跟随华为，也推出类似的产品，从而这些产品形成了行业的事实标准，并引领了无线产业的发展方向。

未来，华为提出基于愿景驱动的理论突破和基础技术发明的创新2.0。核心理念是基于对未来智能社会的假设和愿景，打破制约ICT发展的理论和基础技术瓶颈，是实现理论突破和基础技术发明的创新，是实现"从0到1"的创新。理论突破和基础技术发明源头之一是学术界，同时，工业界提出的挑战和向大学、研究机构进行的投资是助推器。理论突破和基础技术发明的不确定性非常高，这种不确定性的性质就决定了不能是封闭的创新。理念是开放式创新、包容式发展，大学和研究机构、学术界、工业界联合起来，共同推动。利用全球科研资源和人才进行合作创新。华为从愿景假设出发，研究未来智能世界，研究未来人们如何生活、工作、娱乐等，提出问题，带着问题找技术，带着问题捕捉未来的技术方向和商业机会，孵化出新产业。华为将采取支持大学及科研机构研究、自建实验室、多路径技术投资等多种方式，把工业界的问题、学术界的思想、风险资本的信念整合起来，共同创新。

（2）比亚迪股份有限公司

比亚迪股份有限公司（简称"比亚迪"）成立于1995年，经过20多年的高速发展，已在全球设立30多家工业园，实现全球六大洲的战略布局。比亚迪业务布局涵盖电子、汽车、新能源和轨道交通等领域，并在这些领域发挥着举足轻重的作用，从能源的获取、存储，再到应用，全方位构建零排放的新能源整体解决方案，2021年比亚迪实现营业收入2161.42亿元，同比增长38.02%，实现净利润30.45亿元，同比下降28.08%。分业务来看，汽车、汽车相关产品及其他产品业务的收入1124.89亿元，同比增长33.93%；手机部件、组装及其他产品业务的收入864.54亿元，同比增长43.99%；二次充电电池及光伏业务的收入164.71亿元，同比增长36.27%。如今，比亚迪超过特斯拉成为全球新能源汽车销冠，成为唯一一个单月销量突破10万辆的新能源汽车品牌，不仅如此，比亚迪还成功登上了《财富》世界500强榜单。

比亚迪始终坚持"技术为王，创新为本"的发展理念。比亚迪技术人员超过3.5万人，设有11家研究院，2020年的研发投入总额超过85亿元，占营业收入比例为5.5%。根据新能源汽车专利20强企业榜单，比亚迪以9426件专利位列榜首，比第2名、第3名的专利数总和还要多，还是其他19强平均专利数的7倍，其自主研发的刀片电池、e平台3.0、DM-i超级混动技术等，均彰显技术创新硬实力。比亚迪有个"技术鱼池"，市场需要时就捞一条出来，这个"技术鱼池"靠的就是创新研发。

比亚迪瞩目的成绩背后是始终坚持"技术为王，创新为本"的发展理念。一直强化企业研发投入，是数以十亿计、百亿计的研发经费持续投入。数据显示，比亚迪研发经费由2010年的20亿元增长至2021年的106亿元；即便面对2019年的车市寒冬，比亚迪也未缩减研发投入，当年研发经费为56亿元，同比增长12.8%。目前，比亚迪设有弗迪电池研究院、半导体研究院、汽车工程研究院、产品规划及汽车新技术研究院等11家研究院，研发人员超过4万人，居国内汽车企业榜首。经过近20年的持续投入，比亚迪以专利申请量2.48万件、有效发明专利0.64万件占据中国汽车行业榜首，是行业均值的32倍；有效专利量占中国汽车行业上市企业总和的28%，是行业均值的60倍。据IFI Claims公布的全球专利持有者250强名单，比亚迪全球排第66位，已超过现代等国际巨头。

纵观比亚迪的发展，商业模式一直随着技术创新进行螺旋式迭代发展。比亚迪的商业模式创新是以技术创新来构建其核心竞争力的。比亚迪掌握了以技术为基础的稀缺资源，使早期的比亚迪有效控制了成本，赚取了巨大的利润。在这种重视技术的封闭式垂直一体化商业模式下，其专利申请保持高速发展，技术创新反过来加强了商业模式创新的生命力和竞争力。但是，随着智能互联的新业态发展，比亚迪封闭式垂直一体化商业模式吸取诺基亚故步自封的教训，果断推行"开放平台"新变革。在技术创新和商业模式创新的双轮驱动下，比亚迪开放硬件平台，联合互联网企业在硬件平台上搭建智能驾驶系统。2018年，比亚迪推出DiLink智能网联系统，开放了341个传感器和66项控制权，首次实现汽车业态从封闭走向开放，为全球开发者和中小企业提供创新创业的平台。自2019年年中开始，比亚迪以闪电般的速度相继成立了弗迪电池、弗迪动力、弗迪科技、弗迪模具等一系列弗迪系企业。弗迪电池以独立公司的身份对其他汽车制造商提供动力电池。如今，在智能化发展中，比亚迪进一步加大开放创新力度。在AI芯片方面，比亚迪投资地平线、牵手英伟达；在激光雷达方面，比亚迪与速腾聚创宣布达成战略投资协议及战略合作框架协议；在自动驾驶算法方面，比亚迪与Momenta合资成立深圳市迪派智行科技有限公司，打造面向未来的高等级智能驾驶解决方案。

5.2.4 政府部门引导创新的典型做法

深圳市经历了"三来一补—模仿创新—引进吸收再创新—集成创新—自主创新"的历史性跨越。回顾深圳市40多年的创新发展史，每次转型升级都踩在时代的节点上。梳理深圳市产业创新成功经验，政府在深圳市从一穷二白走向世界创新中心的过程中，发挥了显而易见且不可或缺的重要作用。国家发展改革委梳理了党的十八大以来深圳市共5个方面的47条创新举措和经验做法。这是深圳经济特区建立以来，国家发展改革委首次对其创新举措进行总结并向全国推广，可见其对深圳市创新工作的充分肯定。

创新是一项系统工程，在创新生态链上，任何环节都可能成为短板。深圳市的创新经验正是把握住了全过程生态链，建立了"基础研究＋技术攻关＋成果产业化＋科技金融＋人才支撑"全过程创新生态链。针对构建全过程创新生态链，以下是被推广的政府做法。

基础研究方面，我国进入高质量发展阶段，急需高水平基础研究的供给和支撑，只有持之以恒加强基础研究，才能打好关键核心技术攻坚战。目前，中国整体在基础研究的投入有限，绝大部分研发活动集中于试验发展。为此，深圳市制定出台《深圳经济特区科技创新条例》，以法定形式明确政府投入基础研究和应用基础研究的资金比例。为提升基础创新能力，制定《深圳市关于加强基础科学研究的实施办法》，高标准建设鹏城实验室、深圳湾实验室等4家省级实验室，推动鹏城实验室成为国家在深圳市布局的第一家国家级重大科研平台，并前瞻布局了12家基础研究机构和11家诺贝尔奖科学家实验室。

核心技术攻关方面，设立重大装备和关键零部件研制专项，以"需求导向、优化机制、集中力量、重点突破"为原则，瞄准深圳市战略性新兴产业重点布局领域，围绕龙头骨干企业及产业链上下游企业对关键核心技术、重大装备和关键零部件的共性需求开展攻关，并通过"里程碑式"考核、"项目经理人"管理等创新机制严格把控项目产出质量，形成一批自主可控的标志性成果。

科研成果的产业化方面，深圳市通过积极建设重大科技基础设施，为基础研究和工程技术创新提供创新综合体，实现"楼上"科研、"楼下"产业化的高效紧密合作。通过科技成果"沿途下蛋"高效转化机制，推动创新链和产业链融合发展，在这里，有3100多个各类创新载体与千千万万企业凝聚合力，推动"从0到1"的创新突破再到"从1到N"的枝繁叶茂。深圳市出台《深圳经济特区知识产权保护条例》，率先实施惩罚性赔偿制度，明确侵犯知识产权行为的违法经营额计算、赔偿标准问题，率先界定证据妨碍排除规则的适用标准，破解知识产权侵权"举证难"等。

科技金融方面，创业投资基金对科技企业的早期投资是科研成果产业化的重要推手。深圳市的做法是由政府成立创业投资引导基金，以政府投资撬动社会资本，通过收益让渡、风险分担等机制，最终帮助更多的科技初创企业度过早期艰难阶段。

科研人才的流动与激励方面。建立双向流动制度，支持科技人才在高校、科研机构和企业之间合理流动，最高效地发挥科研人才的潜能。积极建设"国际人才特区"，实施"人才蓄水池"工程，开展靶向清单式引才计划，面向基础材料、基础软件、工业母机、高端芯片、医疗器械、生物育种等领域实施重大技术攻关团队项目，以"尖兵突围"攻坚关键核心技术。以市场导向进行人才评价及激励，以人才市场价值、经济贡献为主要评价标准，建立"经济贡献越大、奖励补贴越多"的持久激励机制。

除此之外，还有一些典型做法具有深圳特色。得天独厚的政策条件，如《关于深圳建设中国特色社会主义先行示范区放宽市场准入若干特别措施的意见》，为深圳市这座创新之城发挥集成创新效能提供了重要制度支持。精准选择电子元器件和集成电路交易、数据要素交易、先进技术应用、新一代信息技术应用、国际性产业与标准组织设立等领域试点开展市场准入放宽；创造性提出在深圳市设立国际先进技术应用推进中心，搭建世界级先进技术应用推广平台，打破制约产业发展和创新要素流动的信息壁垒和市场准入限制；在无人系统、航空、邮轮游艇和新能源汽车充换电基础设施等领域提出一批创造性、前瞻性的放宽市场准入举措。

"链长制"是新形势下帮助产业链发展的创新之举，不仅可以从宏观的角度观察分析单个产业全链条的优劣势、相关企业的发展需求，还能以此为基础，精准地服务到关键点，使产业链环境能够充分支撑产品技术实力的增长。

同时，深圳市之所以能够催生出大批优秀乃至卓越的民营企业及企业家，与政府持续优化营商环境的努力分不开，深圳市奉行打造现代服务型政府的理念，不断推动政府做好简政放权的"减法"、做强监管的"加法"和优化服务的"乘法"，成效显著。深圳市不断优化创新创业的土壤与环境，更全面激发了全过程创新生态链的产业动力。

这些做法的核心是建立公平竞争的市场机制，有效鼓励创新者，以创造世所罕见的创新蜂聚效应。

5.2.5 小结

过去，深圳市创造了城市科技创新的奇迹，经历了"从无到强"的蜕变，成为中国乃至世界科技创新的新星。如今，深圳市肩负着"双区"建设的重大使命，《粤港澳大湾区发展规划纲要》指出，要瞄准世界科技和产业发展前沿，建成全球科技创新高地和新兴产业重要策源地，打造国际科技创新中心，深圳市被赋予粤港澳大湾区"核心引擎"的战略定位。《中共中央 国务院关于支持深圳建设中国特色社会主义先行示范区的意见》指出，支持深圳强化产学研深度融合的创新优势，以深圳为主阵地建设综合性国家科学中心，在粤港澳大湾区国际科技创新中心建设中发挥关键作用。

面对当前的重大历史机遇，深圳市要继续发挥其各类竞争优势。①区位优势。与粤港澳大湾区各核心城市距离相近。②产业结构优势。高端生产服务业和制造业占据产业结构中的主导地位，并已形成相对完整的产业链。③金融资本优势。各类金融资本在深圳市集聚，融资环境排名靠前。④创新优势。高新技术企业数超1.8万家，PCT国际专利申请量达2万件，是首个国家创新型城市。⑤市场开放度优势。率先实行以市场为取向的经济体制改革，孕育出腾讯、华为、招商等国际级企业。⑥公共管理效率优势。是中国营商环境最优的城市之一，近300家世界500强企业在深圳市投资，商事主体数量、创业密度全国第一。同时，深圳市要正视自身基础研究能力弱、尖端人才建设有待加强、关键核心技术掌握不足、产学研用融通创新存在梗阻等短板，面向产业高端引领，大力发展应用基础研究；聚焦产业发展痛点，集中攻克关键核心技术；面向产业创新根本，培育壮大创新人才队伍；创新制度供给，促进产学研用融通；服务产业协同创新，深化科技创新开放合作；聚焦提高创新效能，推动政府服务改革突破，高质量引领科技创新。更要不断完善"基础研究+技术攻关+成果产业化+科技金融+人才支撑"全过程创新生态链，未来将在纵深推进改革开放、建设具有全球影响力的科技和产业创新高地、增强现代产业体系竞争力等方面重点发力。

5.3 珠海市创新能力分析

珠海市创新能力居全省第3位，并且保持稳定。第二产业和第三产业的综合发展支撑珠海市各项指标呈现均衡发展态势，由于疫情的影响，工业发展增速有所放缓。高新技术产业是珠海市高质量发展的关键，对科技创新和新经济发展的贡献水平都保持在全省前列。珠海市的领先企业重视自主创新能力，并针对市场需求进行市场研发，强调可持续竞争力，同时政府支持创新增量与提质并重，力求为企业营造良好的创新发展环境。

5.3.1 创新能力排名

2022年珠海市创新能力全省排第3位，与2021年相比排名保持不变。珠海市创新能力排名保持稳定，连续5年居全省第3位（图5-18）。从过去5年排名看，珠海市经济规模实现新跨越，综合竞争力实现新提升，城市经济活力、竞争力持续上升，发展动能日益增强。

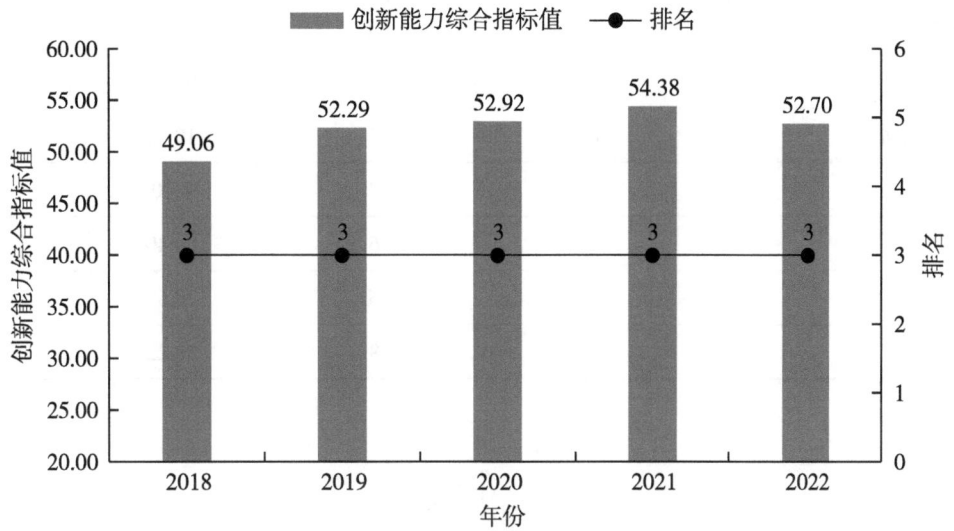

图5-18 2018—2022年珠海市创新能力变化趋势

从指标维度看，与2021年相比，2022年珠海市综合指标和5个一级指标排名持平或下降。创新投入和创新产出指标均列第2位，产业升级指标居第4位，创新绩效指标居第6位，排名均与2021年持平。创新环境指标排第4位，较2021年下降1位（表5-8、图5-19）。

表5-8 珠海市创新能力指标分析

指标名称		2022年		2021年	
		指标值	排名	指标值	排名
综合		52.70	3	54.38	3
1	创新投入	62.43	2	67.20	2
1.1	人员投入	68.58	2	76.58	2
1.2	经费投入	56.28	2	57.82	2
2	创新产出	62.63	2	61.52	2
2.1	专利产出	40.61	2	38.42	2
2.2	产业创新	84.66	3	84.62	3

续表

指标名称	2022年		2021年	
	指标值	排名	指标值	排名
3 产业升级	44.16	4	42.08	4
3.1 结构优化	44.16	4	42.08	4
4 创新环境	44.13	4	46.72	3
4.1 政策环境	73.94	3	63.63	5
4.2 市场环境	80.60	2	95.02	2
4.3 技术要素流动	12.76	3	19.52	4
4.4 创新平台	9.20	7	8.70	7
5 创新绩效	50.16	6	54.40	6
5.1 生活质量	71.14	6	70.57	6
5.2 技术水平	29.18	8	38.22	7

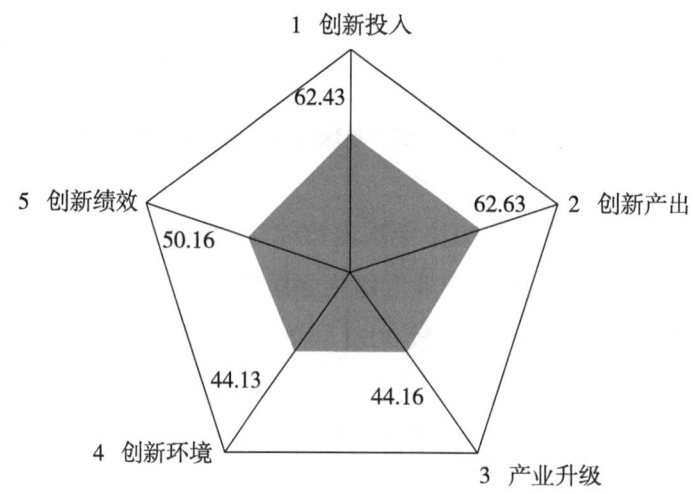

图 5-19 2022 年珠海市创新能力分布

5.3.2 决定创新能力的关键指标分析

（1）国民经济综合发展情况

2020年珠海市实现地区生产总值3482亿元，同比增长1.3%。其中，第一产业生产总值60亿元，同比增长5.1%；第二产业生产总值1511亿元，同比下降1.2%；第三产业生产总值1911亿元，同比增长3.3%。三次产业结构为1.7∶43.4∶54.9（图5-20）。

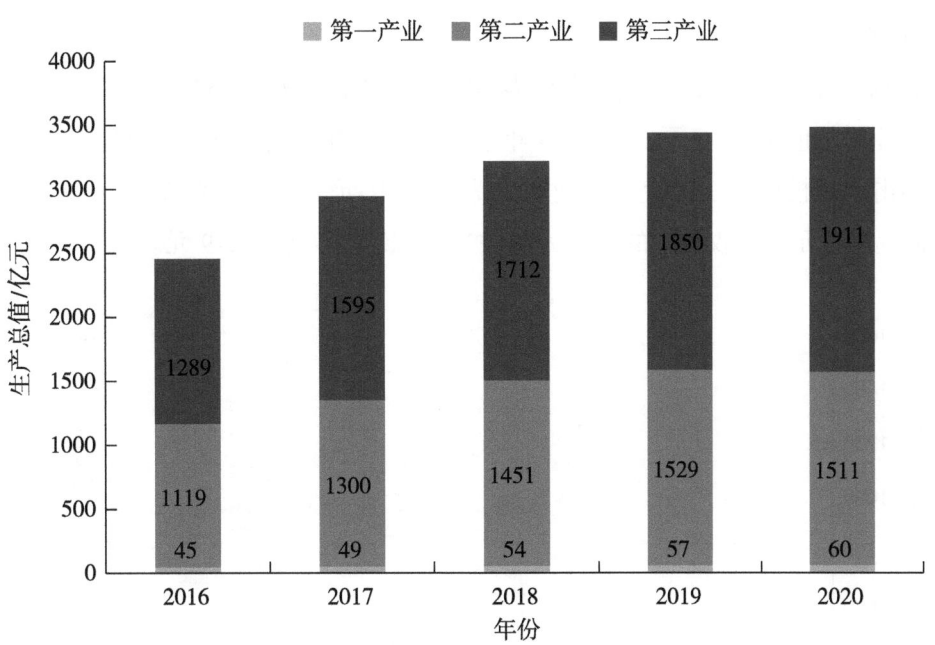

图 5-20　2016—2020 年珠海市三次产业生产总值

2020 年，珠海市常住人口 244.96 万人，比上年增长 11.78 万人，城市吸引力上升。2020 年，珠海市人均可支配收入 55 936 元，分城乡来看，2020 年珠海市城市人均可支配收入 58 475 元，同比增长 5.9%。农村人均可支配收入 31 119 元，同比增长 7.0%（图 5-21）。与全省全国相比，2020 年珠海市人均可支配收入增速比全省高 1.4 个百分点，比全国高 1.9 个百分点。分城乡看，珠海市城市人均可支配收入增速比全省高 1.5 个百分点，比全国高 2.4 个百分点，农村人均可支配收入增速和全省一致，比全国高 0.1 个百分点。

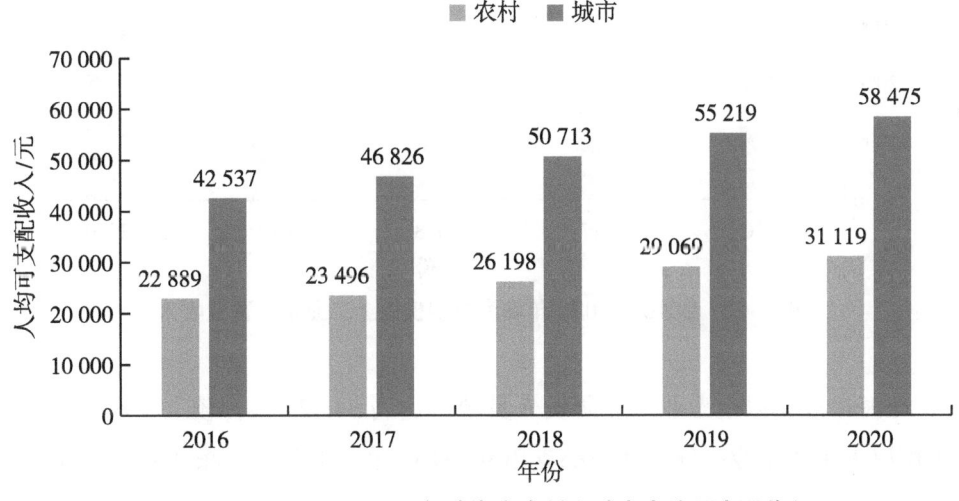

图 5-21　2016—2020 年珠海市农村和城市人均可支配收入

（2）工业发展情况

2020年，珠海市规模以上工业企业数为1492家，同比增长7.5%（图5-22），工业总产值4566亿元，工业增加值1191亿元，比2019年下降1.3%。2020年，面对严峻复杂的形势，特别是疫情的严重冲击，规模以上工业企业营业收入为5213亿元，同比下降6.2%（图5-23）。全年规模以上工业企业每百元营业收入中的成本为78.99元，比上年减少1.19元。

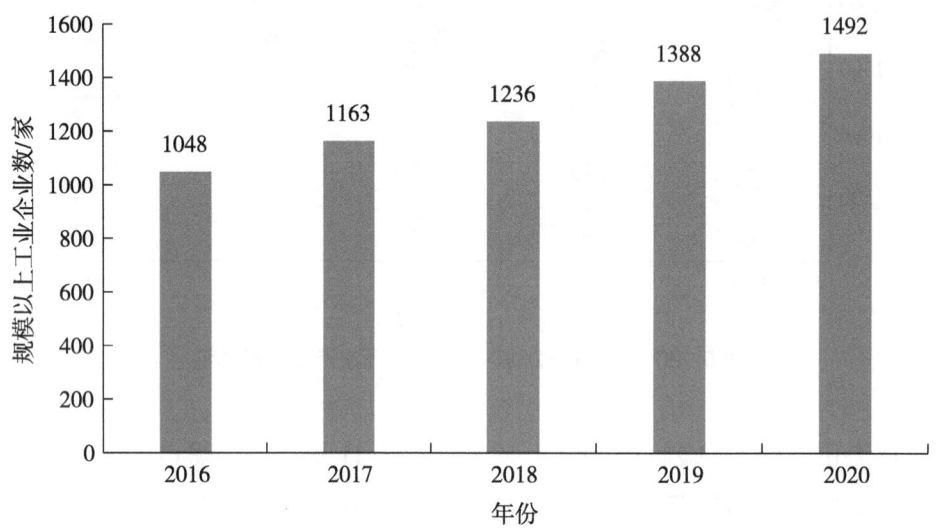

图5-22　2016—2020年珠海市规模以上工业企业数

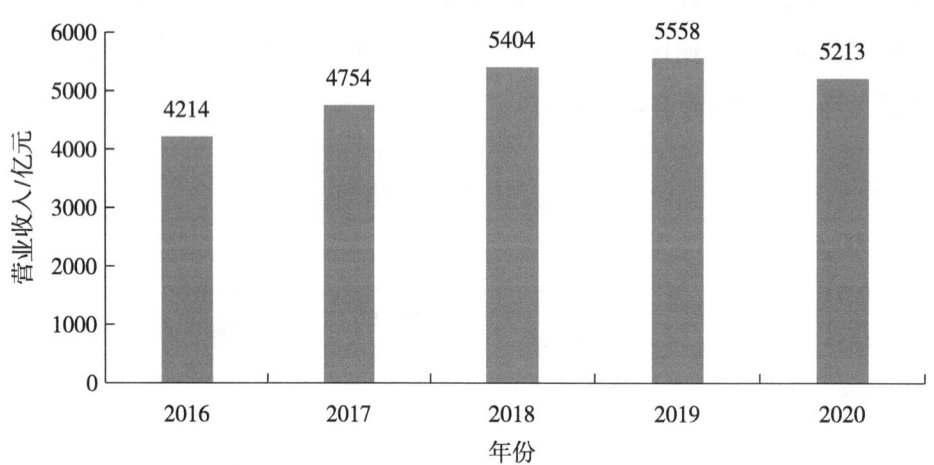

图5-23　2016—2020年珠海市规模以上工业企业营业收入

2020年，珠海市规模以上工业企业研发人员数量达到34 522人，较上年新增288人，同比增长0.84%。规模以上工业企业研发经费内部支出93.94亿元，比上年上涨0.01%（图5-24）。

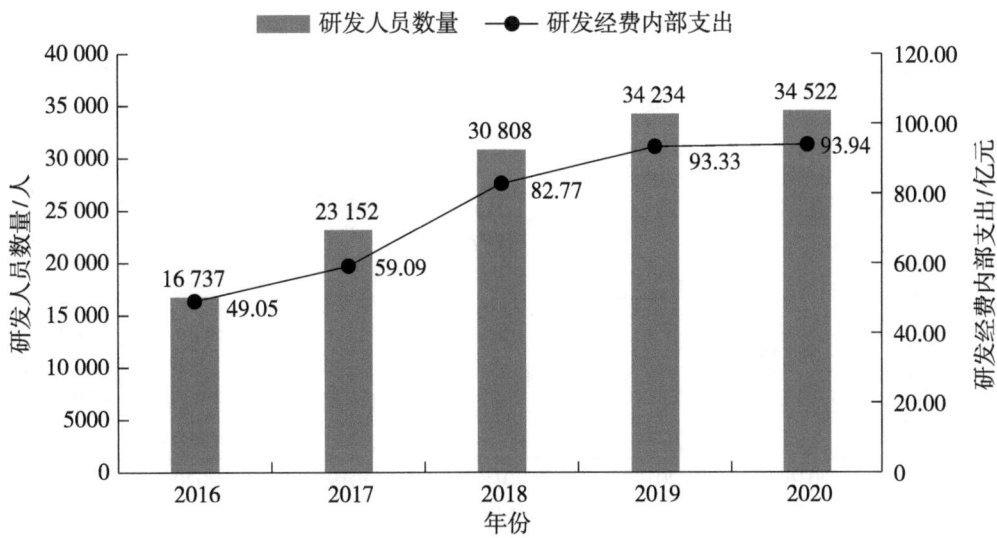

图 5-24 2016—2020 年珠海市规模以上工业企业研发人员数量和研发经费内部支出

（3）科技发展情况

在科技创新方面，2020 年珠海市地方财政科技拨款 515 050 万元，地方财政科技拨款占地方财政支出的比重达到 7.6%。2020 年珠海市 R&D 经费为 113.52 亿元，R&D 经费占 GDP 的比重提高到 3.26%（图 5-25）。

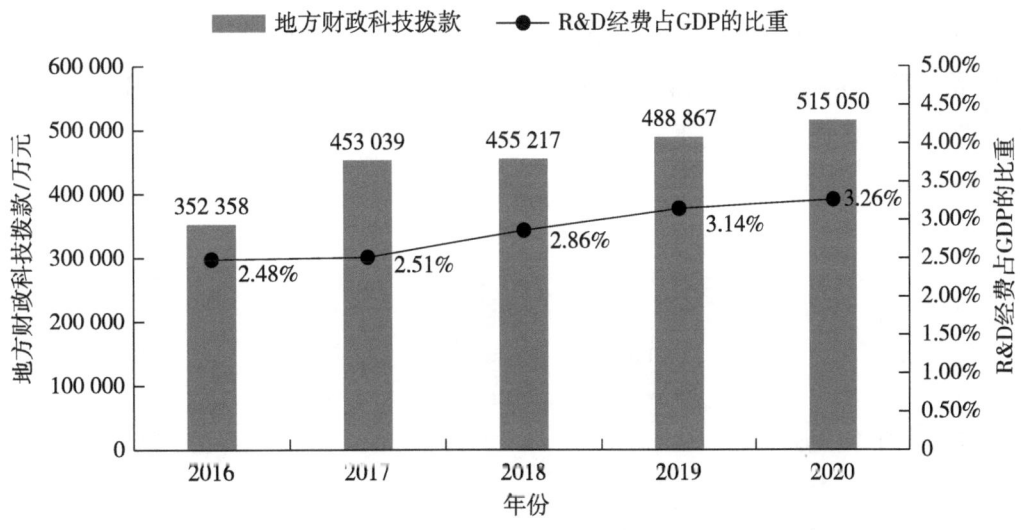

图 5-25 2016—2020 年珠海市地方财政科技拨款和 R&D 经费占 GDP 的比重

2020 年，珠海市有效发明专利拥有量达到 19 003 件，比上年增长 27.9%。2020 年，珠海市专利授权量为 24 434 件，比上年增长 28.8%，PCT 国际专利申请量为 522 件，发明专利授权量为 4363 件，同比上涨 31.1%，万人发明专利拥有量为 93.90 件，位居全省第二（图 5-26）。

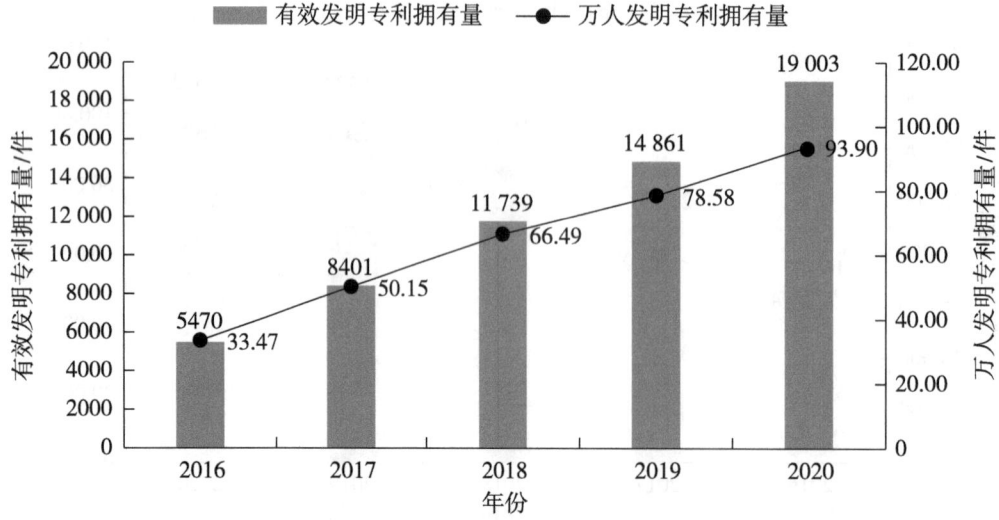

图 5-26　2016—2020 年珠海市有效发明专利拥有量和万人发明专利拥有量

截至 2020 年年底，珠海市拥有省工程技术研究中心 284 家，国家工程技术研究中心和省重点实验室各 4 家，国家重点实验室 1 家。2020 年，珠海市有 4 个项目获国家科学技术奖，14 个项目获广东省科学技术奖。

（4）新经济发展情况

截至 2020 年年底，珠海市拥有 2101 家高新技术企业，高新技术产品产值达 2843.51 亿元。高新技术企业数 5 年来首次下降，同比下降 4.67%（图 5-27）。2020 年，高技术制造业增加值达到 372.33 亿元，高技术制造业增加值占规模以上工业增加值的比重达 31.3%，高新技术产业成为支撑引领珠海市经济高质量发展的重要力量（图 5-28）。

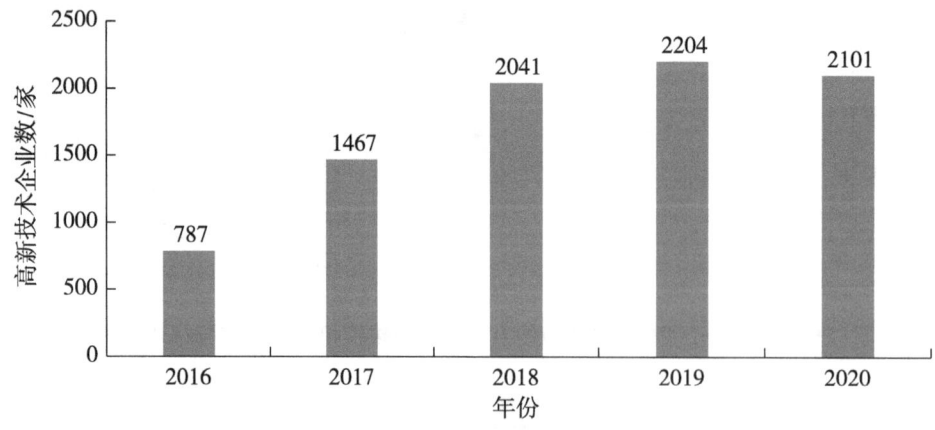

图 5-27　2016—2020 年珠海市高新技术企业数

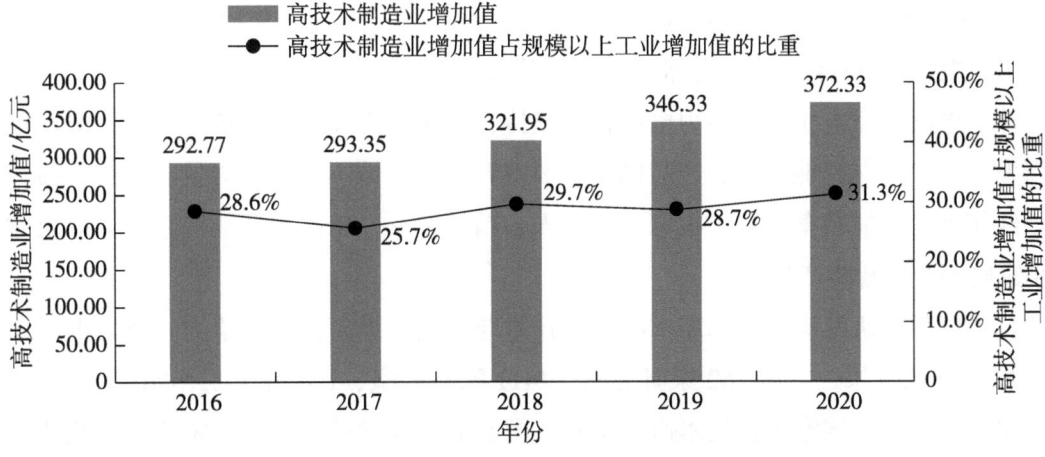

图 5-28 2016—2020 年珠海市高技术制造业发展情况

2020 年,珠海市数字普惠金融指数达到 299.64,居全国第 17 位、全省第 3 位。具体分析,珠海市覆盖宽度具有竞争力,居全省第 2 位、全国第 10 位。在数字化程度方面,相对全省较为领先,居第 6 位,但是在全国范围内,珠海市的数字化程度仍具有较大发展空间(表 5-9)。

表 5-9 2020 年珠海市数字普惠金融综合指标

指标名称	指标值	全国排名	广东排名
数字普惠金融指数	299.64	17	3
覆盖宽度	305.98	10	2
使用深度	290.50	28	5
数字化程度	295.33	117	6

数据来源:《北京大学数字普惠金融指数(2011—2021)》。

5.3.3 主要企业和行业创新活动分析

根据中国企业联合会、中国企业家协会发布的数据,在 2021 中国企业 500 强榜单中,珠海市共有 2 家企业入围,分别是珠海格力电器股份有限公司和珠海华发集团有限公司(表 5-10)。

表 5-10 珠海市入围 2021 中国企业 500 强榜单的企业

序号	企业名称	营业收入/亿元	排名
1	珠海格力电器股份有限公司	1704.97	135
2	珠海华发集团有限公司	1091.90	203

数据来源:中国企业联合会、中国企业家协会发布的 2021 中国企业 500 强榜单。

（1）珠海格力电器股份有限公司

珠海格力电器股份有限公司（简称"格力电器"）成立于1991年，是一家集研发、生产、销售、服务于一体的国际化家电企业。格力电器长期坚持自主培养人才、掌握核心科技，坚定不移地走自主创新发展道路，在智能制造、产品创新、消费升级等领域不断贡献力量。目前，格力电器的产业链已经拓展到智能装备、数控机床、机器人、精密模具、新能源储能等领域，以及冰箱、洗衣机、小家电等全屋智能产品。

坚持自主创新，研发满足市场需求的领先技术与产品，提高自身竞争力。格力电器在自主创新道路上取得丰硕成果，共有152家研究所、1411家实验室、1家院士工作站（电机与控制），拥有国家重点实验室、国家工程技术研究中心、国家级工业设计中心、国家认定企业技术中心各1家，同时成为国家通报咨询中心制冷设备研究评议基地。此外，格力电器拥有35项国际领先技术，发明专利授权连续6年居全国前列，截至目前累计申请国内外专利超过10万件。

坚持高质量发展，提出"让世界爱上中国造"的质量管理模式。具体包括"四纵"（设计、生产、采购、售服）、"五横"（目标管理系统、技术系统、组织系统、标准系统和信息系统），以及质量技术创新循环D-CTFP、正向质量五步法所形成的PQAM管理模式。得益于自主创新技术管理体系与质量模式，格力电器全系列产品都有了可靠品质保障，能为消费者带来更优质的产品服务。

坚持绿色发展，深耕新型储能技术，产学研合作推动企业可持续绿色发展。格力钛近年来已在全球电网、港口机械、轨道交通、水力发电混合能源储能、新能源发电平滑及调频等领域的国内外市场得到了广泛的应用。2021年4月，格力电器在光伏与储能技术研究的基础上创新推出"零碳源"空调技术，开创了绿色电器与零碳能源系统的新时代。格力电器联合清华大学研发的"零碳源"空调技术，获得了世界级技术创新大奖。在钛酸锂电池与"零碳源"空调技术的共同加持下，格力电器在绿色新能源赛道上的布局将进一步完善，为绿色发展助力。

（2）珠海华发集团有限公司

珠海华发集团有限公司（简称"华发集团"）组建于1980年，自2016年起连续5年跻身中国企业500强，2021年列第203位，并成功入选国务院国企改革"双百企业"。2012年，华发集团开始实施"转型升级、跨越发展"战略，紧扣实体经济和城市建设，在推动城市发展的过程中不断壮大。华发集团已从单一的区域型房地产企业发展成为以城市运营、房产开发、金融产业、产业投资为四大核心业务，以商贸服务、现代服务为两大配套业务（"4+2"）的创新驱动型综合性企业集团。

华发集团强调建设高质量标准厂房，以破解产业空间不足的"卡脖子"问题，为产业高质量发展拓展新空间。华发集团与珠海高新区高效联动，坚持惟实、惟效、惟快的工作导向，按照"分类梳理、集中突破、先易后难"的原则，多线同步推进规划调整、征地拆迁、立项审批、方案设计、场地平整等前期工作。围绕珠海市"4+3"产业路径，华发集团在5.0产业新空间的专业设计、施工技术、配套服务等领域进行全面提升。

华发产业园业态丰富，集研发、办公、轻型生产于一体的孵化器功能设置，更适合高科技企业的高端产业项目孵化。华发集团充分发掘现有园区载体特点，加速推进文创、直播电商，以及包含港澳选品、仓储物流等模块的跨境电商等新兴产业落户。按照珠海市委、市政府及高新区关于招商引资的工作部署，华发集团将60余人的专业招商团队整编加入高新区招商队伍，与商务、投促、科产、双创中心等政府部门建立高效的联动机制，打造完善的信息共享渠道，还共同前往深圳、澳门等地举办招商活动，靶向引进一批龙头企业和产业关键环节头部企业，推动相关园区快速实现满园投产。

华发集团还充分发挥自身综合优势，为高科技中小微企业、初创团队提供匹配企业成长全生命周期所需的产业生态服务、企业投融资服务，打造"众创空间—孵化器—产业园"的孵化培育载体等。在产业发展的同时，践行"零碳、绿色"理念，应用多项前沿先进技术，全屋顶铺设光伏，年均发电量约800万度、年减少碳排放约0.8万吨；大力采用预制构件、BIM等先进建筑工程科技，整体装配率约50%，打造最超前、最绿色的5.0产业新空间。

5.3.4 政府部门引导创新的典型做法

科技企业是科技创新、产业升级的主力军。在扶持培育科技企业的过程中，2020年珠海市坚持增量与提质并重，针对性出台了高新技术企业、高成长创新型企业相关政策文件，引导资本、技术、人才加快向企业集聚，着力打造科技企业发展的良好环境。一方面，通过建立培育库、加强申报辅导、予以财政补助等措施，支持科技企业入库培育，不断壮大规模；另一方面，打造科技企业龙头标杆，围绕科技投入、科技人员、知识产权、营收、税收等指标建立评价体系，开展创新综合实力百强、成长性百强、税收贡献百强等标杆企业遴选，激励企业树标提质。

创新环境营造方面，珠海市聚焦创新发展关键环节的重点领域强化政策供给，加快实施高新技术企业倍增计划，出台科技型企业、科技创新平台、孵化载体高质量发展三大行动计划，培育壮大一批科技型中小企业、高新技术企业、独角兽企业。聚焦创新能力提升，围绕"4+3"重点产业链部署创新链，分层分类支持实施基础前沿、重大共性关键技术、应用示范项目，实施更加开放的创新人才政策，发挥科技创业天使风险投资基金的引导和放大作用。区域创新合作交流不断深化，全力支持、配合、服务横琴粤澳深度合作区建设，共同研究推进国家中药新药技术创新中心落户、广东省智能科学与技术研究院加快建设。

为促进区域创新协同发展，珠海市将主动对接广州、深圳等创新氛围活跃的先进地区，探索建立"异地孵化、珠海落地""异地研发、珠海转化"模式，在市外设立异地创新中心。2020年，出台《珠海市珠港澳科技创新合作项目管理办法》，成为全国首个从市级层面支持港澳科技创新合作的政策。珠海市紧紧围绕建设粤港澳大湾区国际科技创新中心的核心任务，深入实施创新驱动发展战略，进一步提升全市科技创新能力，为"十四五"期间长效发展打下坚实基础。

5.3.5 小结

整体来看，2020年珠海市创新能力在广东省起到引领作用，其良好的创新环境和高新技术产业发展为国民经济的持续向好保驾护航。但是，珠海市科技创新还存在一些问题，包括创新总体规模较小、科技基础设施缺乏、创新平台数量偏少、创新体制机制仍有待优化等。未来，珠海市应当加强创新绩效的提升，促进更多产学研项目落地和实践，同时进一步融入粤港澳大湾区，加快高端科技创新资源的集聚。

5.4 汕头市创新能力分析

汕头市作为我国重要的港口城市，近几年的经济呈现稳定的增长态势，第二产业和第三产业在国民经济中占据了重要地位。但规模以上工业企业有较小的波动，营业收入有下降趋势，企业数总体增速不明显。同时，R&D经费占GDP的比重在近两年也有下降趋势。整体的创新投入、创新产出和创新环境排名略有下降。

5.4.1 创新能力排名

2022年汕头市创新能力居全省第19位，近5年的创新能力排名有所波动，自2018年连续下降两年后，2021年实现了回升，但2022年再次下降了1位（图5-29）。

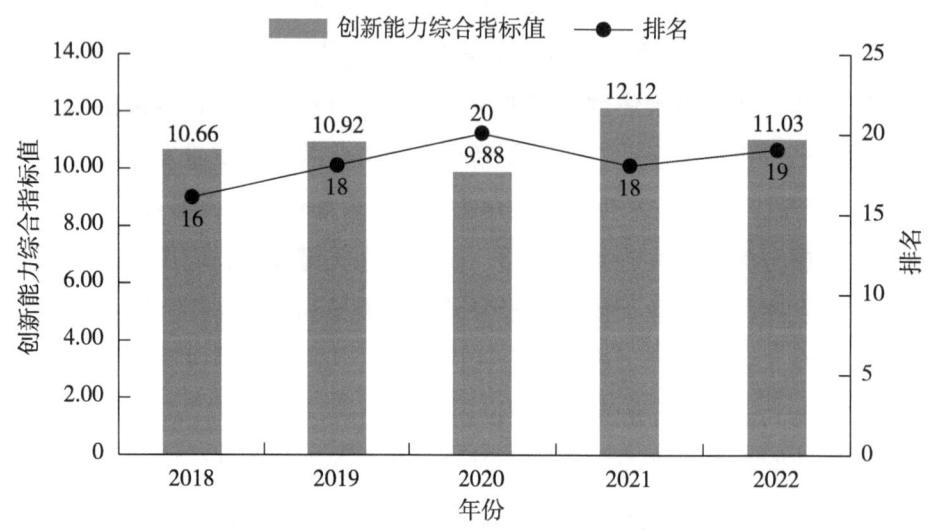

图 5-29　2018—2022年汕头市创新能力变化趋势

从指标维度看，汕头市2022年创新投入指标排第12位，较上年下降1位；创新产出指标排第18位，较上年下降1位；产业升级指标排第15位，与上年持平；创新环境指标排第11位，较上年下降1位；创新绩效指标排第16位，较上年上升1位（表5-11、图5-30）。

表 5-11 汕头市创新能力指标分析

指标名称	2022年		2021年	
	指标值	排名	指标值	排名
综合	11.03	19	12.12	18
1 创新投入	11.38	12	14.34	11
1.1 人员投入	9.55	13	10.34	13
1.2 经费投入	13.22	12	18.35	11
2 创新产出	6.50	18	5.80	17
2.1 专利产出	1.82	9	1.91	9
2.2 产业创新	11.18	18	9.70	17
3 产业升级	13.83	15	15.38	15
3.1 结构优化	13.83	15	15.38	15
4 创新环境	6.40	11	7.03	10
4.1 政策环境	8.58	13	7.96	13
4.2 市场环境	9.72	10	11.88	10
4.3 技术要素流动	0.44	13	0.30	15
4.4 创新平台	6.86	8	7.98	8
5 创新绩效	17.02	16	18.05	17
5.1 生活质量	13.63	12	12.21	11
5.2 技术水平	20.40	13	23.89	14

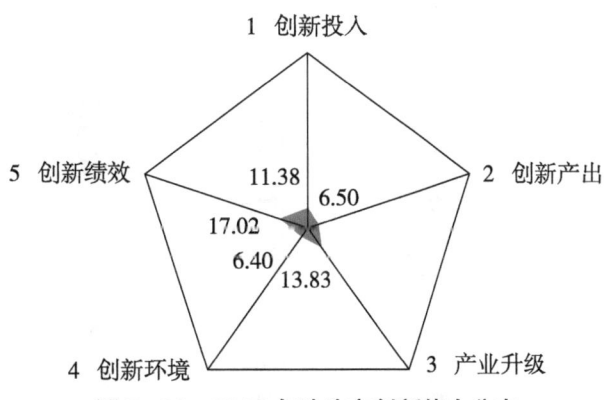

图 5-30 2022年汕头市创新能力分布

5.4.2 决定创新能力的关键指标分析

（1）国民经济综合发展情况

2016—2020年，汕头市地区生产总值和人均生产总值均实现了稳定增长，其中地区生产总值增速较快，从2016年的2097亿元增长到2020年的2731亿元（图5-31）。

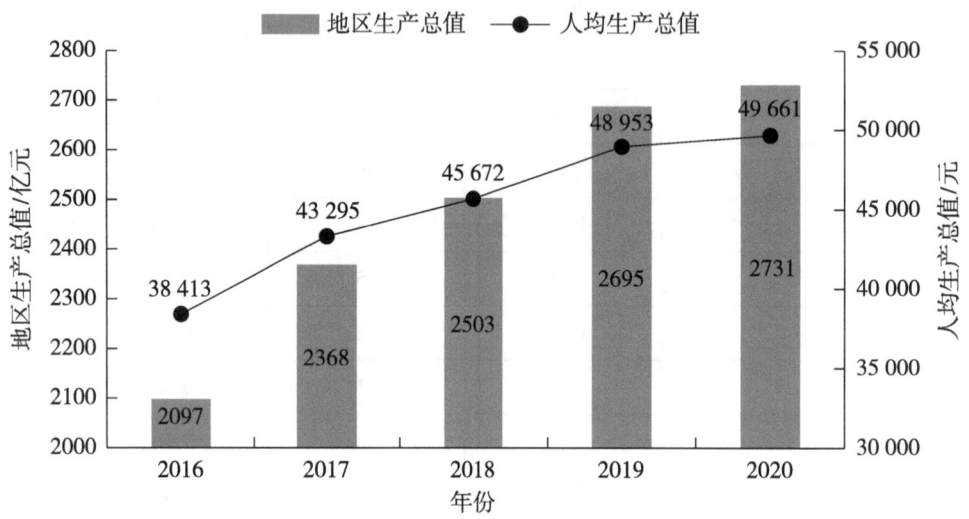

图5-31 2016—2020年汕头市地区生产总值和人均生产总值

2016—2020年，汕头市第二产业和第三产业的年度生产总值几乎持平，增速也相对一致。相比之下，第一产业对地区经济发展的贡献度较低（图5-32）。但汕头市近5年的工业总产值有所波动，自2016年实现短暂增长后，2018年开始有所下降，5年内从3304亿元下降至2985亿元。

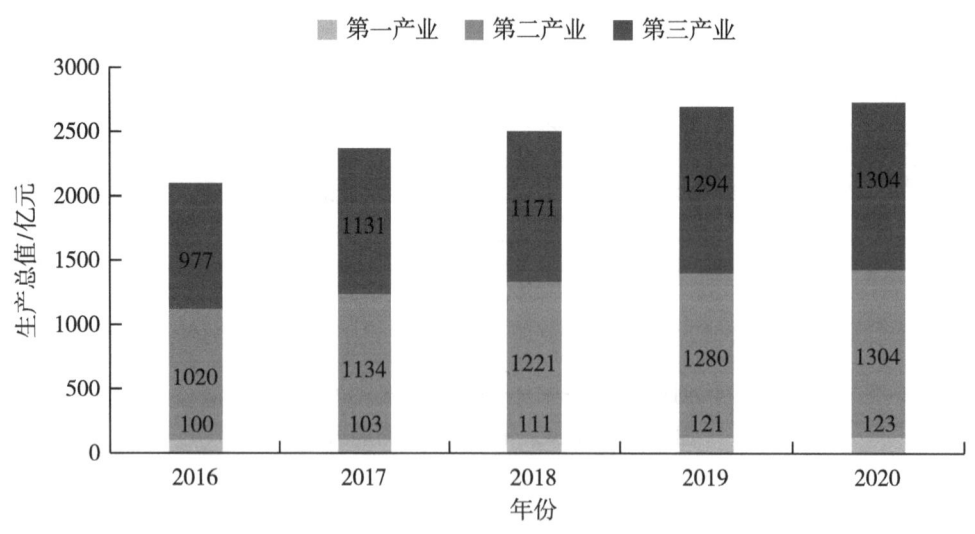

图5-32 2016—2020年汕头市三次产业生产总值

2016—2020年，汕头市的全员劳动生产率也实现了稳定增长，从2016年的180 302元/人增长到2020年的234 933元/人。汕头市的农村人均可支配收入和城市人均可支配收入也在稳定增长，但可以看出，差距在逐渐加大（图5-33）。

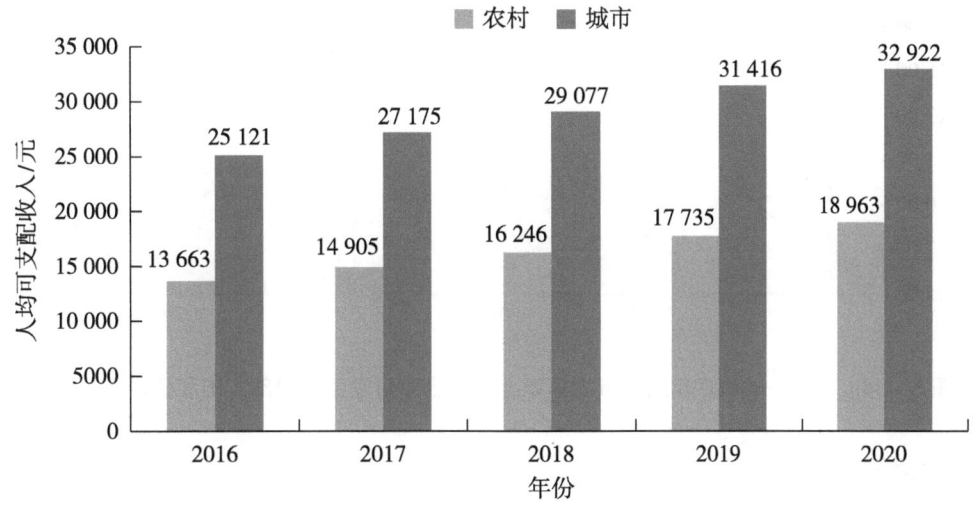

图5-33 2016—2020年汕头市农村和城市人均可支配收入

（2）工业发展情况

从汕头市的工业发展情况来看，2016—2020年汕头市规模以上工业企业数总体上有小幅度增加，规模以上工业企业营业收入出现下降趋势，自2018年起连续3年下降，从2016年的3210亿元下降至2020年的2847亿元（表5-12）。

表5-12 2016—2020年汕头市规模以上工业企业数和营业收入

年份	规模以上工业企业数/家	规模以上工业企业营业收入/亿元
2016	1846	3210
2017	1988	3425
2018	1983	3313
2019	1972	2940
2020	1928	2847

汕头市的规模以上工业企业研发人员数量在2016—2019年实现持续增长后，2020年出现下降。规模以上工业企业研发经费内部支出2020年也出现下降（图5-34）。

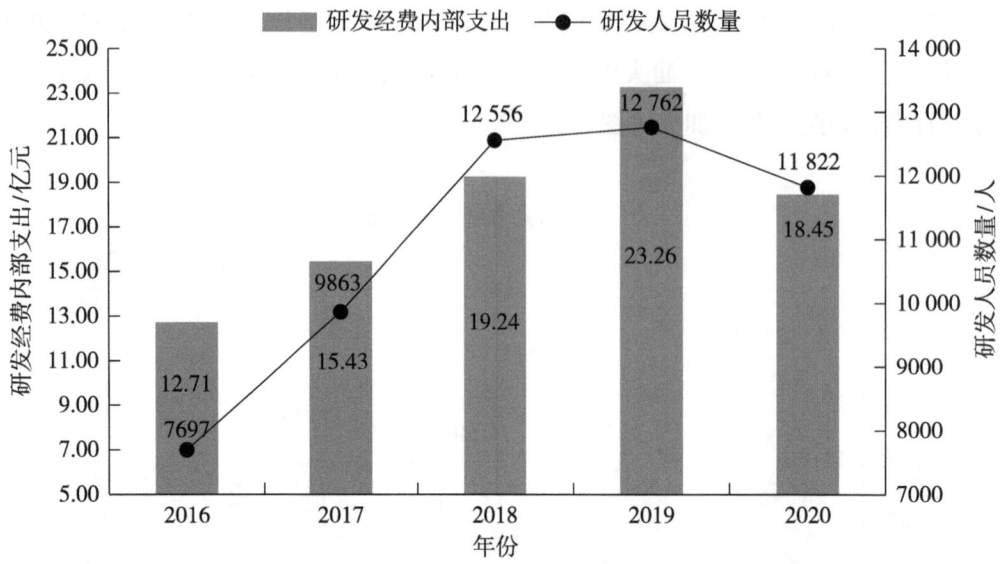

图 5-34　2016—2020 年汕头市规模以上工业企业研发经费内部支出和研发人员数量

（3）科技发展情况

汕头市在科技发展中也进行了积极布局，省工程技术研究中心从 2016 年的 123 家增加到 2020 年的 200 家，技术市场成交合同金额从 2016 年的 8775 万元增长至 2020 年的 10 897 万元。汕头市的 R&D 人员数量在 2016—2018 年持续上升之后，2019 年有所下降，2020 年实现了回升。2016—2019 年 R&D 经费占 GDP 的比重持续增加，但 2020 年略有下降（图 5-35）。

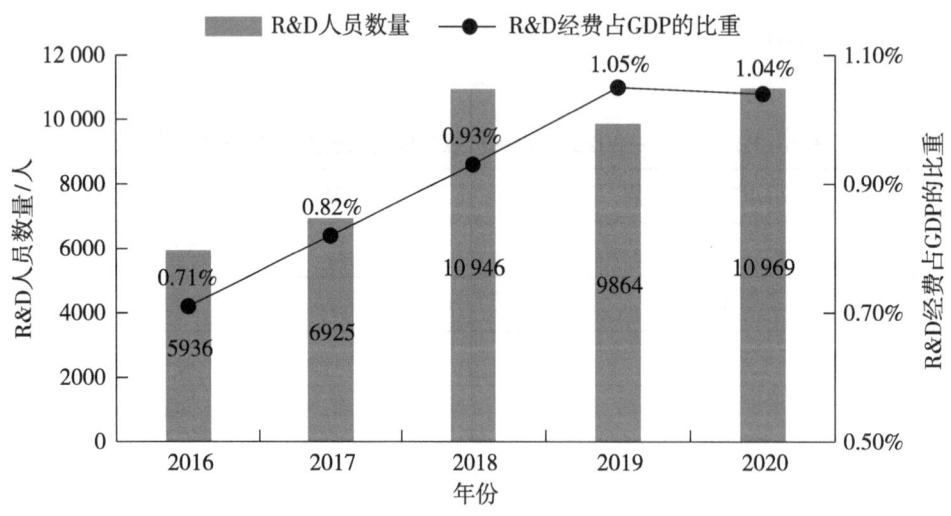

图 5-35　2016—2020 年汕头市 R&D 人员数量和 R&D 经费占 GDP 的比重

在专利上，有效发明专利拥有量和万人发明专利拥有量虽增速较慢，但整体上呈稳定上升趋势，2020 年有效发明专利拥有量为 2950 件，万人发明专利拥有量为 5.21 件（图 5-36）。PCT 国际专利申请量和发明专利授权量虽有波动，但整体上也呈现出了上升趋势。

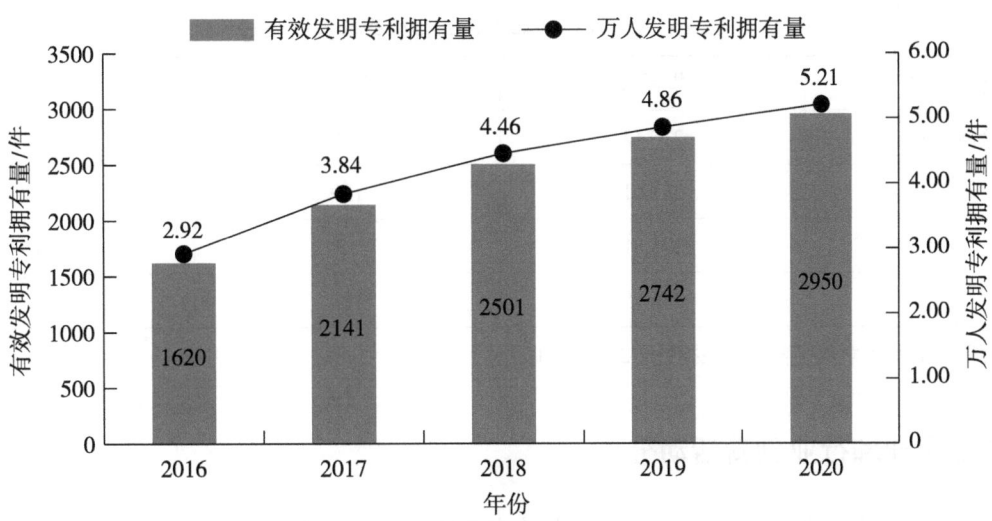

图 5-36　2016—2020 年汕头市有效发明专利拥有量和万人发明专利拥有量

（4）新经济发展情况

汕头市高新技术产品产值在 2016—2017 年实现了快速增长，之后保持稳定增长，但 2020 年略有下降。高新技术企业数在 2016—2018 年大幅增长之后，近两年有下降趋势（图 5-37）。

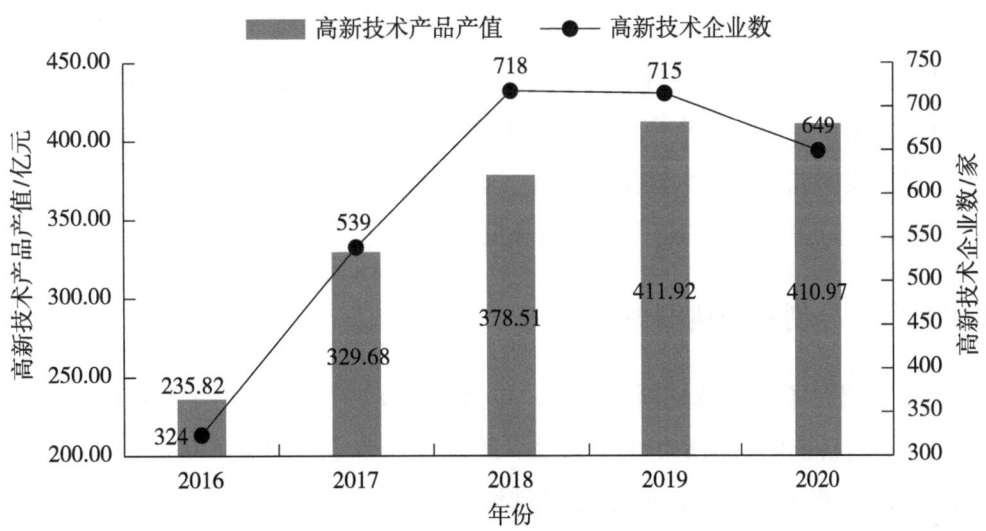

图 5-37　2016—2020 年汕头市高新技术产品产值和高新技术企业数

2020 年，汕头市数字普惠金融指数为 270.12，全国排第 73 位，省内排第 8 位。覆盖宽度为 251.01，全国排第 129 位，省内排第 9 位。使用深度为 295.81，全国排第 18 位，省内排第 4 位。数字化程度为 286.55，全国排第 188 位，省内排第 12 位（表 5-13）。综合来看，汕头市在数字金融的使用深度上有较好的表现。

表 5-13 2020 年汕头市数字普惠金融综合指标

指标名称	指标值	全国排名	广东排名
数字普惠金融指数	270.12	73	8
覆盖宽度	251.01	129	9
使用深度	295.81	18	4
数字化程度	286.55	188	12

数据来源：《北京大学数字普惠金融指数（2011—2021）》。

5.4.3 主要企业和行业创新活动分析

根据中国企业联合会、中国企业家协会发布的数据，在 2021 中国企业 500 强榜单中，汕头市有 1 家企业入围，即龙光交通集团有限公司，排第 211 位，营业收入为 1006.79 亿元，主要从事房屋建筑业。其与佛山三龙湾南海片区建设局签订战略协议，拟共同打造科技创新园区载体，推动智能制造和新一代信息技术产业落地与发展。万顺新材通过自主研发高阻隔膜产品，积极供应下游客户，终端应用于具有广色域优点的新型量子点电视。除了高阻隔膜技术外，其同时对下游量子点膜进行技术研发，目前已具备量子点膜的加工制造能力，能满足下游客户的多元化需求。汕头市其他主要企业，如宜化集团、众业达等，利用跨境电商和粤港澳大湾区的地区优势，积极参与到进出口业务中，激发了相关行业和市场的活力，为企业的创新也打下了基础。例如，宜化集团不断发展创新创业，成为汕头市民营企业中第一家上市公司，年产值超过百亿元，质量、创新、产业链是宜华集团成功的三大法宝。此外，宜华集团不断加快转型升级，培育发展新动能，确立了多元化布局，促进了企业的进一步创新和发展。

5.4.4 政府部门引导创新的典型做法

2019 年汕头市出台了"科技创新 14 条"，包括 39 个政策点，突出了科技成果转化、创新基础和创新资源在构建科技创新体系中的重要性。2021 年出台了《汕头市新型基础设施建设三年行动计划（2020—2022 年）》，提出加强新型基础设施建设、发展新一代信息网络、拓展 5G 应用、建设数据中心等一系列举措，为创新推动地区发展打下了良好的基础。此外，工业和信息化部于 2021 年批复同意汕头市设立区域性国际通信业务出入口局，这有利于充分发挥汕头市的跨境通信优势，并可以促进地区数字经济的发展。

5.4.5 小结

汕头市积极出台促进地区创新发展的相关政策，为地区创新打下了良好的基础。但整体来看，汕头市的创新投入、创新产出和创新环境排名略有下降。此外，汕头市龙头企业相对较少。

未来，汕头市应抓住国际通信和数字经济的发展窗口，推动相关产业发展，并通过跨境业务带动传统产业的数字化转型升级。此外，汕头市在营造良好创新环境的同时，也需要注重创新的投入和产出，推动龙头企业发展，以带动地区整体协调发展。

5.5 佛山市创新能力分析

佛山市作为重要的制造业基地，地区生产总值不断增长，其中第二产业的贡献度较为显著。规模以上工业企业的发展整体也较为稳定。佛山市在过去几年不断加强研究中心建设，但在创新绩效方面排名有所下降。在数字金融方面，佛山市的数字化程度在省内排名相对较高，促进了数字化经济的发展。相关龙头企业，如碧桂园和美的等，通过自主创新，极大地推动了行业的发展，并激发了地区创新活力，起到了良好的带头和示范作用。

5.5.1 创新能力排名

2022年佛山市创新能力居全省第5位，佛山市近5年创新能力排名相对稳定，近两年均居第5位，2018—2020年则居第6位（图5-38）。

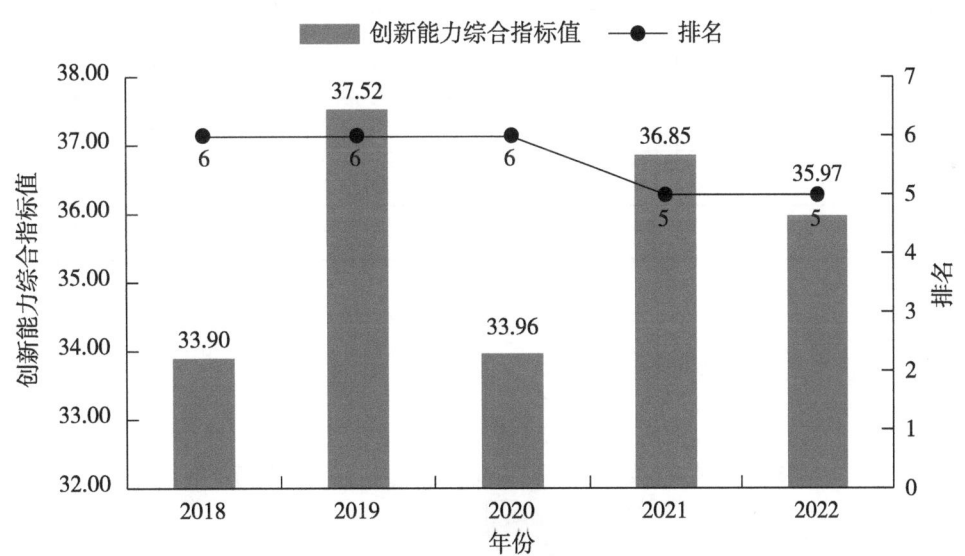

图5-38 2018—2022年佛山市创新能力变化趋势

从指标维度看，佛山市2022年创新投入指标和创新产出指标分别排第7位和第8位，与上年持平；产业升级指标排第21位，也与上年持平；创新环境指标排第3位，较上年上升1位；创新绩效指标排第5位，较上年下降2位（表5-14，图5-39）。

表 5-14 佛山市创新能力指标分析

指标名称	2022 年		2021 年	
	指标值	排名	指标值	排名
综合	35.97	5	36.85	5
1　创新投入	36.16	7	39.36	7
1.1　人员投入	35.40	6	36.33	6
1.2　经费投入	36.92	8	42.39	7
2　创新产出	37.08	8	37.51	8
2.1　专利产出	15.75	5	15.79	5
2.2　产业创新	58.41	10	59.24	10
3　产业升级	3.92	21	5.69	21
3.1　结构优化	3.92	21	5.69	21
4　创新环境	46.48	3	41.84	4
4.1　政策环境	100.00	1	85.66	2
4.2　市场环境	55.65	5	50.88	6
4.3　技术要素流动	2.29	8	2.09	8
4.4　创新平台	28.00	3	28.73	3
5　创新绩效	56.20	5	59.85	3
5.1　生活质量	75.07	5	76.61	5
5.2　技术水平	37.33	5	43.10	5

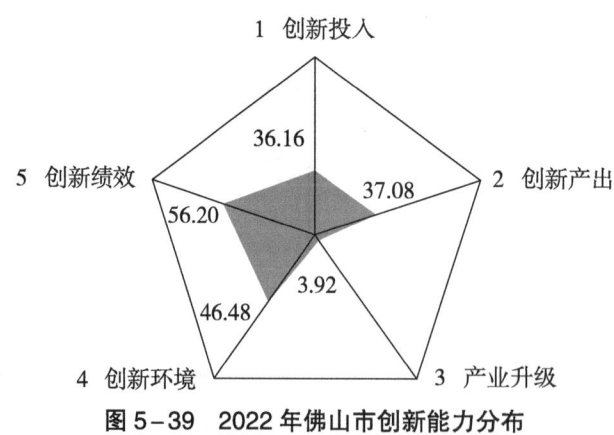

图 5-39　2022 年佛山市创新能力分布

5.5.2 决定创新能力的关键指标分析

（1）国民经济综合发展情况

佛山市地区生产总值和人均生产总值在2016—2019年稳定增长，2020年地区生产总值增长较为平缓，而人均生产总值则有所下降，从2019年的114 914元下降到2020年的114 157元（图5-40）。

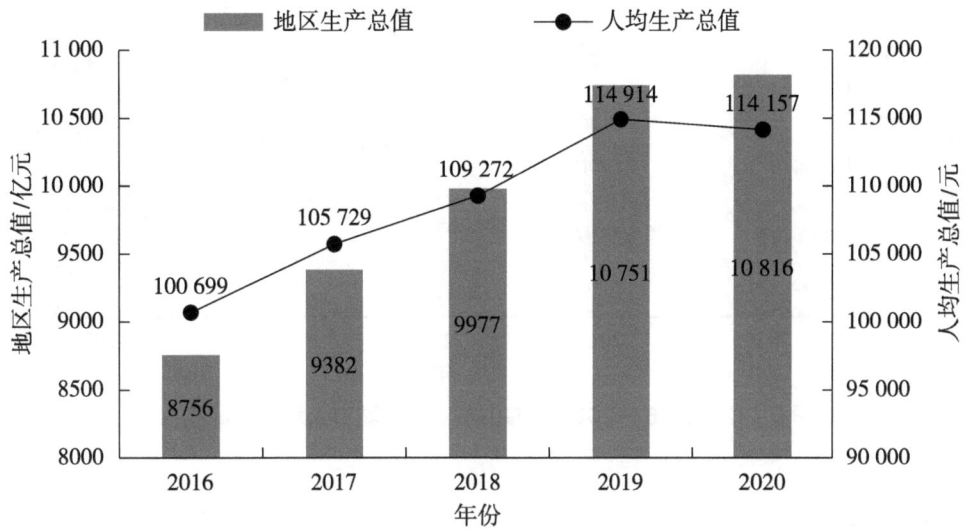

图5-40　2016—2020年佛山市地区生产总值和人均生产总值

2016—2020年，佛山市第二产业发展显著，生产总值实现了缓慢增长，第三产业生产总值也有所增加。相比之下，第一产业贡献度较小，总体增长缓慢（图5-41）。

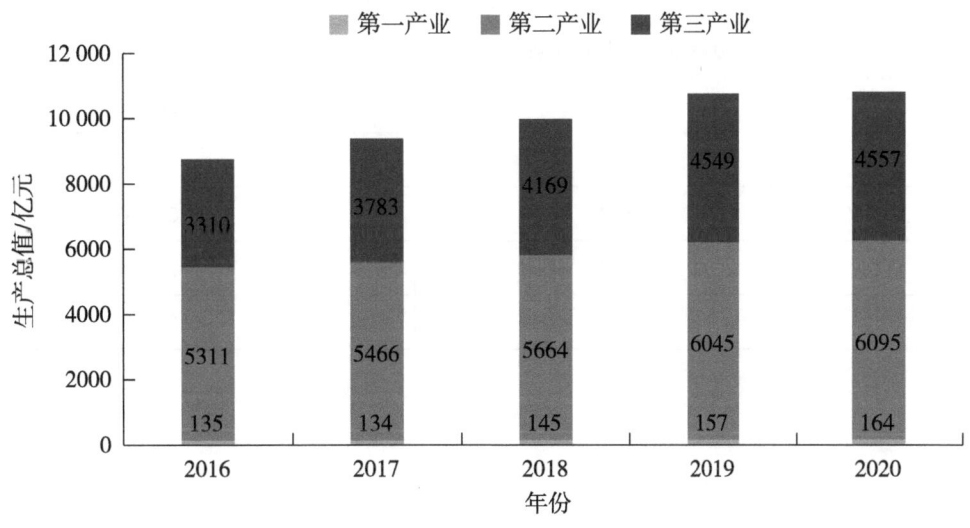

图5-41　2016—2020年佛山市三次产业生产总值

2016—2020年,佛山市的全员劳动生产率有所波动,但2018—2020年实现了稳定增长,2020年为315 790元/人。农村人均可支配收入和城市人均可支配收入也不断增加,但总体来看,城乡差距在缓慢加大(图5-42)。

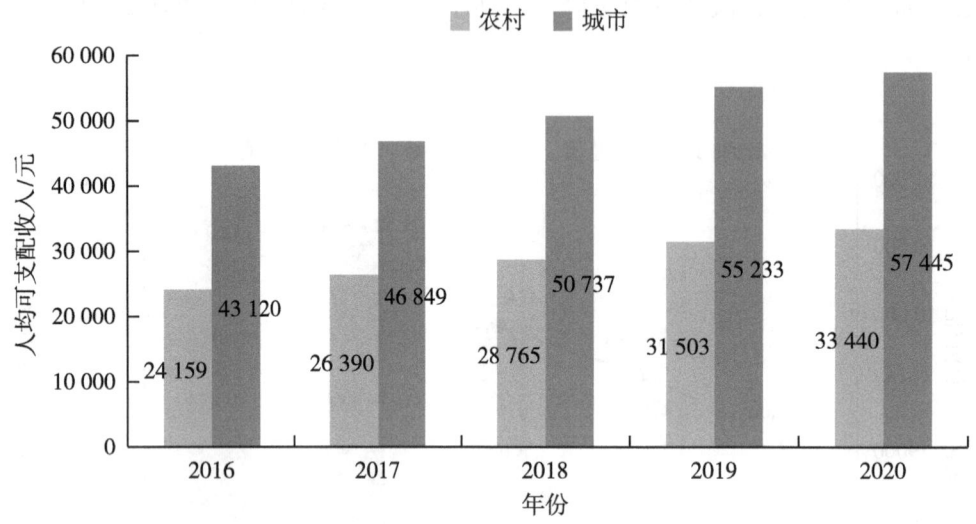

图5-42　2016—2020年佛山市农村和城市人均可支配收入

（2）工业发展情况

2016—2020年,佛山市规模以上工业企业数实现了稳定增长(表5-15)。规模以上工业企业研发经费内部支出2016—2019年稳定增加,但2020年有所下降。规模以上工业企业研发人员数量在2016—2020年中有所波动,目前有回升的趋势(图5-43)。

表5-15　2016—2020年佛山市规模以上工业企业数和营业收入

年份	规模以上工业企业数/家	规模以上工业企业营业收入/亿元
2016	5671	20 199
2017	6212	20 303
2018	6631	20 763
2019	7902	22 930
2020	8020	22 235

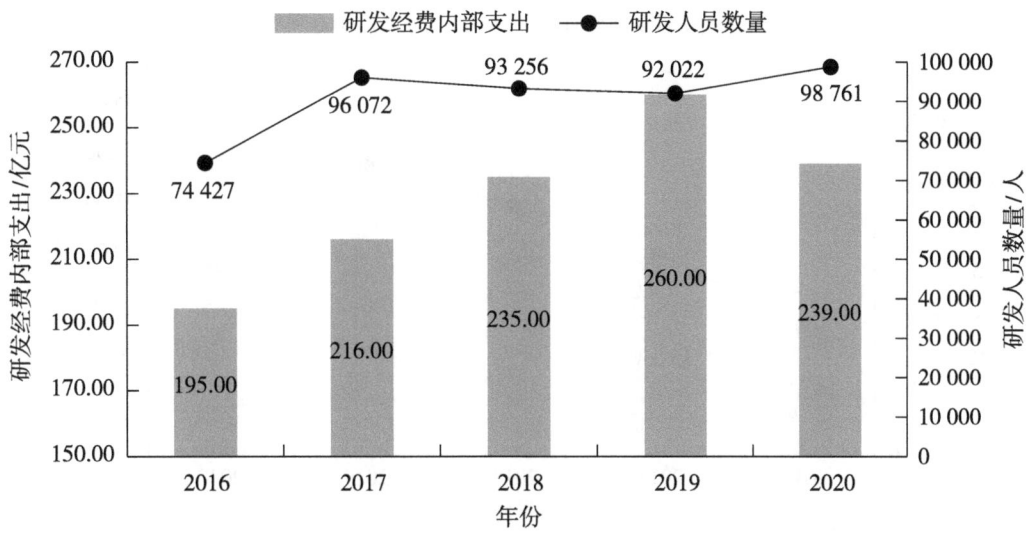

图 5-43 2016—2020 年佛山市规模以上工业企业研发经费内部支出和研发人员数量

（3）科技发展情况

在科技发展上，佛山市的省工程技术研究中心不断增加，从 2016 年的 395 家增加到 2020 年的 754 家。技术市场成交合同金额也实现了飞速上升，从 2016 年的 2.83 亿元增加到 2020 年的 22.41 亿元，成果显著。佛山市的 R&D 人员数量不断增加，但近两年增长缓慢。R&D 经费占 GDP 的比重在 2016—2019 年增长之后，近两年没有显著变化（图 5-44）。

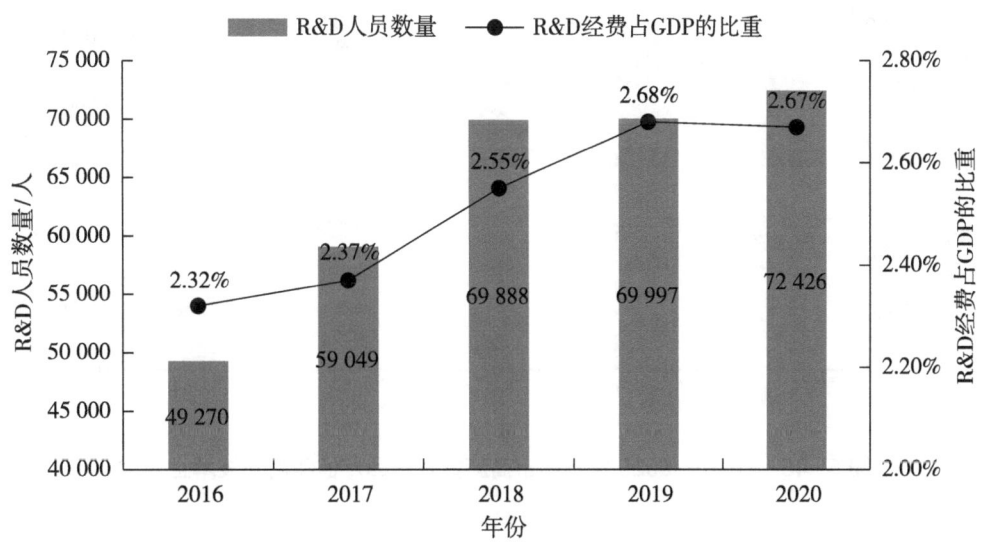

图 5-44 2016—2020 年佛山市 R&D 人员数量和 R&D 经费占 GDP 的比重

佛山市在科技产出方面也有所改善，有效发明专利拥有量呈现逐渐增长趋势，2020 年达到 27 694 件，万人发明专利拥有量也缓慢增长，2020 年达 34.00 件（图 5-45）。PCT 国际专利申请量从 2016 年的 470 件增加到 2020 年的 745 件。

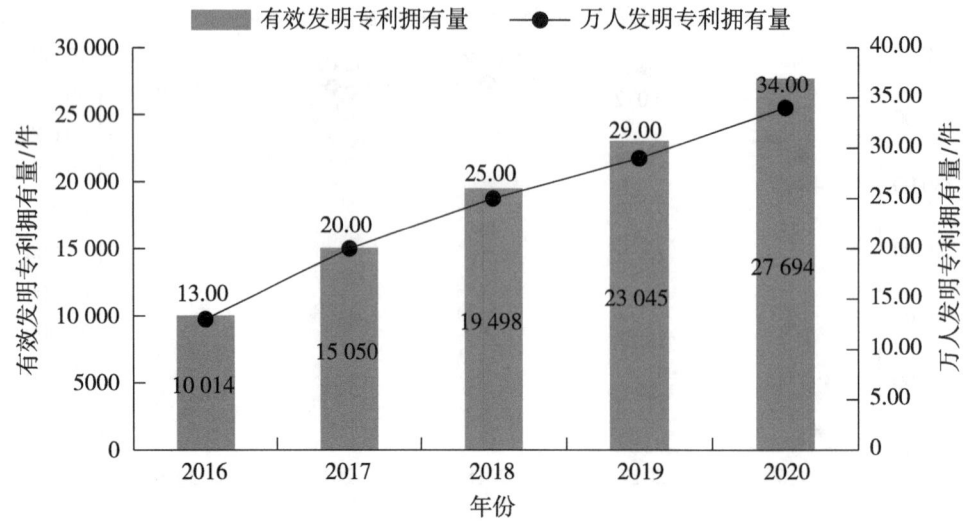

图 5-45 2016—2020 年佛山市有效发明专利拥有量和万人发明专利拥有量

（4）新经济发展情况

2016—2020 年，佛山市高新技术企业数显著增加，从 2016 年的 1388 家增加到 2020 年的 5685 家。高新技术产品产值近两年没有较大变化，且相比 2016 年有所下降（图 5-46）。

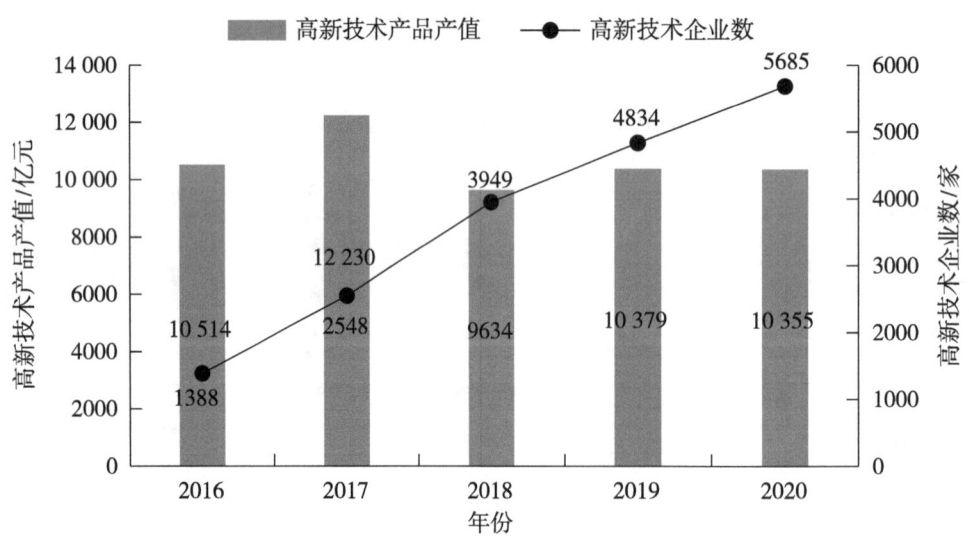

图 5-46 2016—2020 年佛山市高新技术产品产值和高新技术企业数

2020 年，佛山市数字普惠金融指数为 292.92，全国排第 26 位，省内排第 4 位。覆盖宽度为 289.32，全国排第 35 位，省内排第 6 位。使用深度为 289.87，全国排第 30 位，省内排第 6 位。数字化程度为 310.36，全国排第 34 位，省内排第 3 位（表 5-16）。综合来看，佛山市在数字金融的各个维度发展较为均衡。

表 5-16　2022 年佛山市数字普惠金融综合指标

指标名称	指标值	全国排名	广东排名
数字普惠金融指数	292.92	26	4
覆盖宽度	289.32	35	6
使用深度	289.87	30	6
数字化程度	310.36	34	3

数据来源：《北京大学数字普惠金融指数（2011—2021）》。

5.5.3　主要企业和行业创新活动分析

根据中国企业联合会、中国企业家协会发布的数据，在 2021 中国企业 500 强榜单中，佛山市有 2 家企业入围，分别为碧桂园控股有限公司（简称"碧桂园"）和美的集团股份有限公司（简称"美的"）（表 5-17）。碧桂园主要业务为房地产业，美的主要业务为电气机械和器材制造，在全国的排名均为 100 名以内，两家企业积极部署创新战略，推动企业的创新发展。碧桂园在建筑机器人上取得了显著成就，2018 年碧桂园便成立了广东博智林机器人有限公司，聚焦建筑机器人开发、BIM 数字化、新型建筑工业化等产品的研发、生产与应用，实现了建筑机器人建房的技术突破。建筑机器人在帮助企业降低成本的同时，还落实了国家的"双碳"战略，推动了企业的绿色和可持续化发展。此外，碧桂园在营销中也不断通过人工智能、大数据、流量媒体、AR、VR 等积极部署数字营销，开始探索营销数字化转型的路径和模式，目前已实现 VR 看房、直播卖房、线上售楼处、IP 打造等。早在 2019 年，碧桂园就发布了自主研发的"凤凰云"全国直营购房平台，让用户能在手机上享受找房、看房、选房、购房的一站式全周期服务。美的在核心技术研究方面，不断加大研发成果的转化力度，同时在数字化创新上取得了显著成效。目前，美的在"创新专利化、专利标准化、标准国际化、美的标准走出去"的"3+1"标准化战略引导下，主导和参与国内各类技术标准制修订近 1500 项。通过"标准创新+产品创新"的新模式，将创新产品和创新标准快速推向市场，极大占据了主导权和话语权，推动了我国的电器创新。美的在智能家居方面也积极与互联网龙头企业合作，不断推出新产品，旨在提升消费者体验，打造便利的生活圈。例如，2016 年美的携手小米品牌推出了清羽电风扇，风扇可以通过蓝牙与小米手环连接，从而获取用户的睡眠曲线并随之调节风速，为用户带来极大便利。此外，美的通过积极部署数字营销，在场景营销创新方面也取得了显著成就。例如，美的洗碗机直播项目通过"人、货、场"的作用，提供优质媒介沟通平台，搭建选品生态体系，助力电商产销直播，并实现资源利用的最大化。

表 5-17 佛山市入围 2021 中国企业 500 强榜单的 2 家企业

序号	企业名称	营业收入/亿元	排名
1	碧桂园控股有限公司	4628.56	45
2	美的集团股份有限公司	2857.1	82

数据来源：中国企业联合会、中国企业家协会发布的 2021 中国企业 500 强榜单。

5.5.4 政府部门引导创新的典型做法

佛山市 2019 年发布了《佛山市全面建设国家创新型城市促进科技创新推动高质量发展若干政策措施》，对高新技术企业的发展给予了明确支持，包括补助和加计扣除等。2020 年发布了《佛山市科技创新券实施方案（2020—2022）》，改革科技创新券使用管理以激发中小企业及科技服务机构的创新活力。科技创新券可以引导企业增加科技研发投入，并提高资产的使用效率，也可以加速科技成果转化及科技资源的共享等，佛山市旨在通过科技创新券的发行激发市场和企业创新活力。

5.5.5 小结

佛山市在创新环境上有所改善，通过出台一系列的相关政策和举措，为企业创新活动的开展营造了良好的氛围，并给予了大量支持，但创新绩效较上年有所下降，高新技术产品产值有所波动。佛山市在积极营造良好的创新环境的同时，也需要注重企业的创新活力和创新产出。未来，佛山市应在新的政策支持工具下关注企业的创新产出及研发成果的市场化应用。佛山市也应鼓励相关龙头企业积极带动产业链中创新链的发展，为上下游的创新活动赋能。此外，佛山市也可以抓住数字经济的新机遇，积极发展新业态和新产业，带动区域的快速发展。

5.6 韶关市创新能力分析

韶关市近几年地区生产总值稳定增长，第三产业对地区经济增长的贡献度较为显著，但同时伴随着规模以上工业企业数和营业收入的波动。研发投入也有所波动，但研究中心和重点实验室建设力度有所加强。韶关市积极部署数字经济和大数据产业相关技术的发展。但综合来看，韶关市在产业升级、创新环境上排名仍有所下降。

5.6.1 创新能力排名

2022 年韶关市创新能力居全省第 9 位，2018 年居全省第 11 位，自 2019 年开始上升至第 9 位，之后一直保持不变，且较为稳定（图 5-47）。

第 5 章
各地市创新能力分析

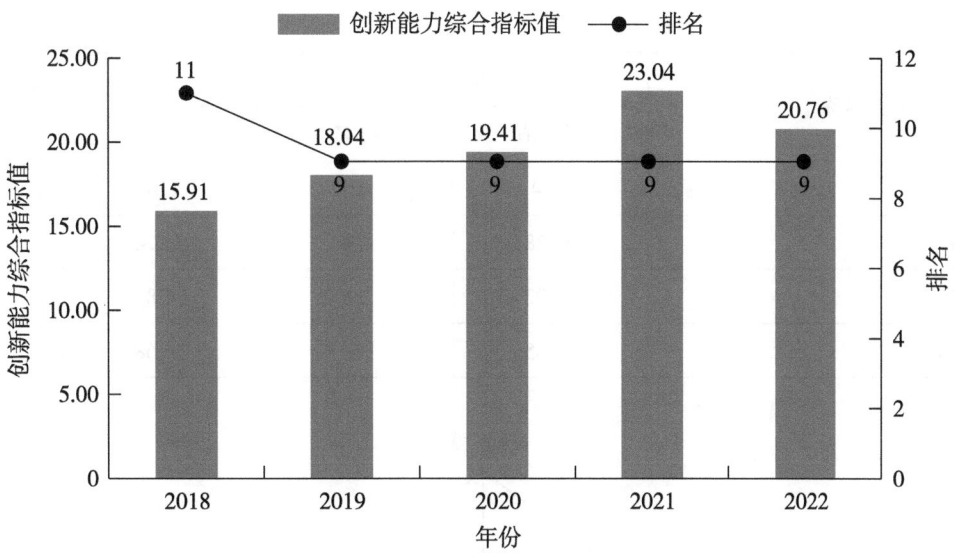

图 5-47　2018—2022 年韶关市创新能力变化趋势

从指标维度看，韶关市 2022 年创新投入指标和创新产出指标分别排第 9 位和第 10 位，与上年持平；产业升级指标排第 14 位，较上年下降 4 位；创新环境指标排第 12 位，较上年下降 1 位；创新绩效指标排第 11 位，较上年上升 2 位（表 5-18，图 5-48）。

表 5-18　韶关市创新能力指标分析

指标名称	2022 年		2021 年	
	指标值	排名	指标值	排名
综合	20.76	9	23.04	9
1　创新投入	21.18	9	28.47	9
1.1　人员投入	18.99	9	23.81	9
1.2　经费投入	23.38	9	33.13	9
2　创新产出	33.81	10	31.94	10
2.1　专利产出	0.95	12	0.87	12
2.2　产业创新	66.66	9	63.02	9
3　产业升级	19.24	14	24.43	10
3.1　结构优化	19.24	14	24.43	10
4　创新环境	6.30	12	6.13	11
4.1　政策环境	13.86	11	14.51	10
4.2　市场环境	8.69	11	7.01	11
4.3　技术要素流动	0.54	11	1.09	10

续表

指标名称	2022年		2021年	
	指标值	排名	指标值	排名
4.4 创新平台	2.14	16	1.90	17
5 创新绩效	23.28	11	24.24	13
5.1 生活质量	13.92	11	11.80	12
5.2 技术水平	32.65	6	36.68	8

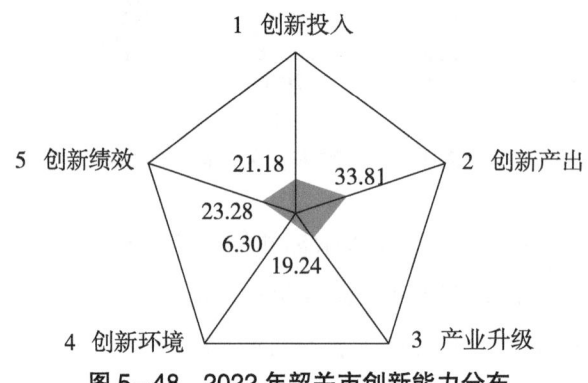

图 5-48 2022 年韶关市创新能力分布

5.6.2 决定创新能力的关键指标分析

（1）国民经济综合发展情况

2016—2019 年，韶关市地区生产总值稳定增长，2020 年增长放缓（图 5-49）。全员劳动生产率有所增长，从 2016 年的 246 193 元/人增长到 293 407 元/人。

图 5-49 2016—2020 年韶关市地区生产总值和人均生产总值

韶关市第三产业占比较大，生产总值2016—2019年缓慢增长，2020年出现小幅下降。第二产业次之，生产总值在缓慢增长。第一产业占比较小，但生产总值在2016—2020年中也有所增长（图5-50）。

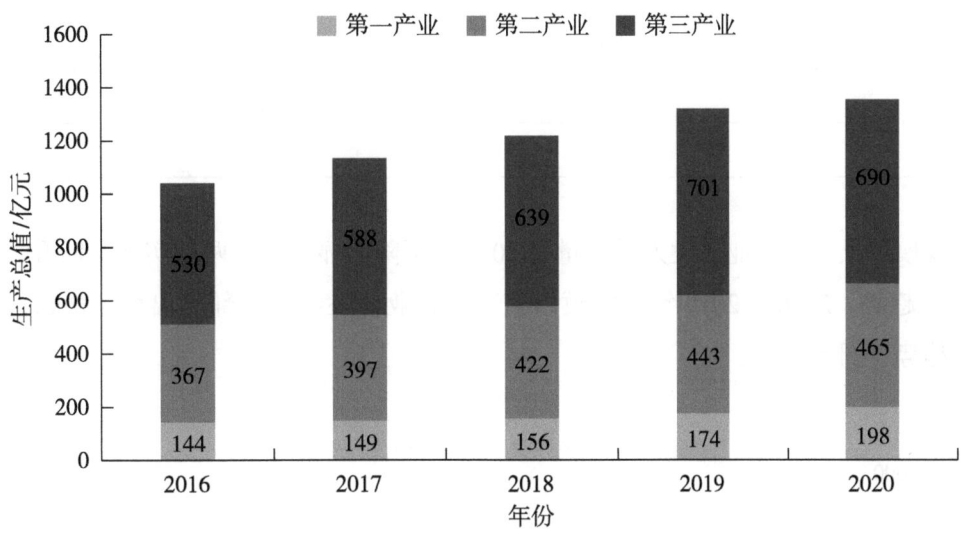

图5-50　2016—2020年韶关市三次产业生产总值

2016—2020年，韶关市的农村人均可支配收入和城市人均可支配收入也实现了增长，相比之下，农村人均可支配收入增长量较少，导致城乡差距有所加大（图5-51）。

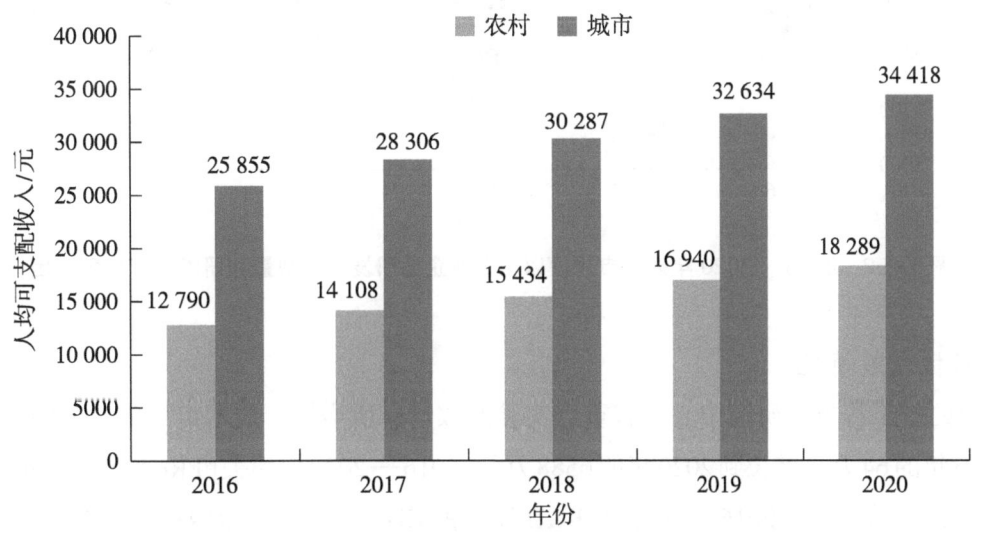

图5-51　2016—2020年韶关市农村和城市人均可支配收入

（2）工业发展情况

韶关市2016—2018年规模以上工业企业数不断减少，在之后的两年有所回升，但相比2016年来说，仍有所下降。规模以上工业企业营业收入5年内也总体增长，但增速较缓（表5-19）。

表 5-19　2016—2020 年韶关市规模以上工业企业数和营业收入

年份	规模以上工业企业数/家	规模以上工业企业营业收入/亿元
2016	593	1175
2017	536	1098
2018	439	1114
2019	475	1262
2020	504	1314

韶关市规模以上工业企业研发人员数量在 2017 年下降明显，之后两年实现了回升，但 2020 年再次出现下降趋势。2016—2019 年，规模以上工业企业研发经费内部支出稳定增长，但 2020 年出现了下降趋势（图 5-52）。

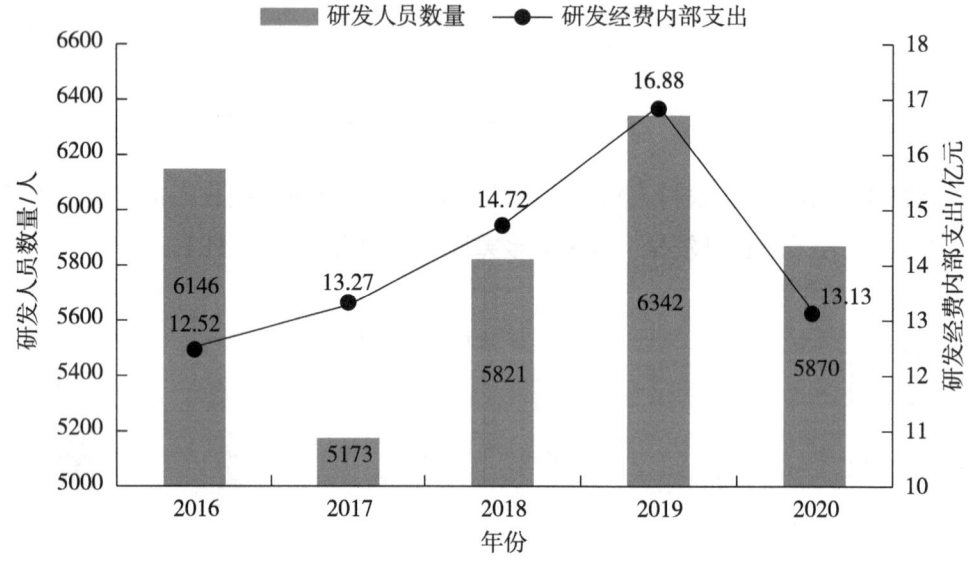

图 5-52　2016—2020 年韶关市规模以上工业企业研发人员数量和研发经费内部支出

（3）科技发展情况

韶关市的省工程技术研究中心和省重点实验室数量有所增加。技术市场成交合同金额增长显著，从 2016 年的 64 万元增长到 2020 年的 6588 万元。2016—2020 年韶关市 R&D 人员数量有所波动，2020 年又出现下降趋势。2016—2019 年 R&D 经费占 GDP 的比重不断增加，但 2020 年出现下降趋势（图 5-53）。

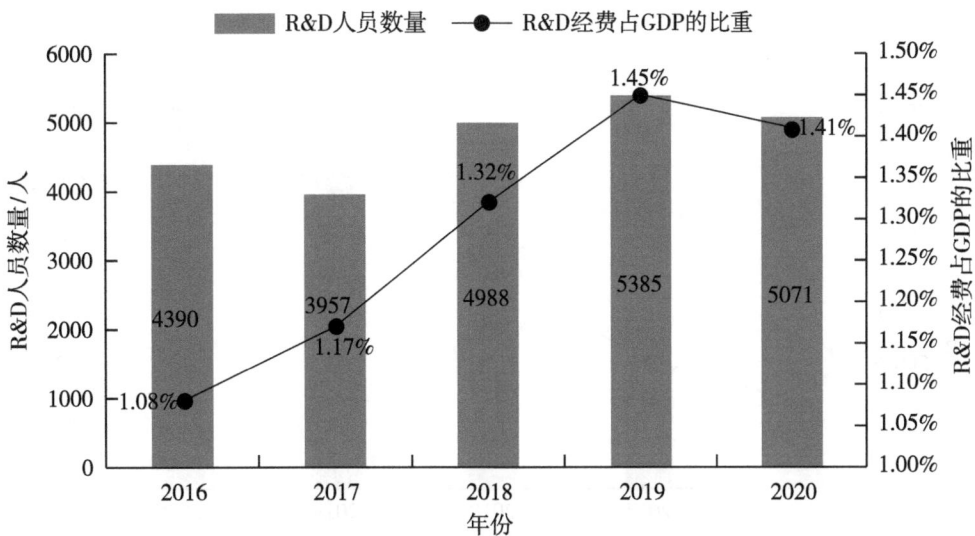

图5-53 2016—2020年韶关市R&D人员数量和R&D经费占GDP的比重

在专利上,韶关市有效发明专利拥有量稳定增长,2020年达1014件,万人发明专利拥有量增长平稳,从2016年的1.55件增长到2020年的3.35件(图5-54)。PCT国际专利申请量波动较大,2019年下降显著,之后有缓慢回升趋势。

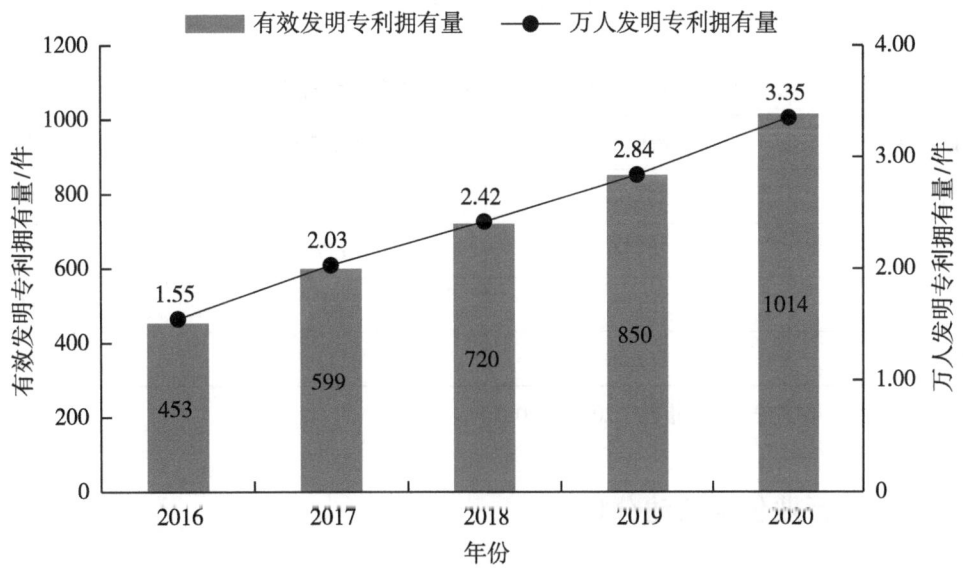

图5-54 2016—2020年韶关市有效发明专利拥有量和万人发明专利拥有量

(4)新经济发展情况

2016—2020年,韶关市高新技术企业数和高新技术产品产值稳定增长(图5-55)。高技术制造业增加值占规模以上工业增加值的比重也不断增加,从2016年的5.2%增加到2020年的6.4%。

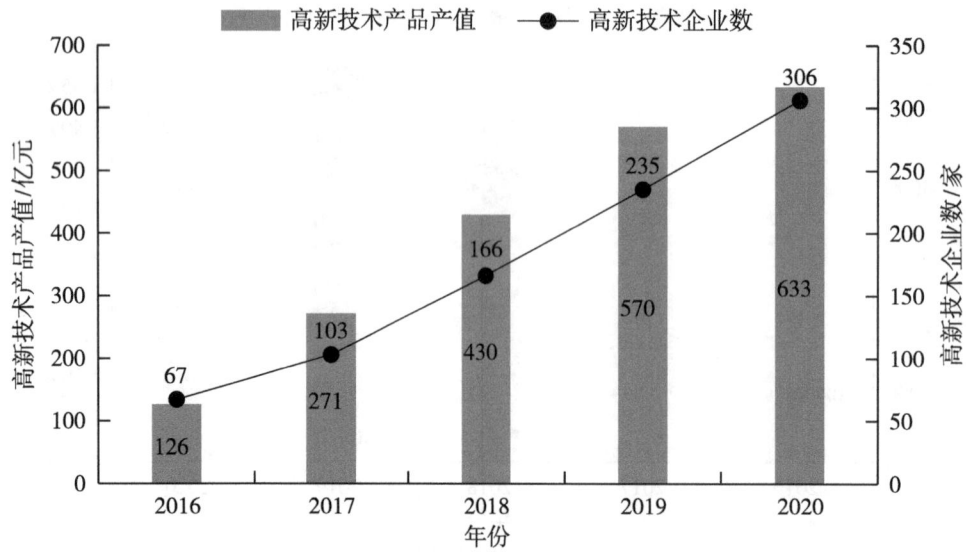

图 5-55 2016—2020 年韶关市高新技术产品产值和高新技术企业数

2020 年,韶关市数字普惠金融指数为 255.35,全国排第 133 位,省内排第 14 位。覆盖宽度为 241.99,全国排第 177 位,省内排第 15 位。使用深度为 261.75,全国排第 85 位,省内排第 15 位。数字化程度为 287.88,全国排第 173 位,省内排第 10 位(表 5-20)。综合来看,韶关市在数字金融的使用深度上有较好的发展,但其他方面发展较为缓慢。

表 5-20 2020 年韶关市数字普惠金融综合指标

指标名称	指标值	全国排名	广东排名
数字普惠金融指数	255.35	133	14
覆盖宽度	241.99	177	15
使用深度	261.75	85	15
数字化程度	287.88	173	10

数据来源:《北京大学数字普惠金融指数(2011—2021)》。

5.6.3 主要企业和行业创新活动分析

根据中国企业联合会、中国企业家协会发布的数据,在 2021 中国企业 500 强榜单中,韶关市没有企业入围。韶关市龙头企业,如广东韶钢松山股份有限公司和广东东阳光科技控股股份有限公司等,积极部署企业创新战略。广东韶钢松山股份有限公司成立于 1997 年,2012 年成立了第一个职工创新工作室,全力支持创新课题的设计、立项、实施、成果评价和奖励兑现,截至 2021 年年底,工作室已达 57 家。近年来,不断优化职工创新体系,积极开展创新成果转化竞赛,为员工搭建创新创效平台,极大地激发了员工的创新和价值创造热情。此外,也大力发展创新联盟,积极承担重点课题攻关项目，为创新成果的落地打下了基础。广东东阳光科技控股股份有限公司以"创新 + 国际化"作为双引擎，不断加强行业协调管理和先进管理体系的建设，大力发展核心技术研发型实体经济。在研究和创新上也不断加强建设，积极组建研究院，下设药业研究院、大健康研究院及新能源研究院 3 个分院，目前已拥有持续、系统的研发能力。在研究院内陆续建立了科学、完善的研发管理体系，通过设立纵向的部和横向的项目组，有力增强了研发体系构建。目前研究院有 20 多名外籍和海归专家、100 余名博士、1000 余名硕士，构建了有实力的研发团队。每年申请药学专利总量、化合物专利数量、化合物 PCT 专利、专利申报增长速度及专利质量均居全国前列。此外，还获批 2 家国家重点实验室，承担着 29 个国家新药重大专项的研发，连续 6 次获得广东省"创新团队"，共获扶持研发资金 15 亿元。研究院 17 年的累计总投入超过 180 亿元，现每年研发总费用约 12 亿元，共有研发项目 200 多个，主要涵盖创新药、仿制药和改良型新药等。

5.6.4 政府部门引导创新的典型做法

韶关市于 2019 年出台了《关于进一步促进科技创新的若干政策措施》，明确提出积极引进科技创新资源、支持科技型中小企业技术创新及实施科技创新券计划等一系列加强创新主体培育扶持的举措。2021 年印发了《韶关市促进大数据产业创新发展办法（试行）》，着重强调建设大数据产业，通过给予补贴和政府采购等方式促进新一代信息技术的创新和发展。

5.6.5 小结

韶关市在产业升级、创新环境上排名均有所下降。在出台相关政策时，应注意同时营造良好的创新环境，以激发创新主体的活力。在未来，韶关市应抓住数字经济和大数据产业的快速发展窗口，积极部署地区的数字化转型和利用新一代信息技术的产业升级，以促进地区的高质量和快速发展。此外，韶关市也应利用地理优势，加强与其他周边城市，包括广州和深圳等的交流和合作，以加快区域整体创新进程。

5.7 河源市创新能力分析

河源市正布局战略性新兴产业的发展体系，力求把握环境友好型城市定位。河源市创新能力居全省中下游水平，2022 年排名有所上升。分维度指标中，产业升级的综合发展效果明显，河源市重点布局的战略性新兴产业对产业升级起到促进作用。但是，河源市的常住人口有所下降，主要原因是规模以上工业企业的发展受阻，对人才的需求水平下降。虽然河源市缺少领先企业引领区域创新发展，但高新技术企业数持续增加。政府强调高技术产业和环境友好并行发展，长期来看，河源市创新发展具有较大潜力。

5.7.1 创新能力排名

2022年河源市创新能力全省排第15位，与2021年相比，排名提升2位，回到2020年的水平。从过去5年看，河源市创新能力排名基本稳定，连续2年居全省第13位，此后稍有下降（图5-56）。

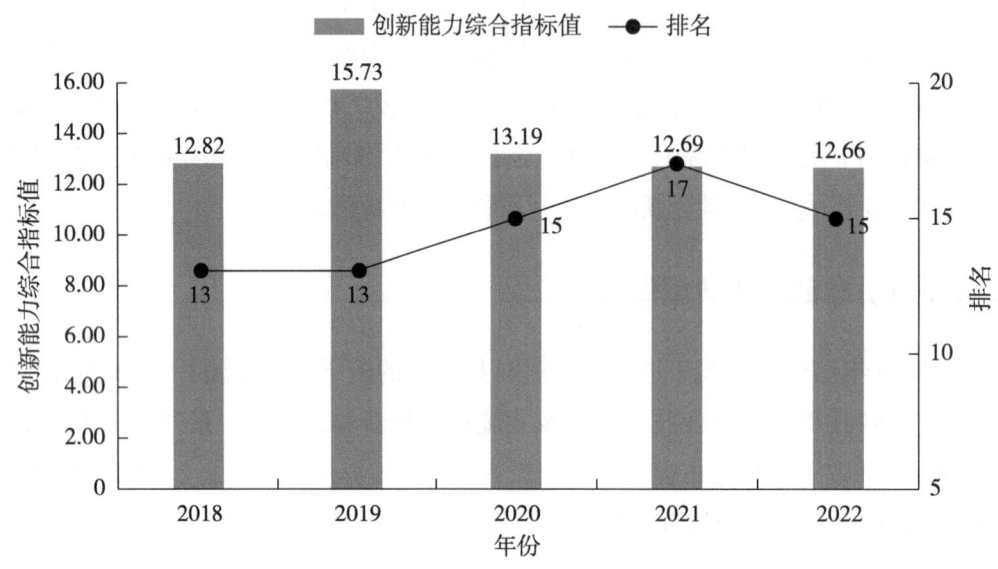

图5-56 2018—2022年河源市创新能力变化趋势

从指标维度看，河源市产业升级指标一直保持全省第3位。2022年，创新投入指标与创新产出指标排名与上年持平，分别排第20位和第19位。创新环境指标从第16位上升至第15位。创新绩效指标排名较上年没有变化，列第19位（表5-21、图5-57）。

表5-21 河源市创新能力指标分析

指标名称		2022年		2021年	
		指标值	排名	指标值	排名
综合		12.66	15	12.69	17
1	创新投入	1.70	20	1.69	20
1.1	人员投入	1.59	19	2.32	18
1.2	经费投入	1.80	18	1.07	20
2	创新产出	5.49	19	2.16	19
2.1	专利产出	0.32	16	0.26	15
2.2	产业创新	10.67	19	4.06	19

续表

指标名称	2022年		2021年	
	指标值	排名	指标值	排名
3 产业升级	45.64	3	48.28	3
3.1 结构优化	45.64	3	48.28	3
4 创新环境	3.34	15	2.53	16
4.1 政策环境	5.07	17	2.65	16
4.2 市场环境	5.96	13	4.68	13
4.3 技术要素流动	0.10	18	0.28	16
4.4 创新平台	2.23	15	2.49	14
5 创新绩效	7.13	19	8.79	19
5.1 生活质量	4.11	19	2.54	19
5.2 技术水平	10.16	17	15.04	18

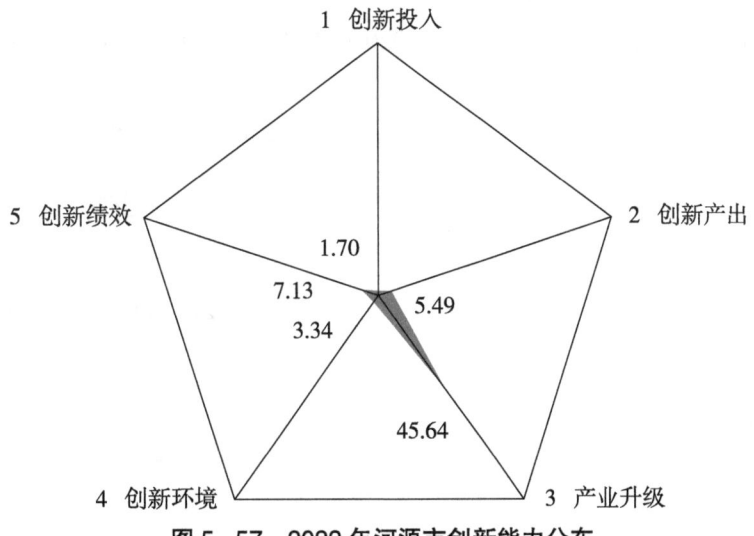

图 5-57 2022年河源市创新能力分布

5.7.2 决定创新能力的关键指标分析

（1）国民经济综合发展情况

2020年河源市地区生产总值1103亿元，按可比价格计算，比上年增长2.13%。其中，第一产业生产总值137亿元，同比增长13.22%；第二产业生产总值375亿元，同比增长0.81%；第三产业生产总值591亿元，同比增长0.68%。三次产业结构由2019年的11.2∶34.5∶54.3调整为2020年的12.4∶34.0∶53.6（图5-58）。

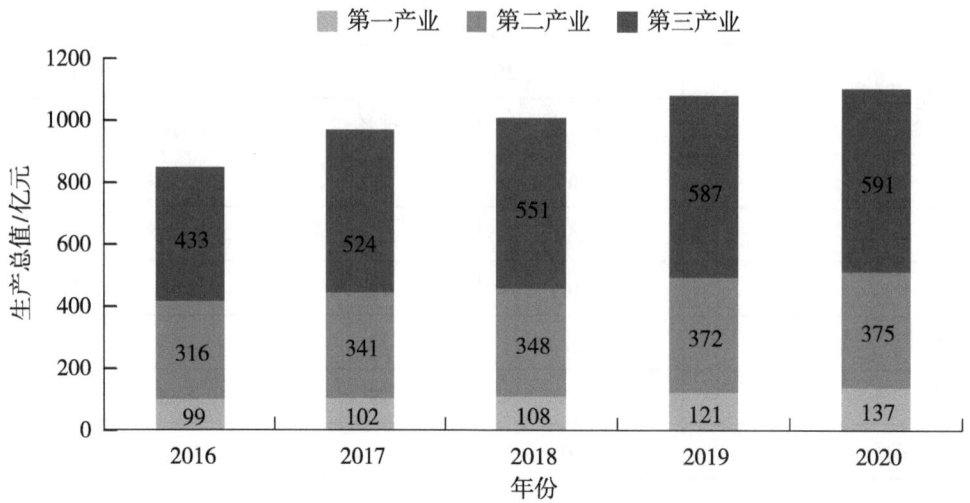

图 5-58　2016—2020 年河源市三次产业生产总值

2020 年，河源市常住人口 283.56 万人，比上年减少 1.27 万人。2020 年，河源市人均可支配收入 22 291.1 元，同比增长 5.9%，扣除价格因素，实际同比增长 3.2%。其中，城市人均可支配收入 28 018.2 元，比上年增长 3.3%；农村人均可支配收入 17 313.4 元，比上年增长 8.0%。城乡人均可支配收入比由 2019 年的 1.69∶1.00 缩小为 2020 年的 1.62∶1.00（图 5-59）。

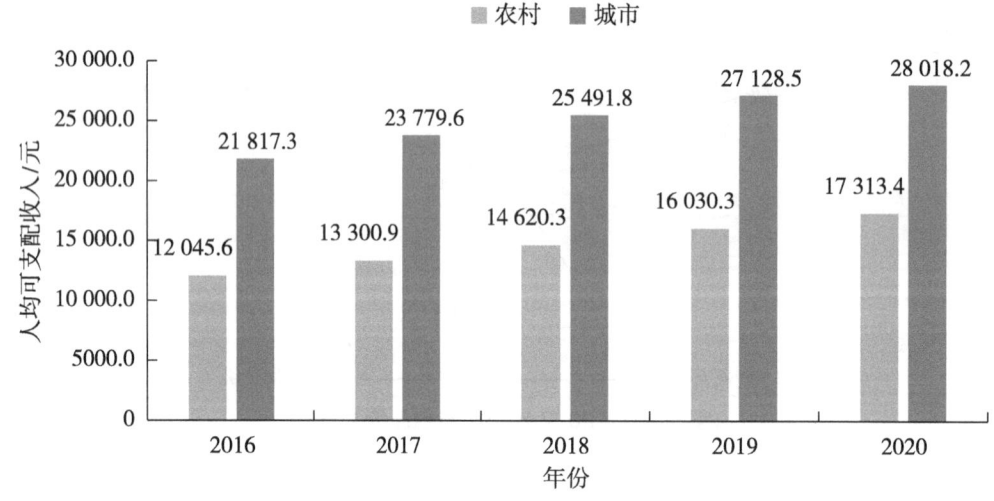

图 5-59　2016—2020 年河源市农村和城市人均可支配收入

（2）工业发展情况

2020年，河源市规模以上工业企业数为581家，比上年增加14家（图5-60）。2020年，河源市工业总产值1244.61亿元，工业增加值284.91亿元，比2019年上涨1.78%。2020年，河源市规模以上工业企业营业收入为1172亿元，同比下降11.55%（图5-61）。

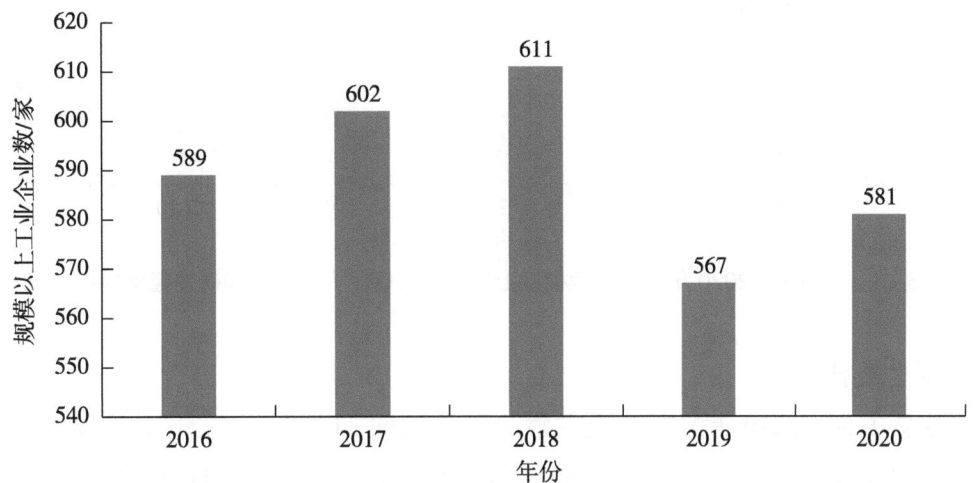

图5-60　2016—2020年河源市规模以上工业企业数

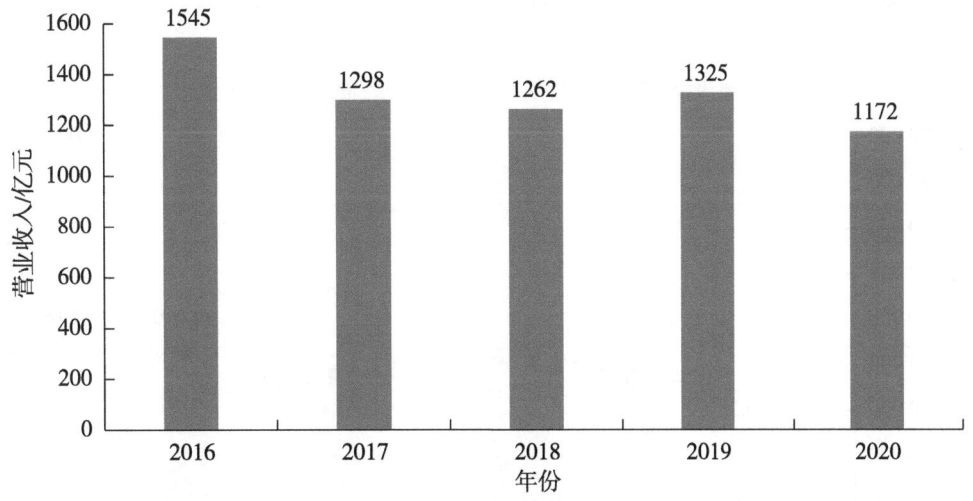

图5-61　2016—2020年河源市规模以上工业企业营业收入

2020年，河源市规模以上工业企业研发人员数量达到2180人，较上年减少140人，同比下降6.03%。规模以上工业企业研发经费内部支出4.26亿元，比上年上涨16.08%（图5-62）。

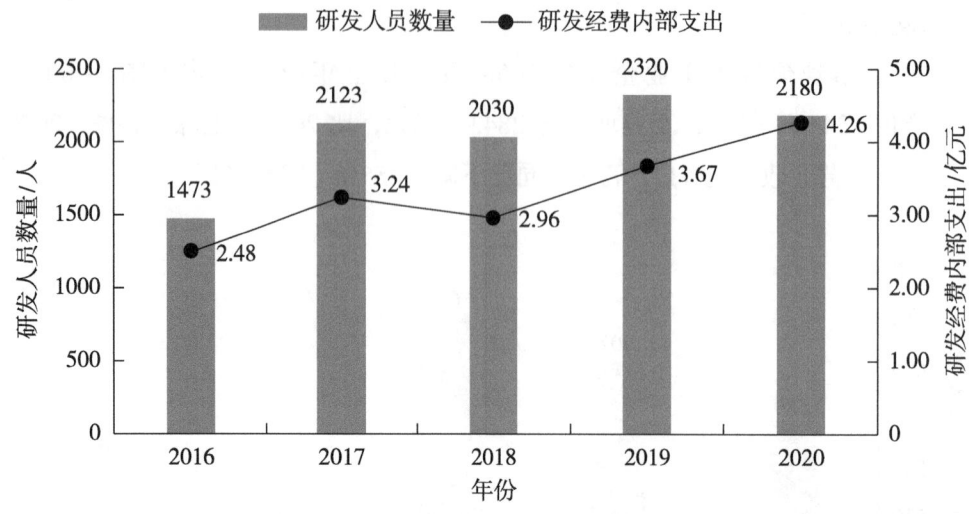

图 5-62 2016—2020 年河源市规模以上工业企业研发人员数量和研发经费内部支出

（3）科技发展情况

在科技创新方面，2020 年河源市地方财政科技拨款 34 099 万元，同比下降 12.42%，地方财政科技拨款占地方财政支出的比重达到 0.94%，与上年相比降低 0.11 个百分点。2020 年河源市 R&D 经费为 4.56 亿元，R&D 经费占 GDP 的比重提高到 0.41%，比 2019 年提高 0.05 个百分点（图 5-63）。河源市 2020 年组织实施国家、省级各类科技计划项目 3 个。

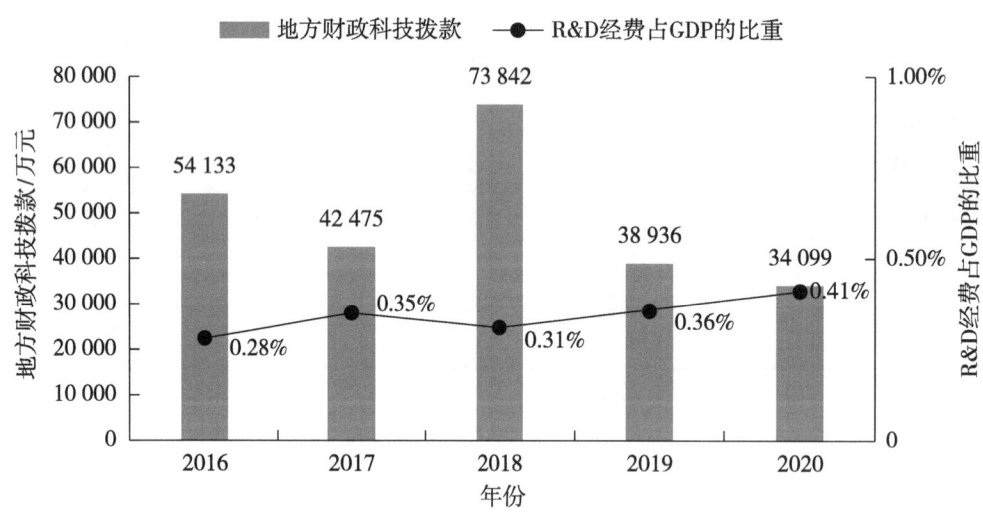

图 5-63 2016—2020 年河源市地方财政科技拨款和 R&D 经费占 GDP 的比重

2020 年，河源市有效发明专利拥有量达到 573 件，比上年增长 19.38%。2020 年，河源市专利授权量 4098 件，比上年增长 39.58%，PCT 国际专利申请量 6 件，有效发明专利授权 101 件，同比上涨 16.09%，万人发明专利拥有量为 1.85 件（图 5-64）。截至 2020 年年底，全市省工程技术研究中心 81 家，省重点实验室 2 家。

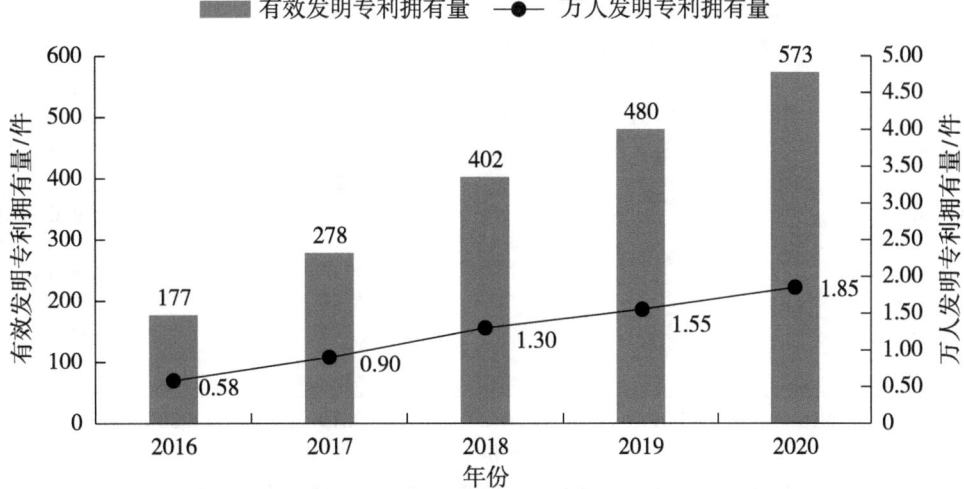

图 5-64 2016—2020 年河源市有效发明专利拥有量和万人发明专利拥有量

（4）新经济发展情况

2020 年，河源市拥有 223 家高新技术企业，较上年新增 53 家，高新技术产品产值达 167.17 亿元。高新技术企业数连续 5 年保持增长，2020 年同比增长 31.18%（图 5-65）。2020 年，高技术制造业增加值达到 102.74 亿元，高技术制造业增加值占规模以上工业增加值的比重达 36.1%，河源市抢先发展战略性新兴产业集群取得显著成效（图 5-66）。

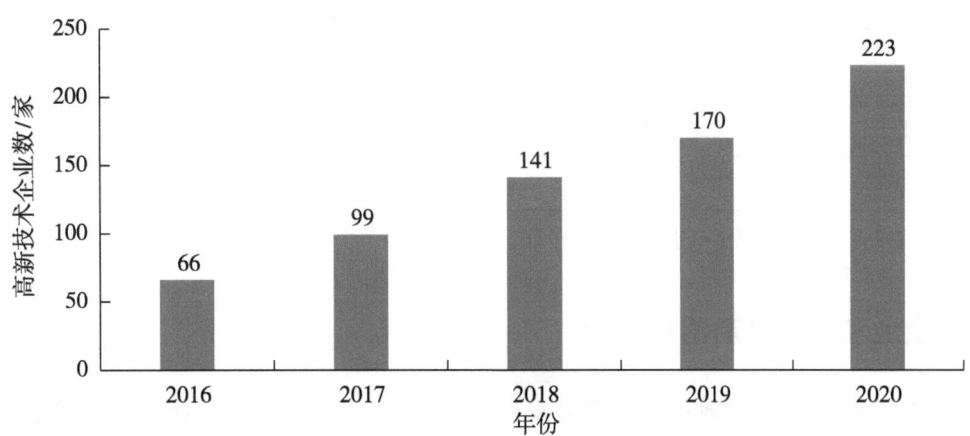

图 5-65 2016—2020 年河源市高新技术企业数

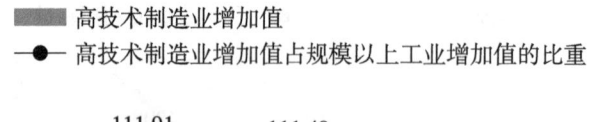
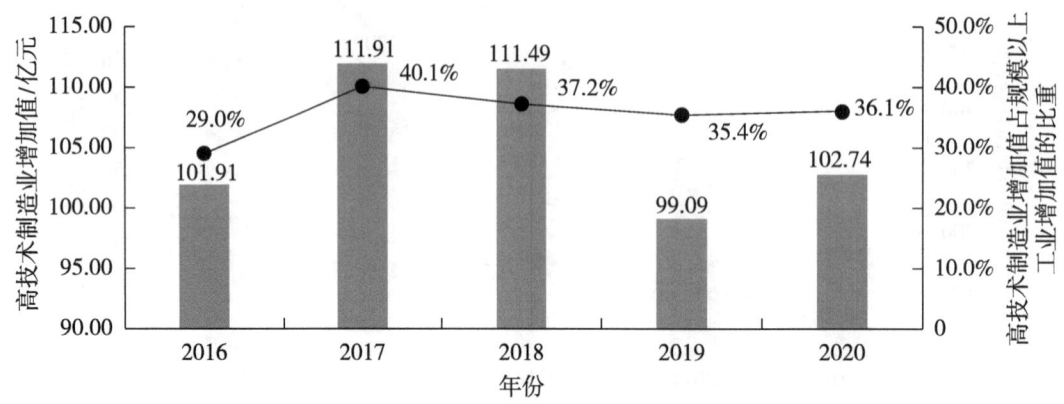

图 5-66 2016—2020 年河源市高技术制造业发展情况

2020年，河源市数字普惠金融指数达到254.18，居全国第142位、全省第16位。具体分析，河源市覆盖宽度位于全省中游，排第11位，居全国第151位。在数字化程度方面，居全省第14位。从全国排名来看，河源市使用深度排名拉高整体排名（表5-22）。

表 5-22 2020 年河源市数字普惠金融综合指标

指标名称	指标值	全国排名	广东排名
数字普惠金融指数	254.18	142	16
覆盖宽度	245.89	151	11
使用深度	251.78	117	19
数字化程度	285.90	194	14

数据来源：《北京大学数字普惠金融指数（2011—2021）》。

5.7.3 主要企业和行业创新活动分析

根据中国企业联合会、中国企业家协会发布的数据，在2021中国企业500强榜单中，河源市没有企业入围。

5.7.4 政府部门引导创新的典型做法

2020年7月16日河源市人民政府办公室为进一步激发科技创新活力，印发了《河源市推动科技创新体制机制改革实施方案》，改革科技特派员工作机制。建立"三库一平台"（科技特派员库、技术需求库、科技成果库及科技特派员管理平台），改变过去自上而下的科技特派员选派方式，建立以企业、基层技术需求为导向的科技特派员选派机制，实现科技特派员精准选派。同时，完善科技特派员服务"三农"扶持机制。在省、市科技专项资金中切块设立农业科技特派员创新专项，支持农业科技特派员及其派出单位开展技术培训、技术攻关、成果转化和创办企业。

2020年，河源市出台《河源市强化知识产权保护推动经济高质量发展若干政策措施》，加大政策和资金扶持力度，强化知识产权综合管理，对促进知识产权工作发展产生积极的政策引导作用。通过组织开展知识产权执法"铁拳"行动、春秋季地理标志专项保护行动、代理机构整治"蓝天"行动等，河源全市对侵犯知识产权行为予以重点打击。2020年，全市市场监管系统共查办知识产权侵权假冒案件62起。区域协同发展也是河源市当前的主要发展方向，河源市正以"融湾"为纲、"融深"为牵引，加快培育"五大产业"，大力实施"七大行动"，争当融入粤港澳大湾区的生态优先、绿色发展排头兵，奋力建设幸福和谐美丽河源。2021年12月，赣深高铁建成通车，深圳河源两地通勤时间从2小时缩短至半个多小时，标志着河源市正式融入"轨道上的大湾区"和"大湾区一小时经济圈"。

近10年来，河源市始终把做大做强电子信息产业作为发展工业经济的重中之重，先后落户了国家通讯终端产品质量监督检验中心，以及中兴通讯、西可通信、中光电、景旺电子等上百家电子信息企业，形成了以手机和电子通信为核心的电子信息产业集群，被省政府列为珠江东岸4个重点扶持发展新一代电子信息产业的城市之一。河源市已经建成新一代通信及万物互联应用芯片及模组科技成果转化中试基地，实现了我国在5G通信及无线局域网射频前端部分核心产品的国产替代；在灯塔盆地国家农高区，河源市选育的航天花生种子"回家"，成为广东省首例当地选种、当地培育的航天品种；东源柳城无人智慧农场内，无人机械设备收割着"上天入地"的航天水稻，以现代种业科技助力农业现代化，创新已经成为河源市发展的关键词。

5.7.5 小结

为了提升创新能力，打通科技创新与经济发展的通道，河源市做出诸多尝试，在战略性新兴产业领域已经积累了良好的发展基础。2022年，河源市创新能力排名逆向上升，产业升级的积极作用正在显现。为了更好地实施创新驱动发展战略，实现经济高质量发展，河源市应该稳定规模以上工业企业的发展水平，切实帮助企业解决疫情背景下的融资难、发展难问题，从而维持人口水平，保持对高技术人才的吸引力。

5.8 梅州市创新能力分析

2022年，梅州市创新能力居全省第16位，近5年排名基本保持稳定。分维度指标中，产业升级的综合发展效果相对较好，创新投入、创新产出、创新环境和创新绩效综合发展情况仍需要进一步提升。2020年，梅州市规模以上工业企业数大幅增长，但是营业收入水平的上升存在一定的滞后效应。梅州市的高技术制造业的贡献水平有所下降，对人才的需求水平也有所下降，导致常住人口下降明显。梅州市通过发展数字产业刺激区域的创新发展，新兴产业的集聚效应将对区域经济起到促进作用。

5.8.1 创新能力排名

2022年，梅州市创新能力全省排第16位，与2021年相比排名保持不变。从过去5年看，梅州市创新能力排名基本保持稳定（图5-67）。梅州市综合竞争力实现稳步提升，城市经济活力也在稳步上升，发展动能日益增强。

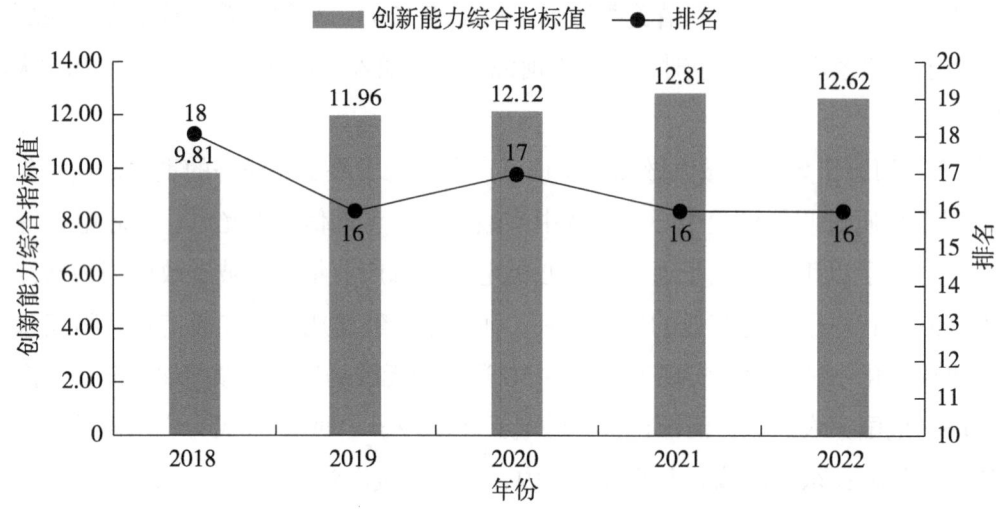

图5-67　2018—2022年梅州市创新能力变化趋势

从指标维度看，2022年梅州市创新投入指标排名较上年保持不变，列全省第21位。其他维度指标排名有小幅度变化。其中，创新产出指标较上年上升3位，从第16位上升到第13位。创新环境指标与创新绩效指标较上年均下降一位，分别排第14位和第15位。产业升级指标从第7位下降至第8位（表5-23、图5-68）。

表5-23　梅州市创新能力指标分析

指标名称		2022年		2021年	
		指标值	排名	指标值	排名
综合		12.62	16	12.81	16
1 创新投入		0.81	21	1.25	21
1.1 人员投入		0.00	21	1.47	19
1.2 经费投入		1.61	19	1.02	21
2 创新产出		17.84	13	11.43	16

续表

指标名称	2022年		2021年	
	指标值	排名	指标值	排名
2.1 专利产出	0.20	17	0.11	18
2.2 产业创新	35.48	13	22.74	16
3 产业升级	23.11	8	27.03	7
3.1 结构优化	23.11	8	27.03	7
4 创新环境	3.57	14	3.82	13
4.1 政策环境	6.93	16	7.26	15
4.2 市场环境	4.41	14	4.53	14
4.3 技术要素流动	0.53	12	0.85	11
4.4 创新平台	2.42	13	2.65	13
5 创新绩效	17.78	15	20.50	14
5.1 生活质量	6.67	17	6.25	16
5.2 技术水平	28.89	9	34.74	11

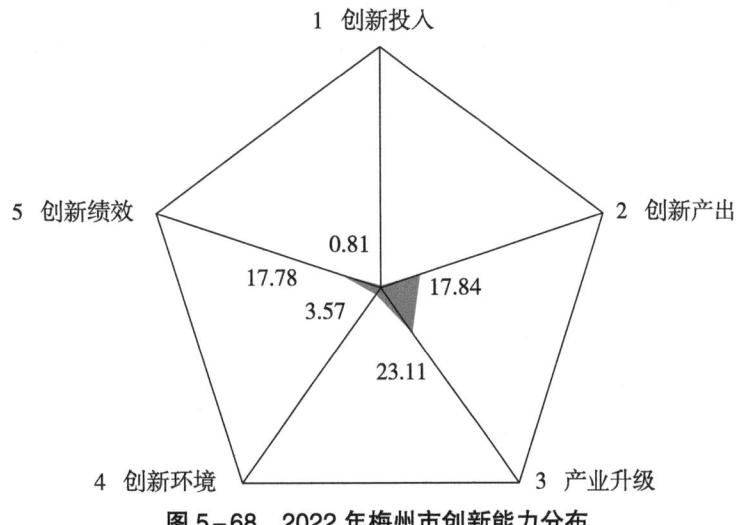

图 5-68 2022年梅州市创新能力分布

5.8.2 决定创新能力的关键指标分析

（1）国民经济综合发展情况

2020年梅州市地区生产总值为1208亿元，比上年增长1.77%。其中，第一产业生产总值为245亿元，同比增长11.87%；第二产业生产总值为367亿元，同比下降1.08%，对地区生产总值的贡献度为 30.38%；第三产业生产总值为 596 亿元。2020 年三次产业结构为 20.3∶30.4∶49.3，第三产业所占比重比上年降低 1.0 个百分点（图 5-69）。

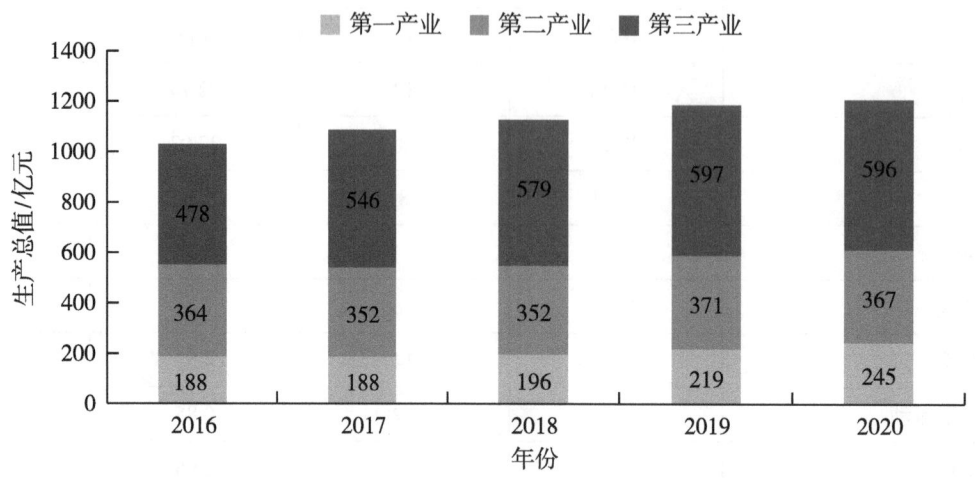

图 5-69　2016—2020 年梅州市三次产业生产总值

2020 年，梅州市常住人口 387.10 万人，比上年减少 4.86 万人。2020 年，梅州市人均可支配收入为 18 975 元，比 2010 年增长 1.1 倍。其中，城市人均可支配收入为 29 942 元，同比增长 2.4%，扣除价格因素，实际增长 0.3%；农村人均可支配收入为 17 430 元，同比增长 6.0%，扣除价格因素，实际增长 3.8%。农村人均可支配收入同比增速（不扣除价格因素）高于城市 3.6 个百分点（图 5-70）。

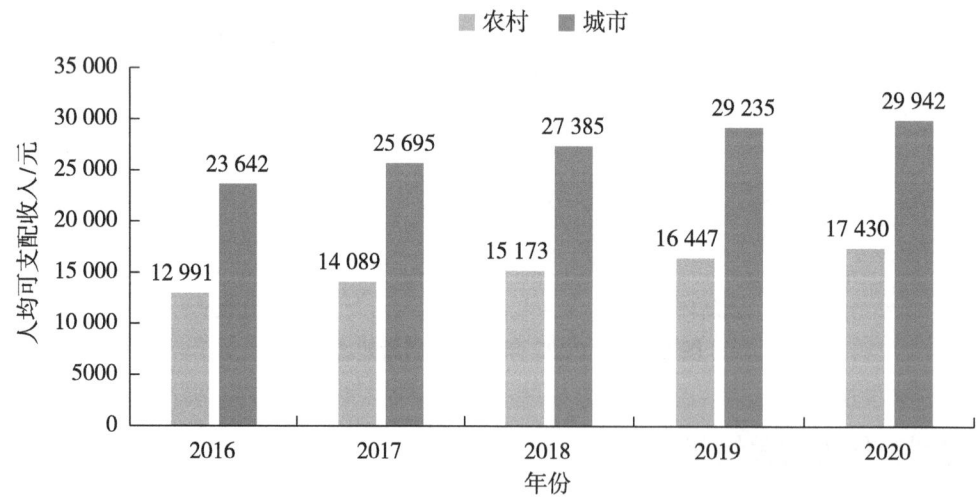

图 5-70　2016—2020 年梅州市农村和城市人均可支配收入

（2）工业发展情况

2020年，梅州市规模以上工业企业数为505家，比上年增加31家，同比增长6.54%（图5-71）。2020年，梅州市工业总产值725.80亿元，工业增加值242.47亿元，比2019年上涨5.53%。2020年，梅州市规模以上工业企业营业收入为740亿元，同比上涨2.49%（图5-72）。

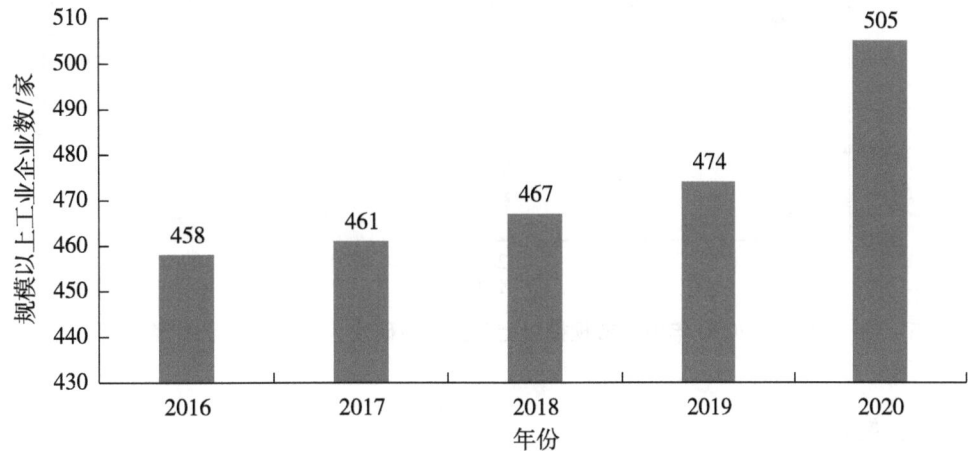

图5-71　2016—2020年梅州市规模以上工业企业数

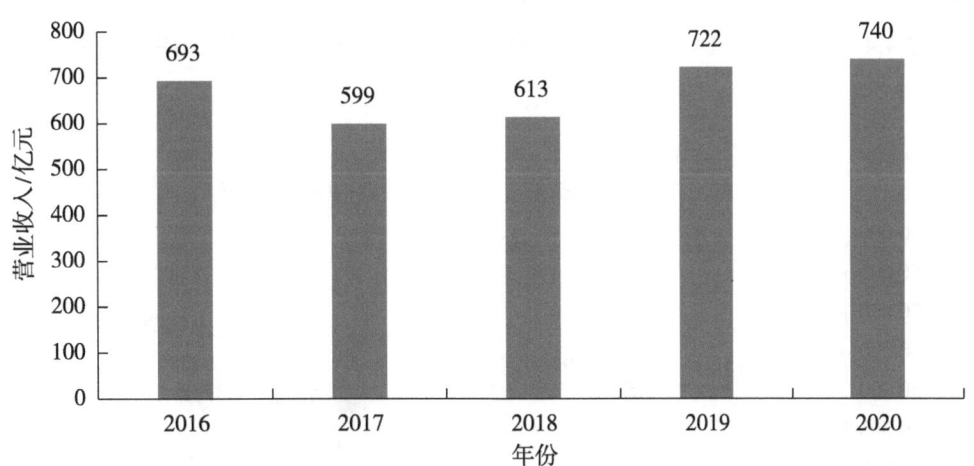

图5-72　2016—2020年梅州市规模以上工业企业营业收入

2020年，梅州市规模以上工业企业研发人员数量达到1574人，较上年减少285人，同比下降15.33%。规模以上工业企业研发经费内部支出2.77亿元，比上年上涨16.39%（图5-73）。

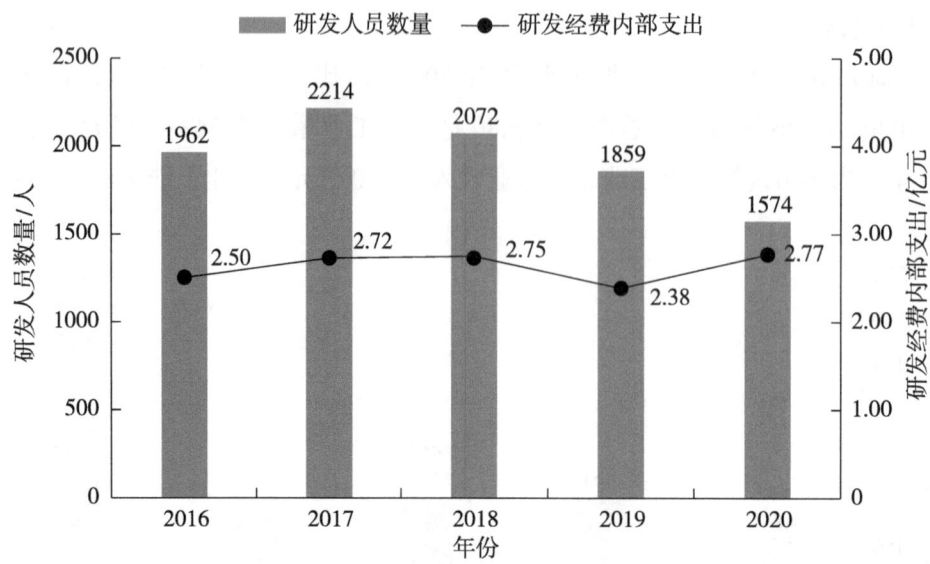

图 5-73　2016—2020 年梅州市规模以上工业企业研发人员数量和研发经费内部支出

（3）科技发展情况

在科技创新方面，2020 年梅州市地方财政科技拨款 52 928 万元，同比下降 24.06%，地方财政科技拨款占地方财政支出的比重达到 1.12%，与上年相比降低 0.45 个百分点。2020 年梅州市 R&D 经费为 4.41 亿元，R&D 经费占 GDP 的比重提高到 0.37%，比 2019 年提高 0.11 个百分点（图 5-74）。

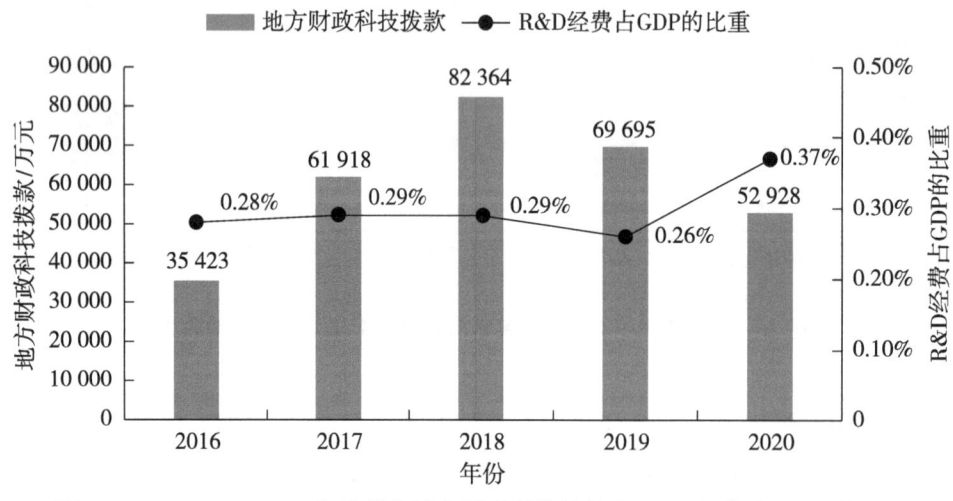

图 5-74　2016—2020 年梅州市地方财政科技拨款和 R&D 经费占 GDP 的比重

2020 年，梅州市有效发明专利拥有量达到 674 件，比上年增长 26.45%。2020 年，梅州市专利授权量为 4074 件，比上年增长 58.28%，PCT 国际专利申请量为 13 件，有效发明专利授权为 152 件，万人发明专利拥有量为1.54件（图5-75）。截至2020年年底，全市省工程技术研究中心有81家，省重点实验室有3家。

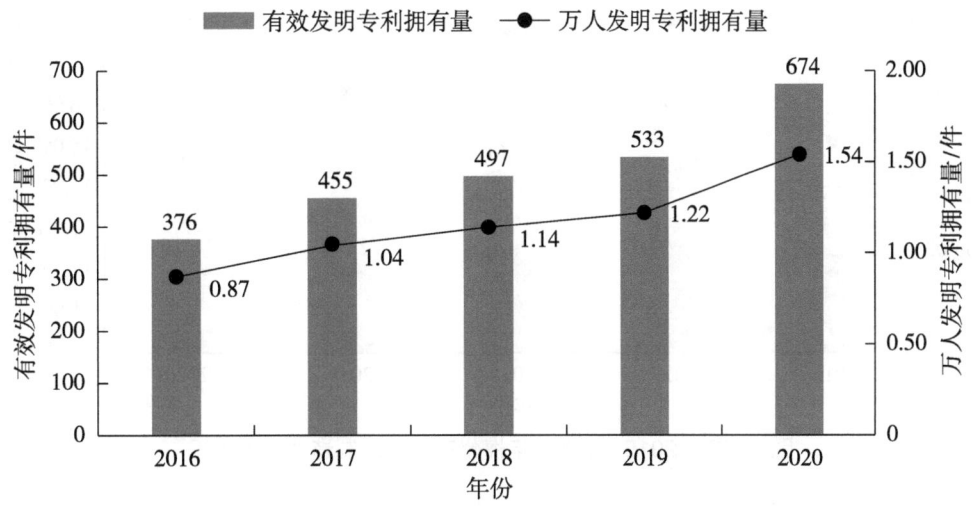

图5-75 2016—2020年梅州市有效发明专利拥有量和万人发明专利拥有量

（4）新经济发展情况

2020年，梅州市拥有242家高新技术企业，比上年增加14家。高新技术企业数连续5年保持增长，2020年同比增长6.14%（图5-76）。2020年，高新技术产品产值达216.39亿元，同比增长39.94%。高技术制造业增加值达到37.10亿元，高技术制造业增加值占规模以上工业增加值的比重达15.3%，比2019年下降1.2个百分点（图5-77）。

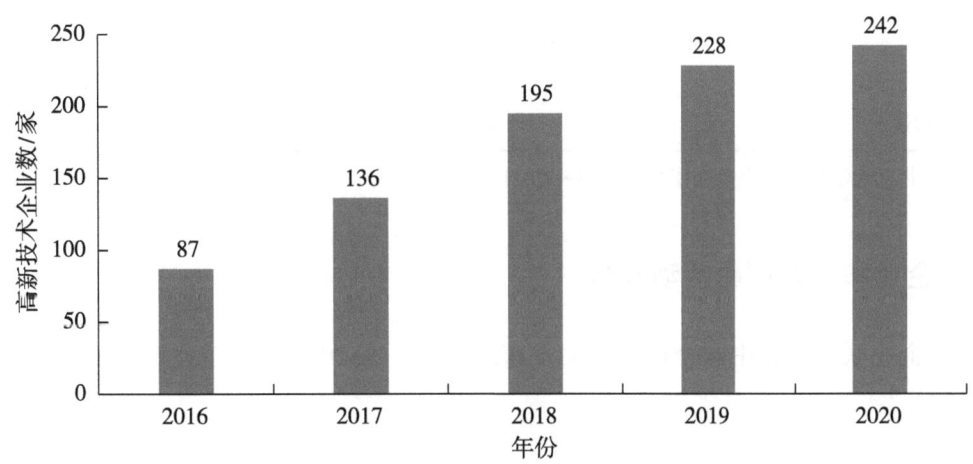

图5-76 2016—2020年梅州市高新技术企业数

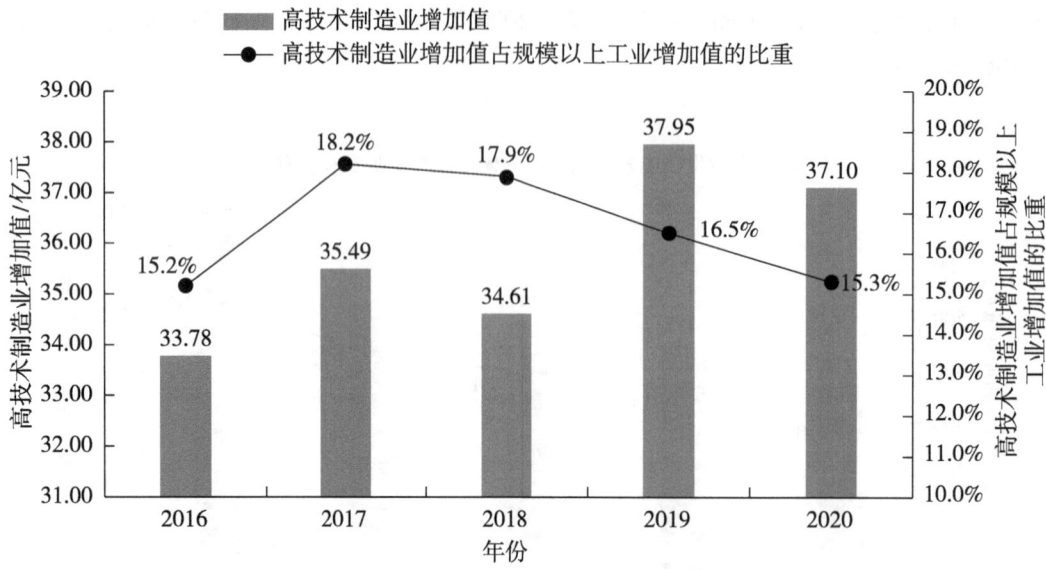

图 5-77　2016—2020 年梅州市高技术制造业发展情况

2020 年，梅州市数字普惠金融指数达到 250.11，居全国第 170 位、全省第 19 位。具体分析，梅州市使用深度位于全省中下游，排第 14 位，居全国第 82 位。在覆盖宽度与数字化程度方面，排名相对全省较为靠后，均居第 19 位（表 5-24）。

表 5-24　2020 年梅州市数字普惠金融综合指标

指标名称	指标值	全国排名	广东排名
数字普惠金融指数	250.11	170	19
覆盖宽度	233.84	215	19
使用深度	261.84	82	14
数字化程度	282.53	216	19

数据来源：《北京大学数字普惠金融指数（2011—2021）》。

5.8.3　主要企业和行业创新活动分析

根据中国企业联合会、中国企业家协会发布的数据，在 2021 中国企业 500 强榜单中，梅州市没有企业入围。

5.8.4　政府部门引导创新的典型做法

梅州市坚持数字产业化、产业数字化的方向，鼓励加强人工智能、区块链应用、数据挖掘、海量数据处理、计费、访问控制等平台关键核心技术的研发及产业化，支持推进云计算数据中心集群建设，着力培育海量数据存储、处理与决策等基础设施服务业，支持开展数据托管、数据分析等新业务，鼓励大数据与各行各业融合创新发展。2017年9月，梅州市互联网协会成立，标志着梅州市互联网行业拥有全新的、更具影响力的发展平台。2019年，梅州市举行首届互联网大会，会上出台了《梅州市加快互联网产业发展若干扶持措施》《梅州市加快工业互联网发展若干扶持措施》《兴宁市互联网产业发展规划（2019—2024）》等6个梅州市、兴宁市互联网产业发展规划和扶持政策，有力营造梅州市良好的互联网发展环境。

梅州互联网创新中心正在谋划推进，青创中心已引进和孵化60多家初创型企业。115科技是国内率先从事云存储研发的高新技术企业之一。2019年1月，115科技把企业总部从东莞市松山湖迁回梅州市世界客商中心。回梅后，115科技成为梅州市互联网行业的代表性企业，带动梅州互联网创新中心高速发展。2016—2020年9月，梅州全市电子商务交易额达1160.33亿元。2020年，梅州市共有电商企业4500多家，其中农业电商企业超过2300家，从业人员超过12万人。"三云两园两中心"（阿里云、金山云、飞翔云、广梅大数据产业园、兴宁互联网产业园、梅州互联网创新中心、青创中心）建设雏形初现。

2020年是数字政府改革建设攻坚之年。梅州市数字政府改革工作，旨在充分发挥数字政府平台对疫情防控工作的支撑作用，在信息发布、数据分析和在线服务等方面发力，让数据多跑路、群众少跑腿，更好地实现网上快捷办事、平安办事、健康办事，助力打赢疫情防控阻击战。同时，建立疫情数据实时共享机制，加强防控数据分析应用，优化在线政务服务。依托数字政府一体化平台，梳理群众常用、急用的高频服务事项，进一步优化在线服务流程，实现在线审批、远程开会，减少人员聚集。

5.8.5 小结

梅州市科技创新工作取得明显成效，但在创新平台、企业创新能力、科技型人才、科研经费投入等方面仍与省内头部城市存在差距。未来，梅州市应抓住重点布局发展数字产业的窗口期，吸引国内外知名大数据研发机构、大数据产品和技术服务提供商落户，推动产业集聚发展。利用区域内的资源优势，推动光缆、5G等基础设施优先布局。通过新兴产业的发展，为区域经济注入新鲜活力。

5.9 惠州市创新能力分析

惠州市创新能力居全省前列，且连续5年排名保持稳定。分维度指标中，创新投入水平位于全省前列，说明惠州市大力支持区域创新的发展。创新环境持续向好，惠州市对人才依旧保持吸引力，呈现一定的虹吸效应。惠州市重点加强新经济发展，以刺激区域经济的二次增长，同时发挥政府的牵引作用，为企业保驾护航。

5.9.1 创新能力排名

2022年,惠州市创新能力在全省排第7位,与2021年相比排名保持不变(图5-78)。从过去5年看,惠州市城市能力和张力一直保持省内前列。但受疫情影响,惠州市创新能力的持续提升正面临挑战。

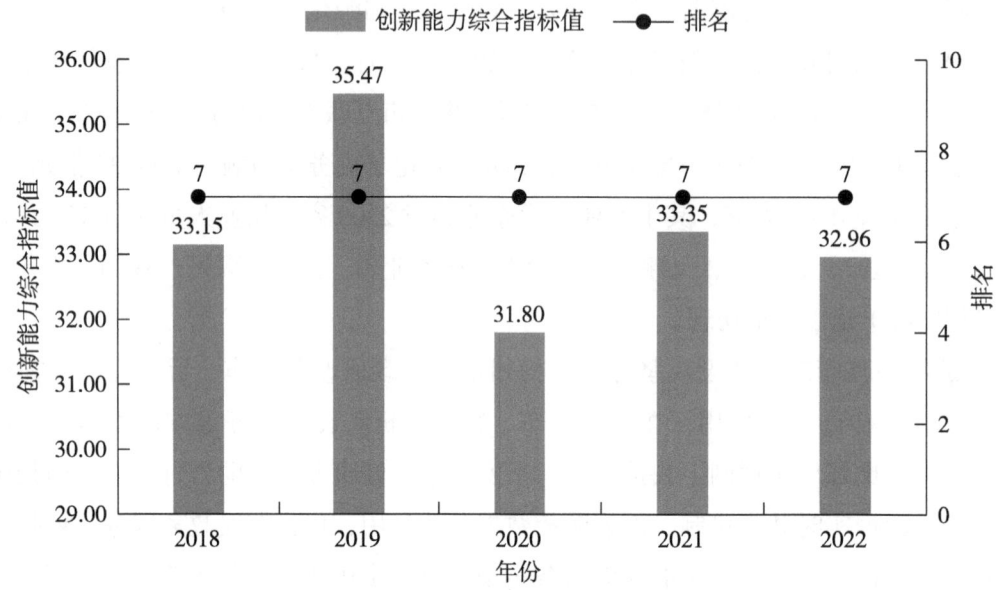

图 5-78 2018—2022年惠州市创新能力变化趋势

从指标维度看,与2021年相比,2022年惠州市综合指标排名不变。其中,创新产出指标和产业升级指标均处于全省第一梯队,分别排第7位和第5位,且与上年保持不变。创新环境指标与创新绩效指标排名与上年持平,分别排第8位和第10位。创新投入指标从全省第3位下降至第4位(表5-25、图5-79)。

表 5-25 惠州市创新能力指标分析

指标名称	2022年		2021年	
	指标值	排名	指标值	排名
综合	32.96	7	33.35	7
1 创新投入	47.62	4	49.48	3
1.1 人员投入	47.67	3	53.52	3
1.2 经费投入	47.56	5	45.44	6
2 创新产出	38.44	7	40.40	7

续表

指标名称	2022年		2021年	
	指标值	排名	指标值	排名
2.1 专利产出	7.82	7	8.04	7
2.2 产业创新	69.07	7	72.75	6
3 产业升级	36.02	5	34.42	5
3.1 结构优化	36.02	5	34.42	5
4 创新环境	17.04	8	14.78	8
4.1 政策环境	35.16	7	29.65	6
4.2 市场环境	24.19	8	20.90	8
4.3 技术要素流动	2.94	6	2.50	6
4.4 创新平台	5.86	9	6.08	9
5 创新绩效	25.69	10	27.66	10
5.1 生活质量	41.86	7	40.06	7
5.2 技术水平	9.52	18	15.26	16

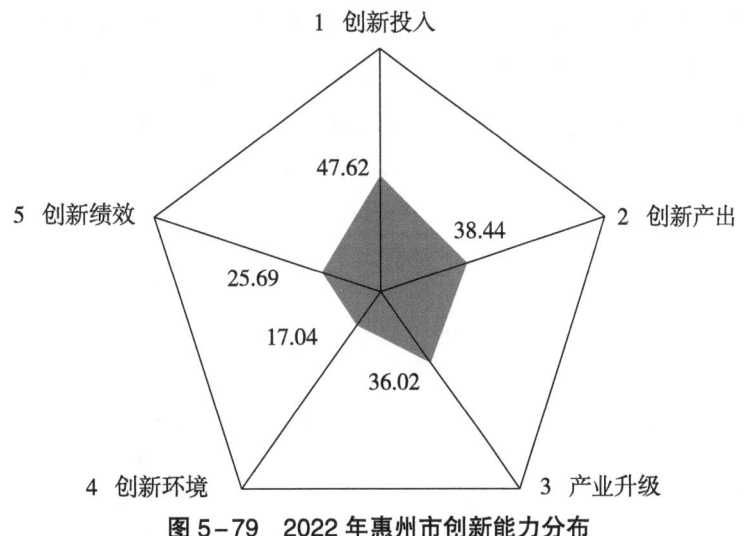

图 5-79 2022年惠州市创新能力分布

5.9.2 决定创新能力的关键指标分析

（1）国民经济综合发展情况

2020年惠州市地区生产总值为4221亿元，同比增长1.03%。其中，第一产业生产总值为219亿元，同比增长6.31%；第二产业生产总值为2134亿元，同比下降1.61%；第三产业生产总值为1868亿元，同比增长3.61%（图5-80）。

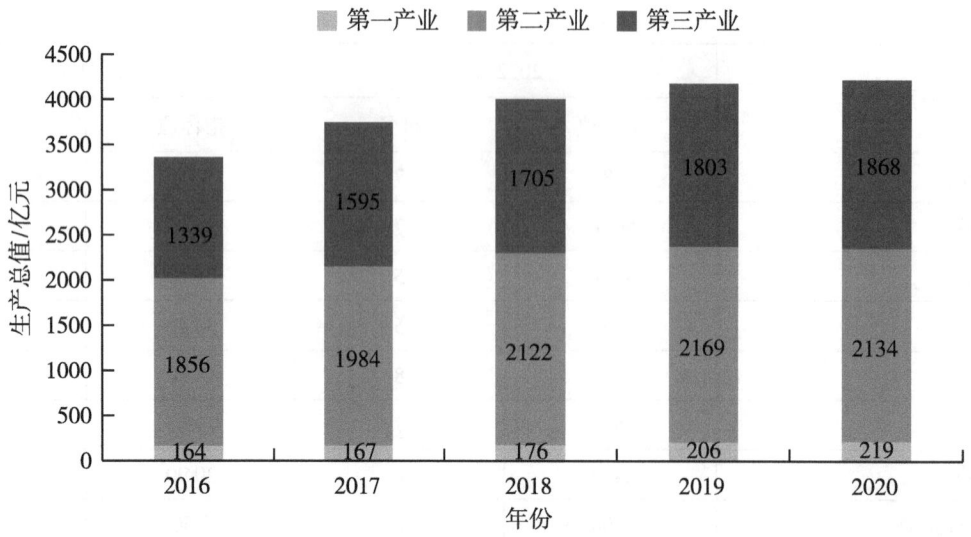

图 5-80 2016—2020 年惠州市三次产业生产总值

2020 年，惠州市常住人口 605.72 万人，比上年增长 8.49 万人，城市人口净流入水平较强。2020 年，惠州市人均可支配收入为 39 745 元，同比增长 7.0%。其中，城市人均可支配收入为 45 475 元，同比增长 5.8%；农村人均可支配收入为 24 925 元，同比增长 8.2%（图 5-81）。惠州市城乡人均可支配收入比 2015 年为 1.899，到了 2020 年则为 1.824，城乡人均可支配收入比下降了 0.075，分别比全国和全省平均水平低 0.734 和 0.671。惠州市城乡人均可支配收入比不断缩小，表明惠州市城乡发展更趋平衡，这也体现出乡村振兴战略取得明显成效。

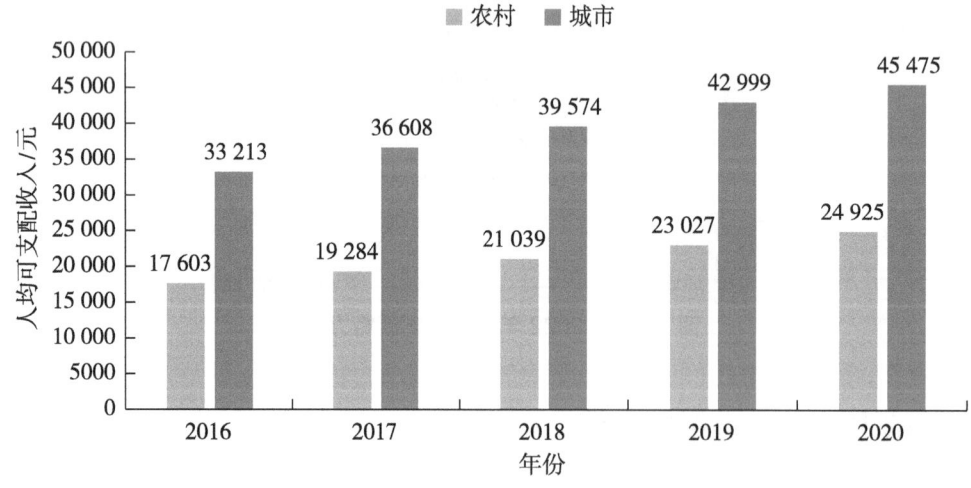

图 5-81 2016—2020 年惠州市农村和城市人均可支配收入

（2）工业发展情况

2020年，惠州市规模以上工业企业数为3055家，比上年增加291家，同比增长10.53%（图5-82）。2020年，惠州市工业总产值7714.43亿元，工业增加值1689.86亿元，比2019年上涨2.26%。2020年，惠州市规模以上工业企业营业收入为7834亿元，同比上涨4.47%（图5-83）。

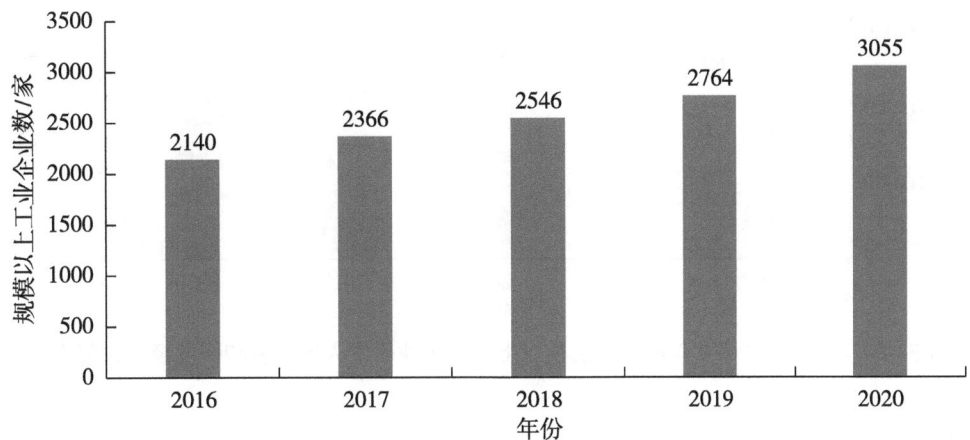

图5-82　2016—2020年惠州市规模以上工业企业数

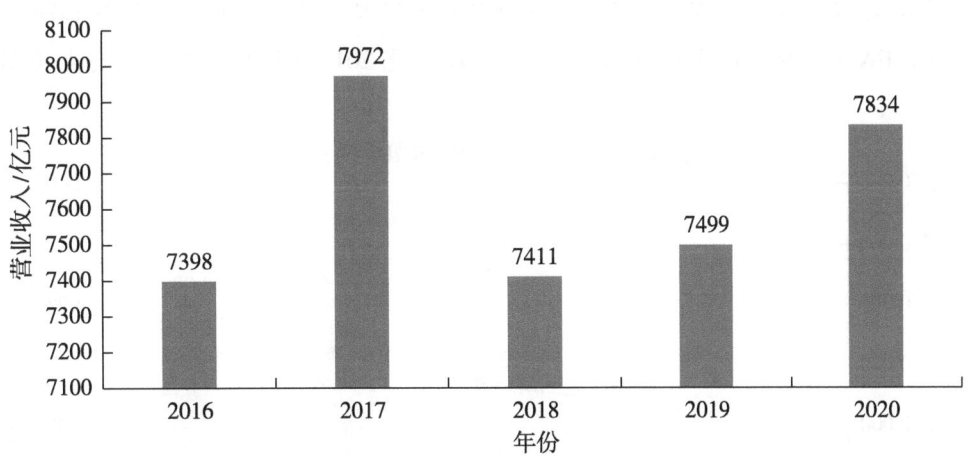

图5-83　2016—2020年惠州市规模以上工业企业营业收入

2020年，惠州市规模以上工业企业研发人员数量达到57 344人，较上年新增1053人，同比增长1.87%。规模以上工业企业研发经费内部支出为115.26亿元，比上年上涨15.51%（图5-84）。

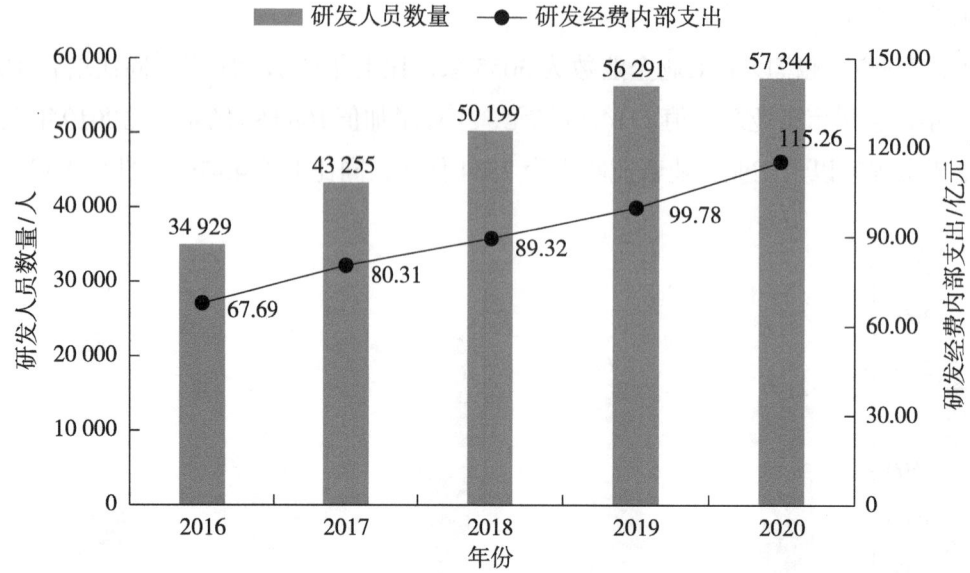

图 5-84 2016—2020 年惠州市规模以上工业企业研发人员数量和研发经费内部支出

（3）科技发展情况

在科技创新方面，2020 年惠州市地方财政科技拨款 245 603 万元，同比下降 2.48%，地方财政科技拨款占地方财政支出的比重达到 3.85%，与上年相比降低 0.25 个百分点。2020 年惠州市 R&D 经费为 126.52 亿元，R&D 经费占 GDP 的比重提高到 3.00%，比 2019 年提高 0.39 个百分点（图 5-85）。

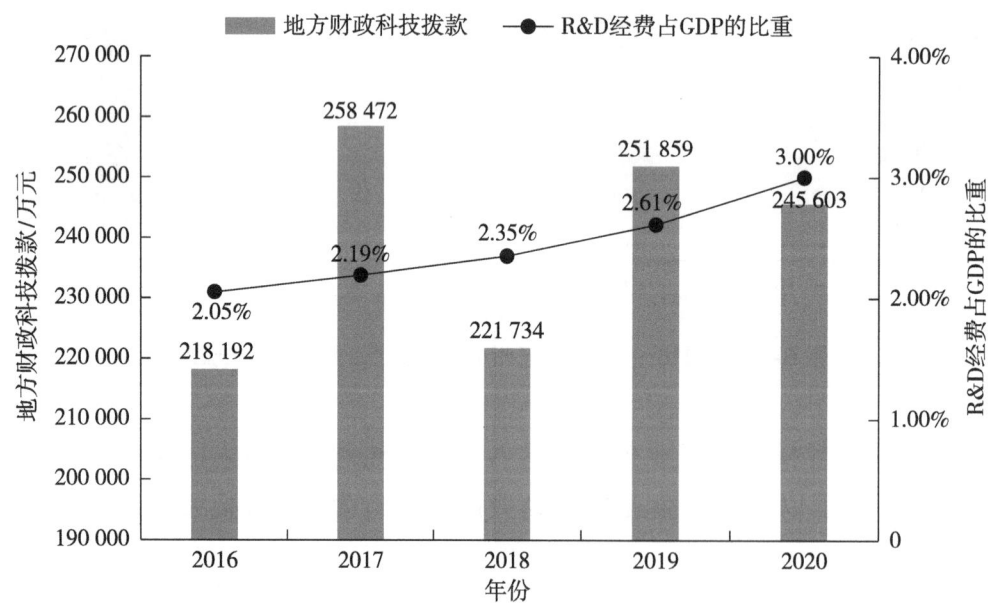

图 5-85 2016—2020 年惠州市地方财政科技拨款和 R&D 经费占 GDP 的比重

2020 年，惠州市有效发明专利拥有量达到 8612 件，比上年增长 16.69%。2020 年，惠州市专利授权量为 19 059 件，比上年增长 30.75%，PCT 国际专利申请量为 331 件，有效发明专利授权为

1706件，万人发明专利拥有量高达17.65件（图5-86）。截至2020年年底，全市省工程技术研究中心达180家，省重点实验室达5家。

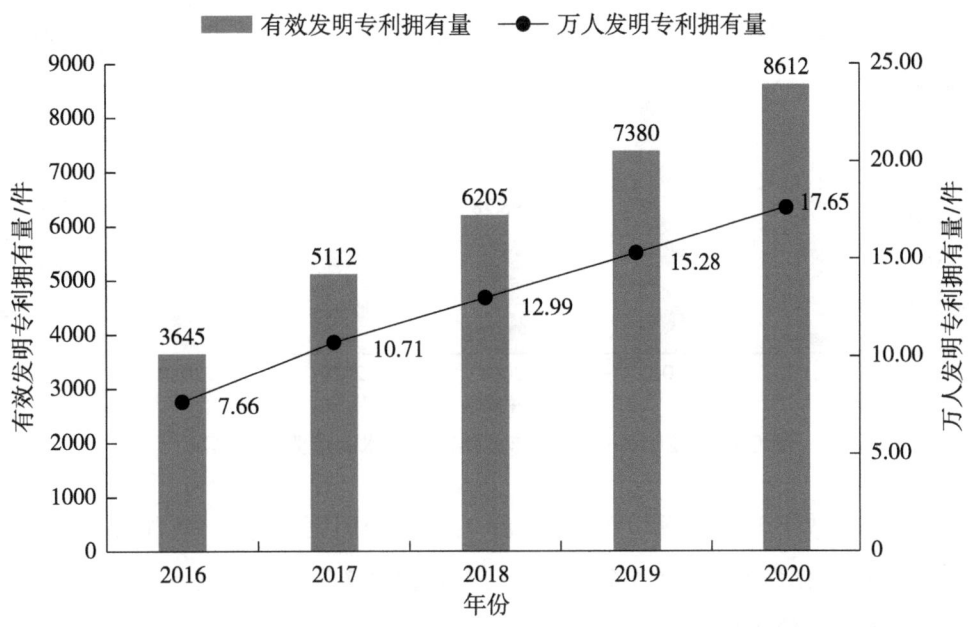

图5-86 2016—2020年惠州市有效发明专利拥有量和万人发明专利拥有量

（4）新经济发展情况

2020年，惠州市拥有1629家高新技术企业，比上年增加323家。高新技术企业数连续5年保持高速增长，2020年同比增长24.73%（图5-87）。2020年，惠州市高新技术产品产值达4010.49亿元，同比增长1.41%。高技术制造业增加值达到739.54亿元，高技术制造业增加值占规模以上工业增加值的比重达43.8%（图5-88）。惠州市高新技术产业发展水平位于全省前列。

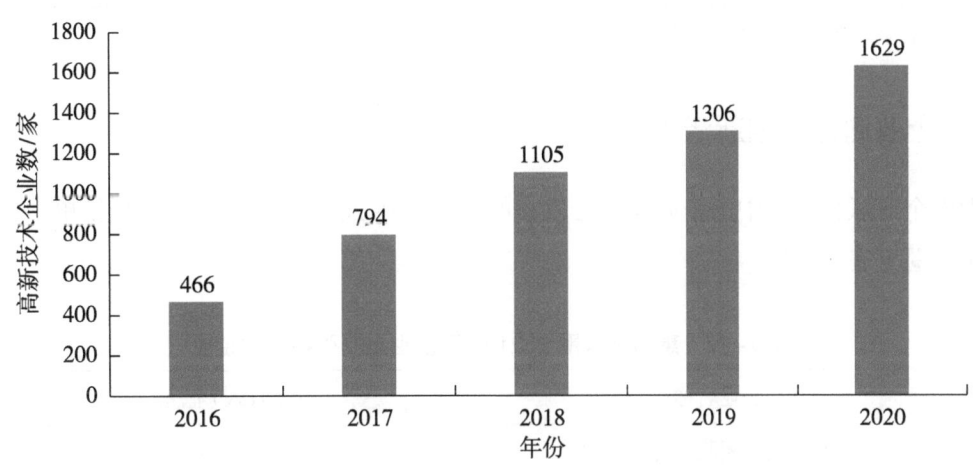

图5-87 2016—2020年惠州市高新技术企业数

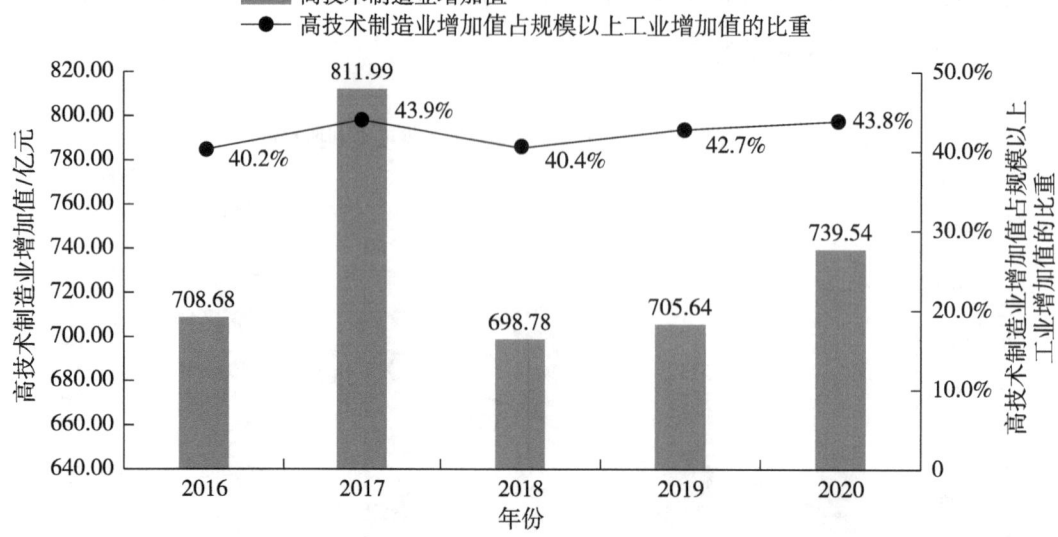

图 5-88 2016—2020 年惠州市高技术制造业发展情况

2020 年，惠州市数字普惠金融指数达到 283.79，居全国第 44 位、全省第 7 位。具体分析，惠州市覆盖宽度和数字化程度均位于全省中上游，分别排第 7 位和第 8 位。在使用深度方面，排名相对全省居中，居第 11 位（表 5-26）。

表 5-26　2020 年惠州市数字普惠金融综合指标

指标名称	指标值	全国排名	广东排名
数字普惠金融指数	283.79	44	7
覆盖宽度	287.68	38	7
使用深度	271.20	55	11
数字化程度	293.85	127	8

数据来源：《北京大学数字普惠金融指数（2011—2021）》。

5.9.3　主要企业和行业创新活动分析

根据中国企业联合会、中国企业家协会发布的数据，在 2021 中国企业 500 强榜单中，惠州市共有 1 家企业入围（表 5-27）。

表 5-27　惠州市入围 2021 中国企业 500 强榜单的企业

序号	企业名称	营业收入/亿元	排名
1	TCL 科技集团股份有限公司	1528.20	153

数据来源：中国企业联合会、中国企业家协会发布的 2021 中国企业 500 强榜单。

作为领先的全球化智能科技公司，TCL科技集团股份有限公司（简称"TCL"）在智能终端、半导体显示、半导体光伏及半导体材料等领域，提供技术领先的产品、服务与解决方案，致力于为用户带来前瞻性的科技体验和智慧健康生活。

过去很长一段时间里，中国显示面板行业一直被"缺芯少屏"的阴影笼罩。为打破受制于人的困局，TCL凭着一股敢为精神，躬身入局开拓半导体、光伏新能源产业，斥资布局华星、中环，在显示材料、显示技术、面板生产等多个产业链关键节点取得了连续突破，并重点推进Mini LED等新型显示技术的开发，最终实现了下一代显示技术的领先。2018年，被视为Mini LED应用元年。TCL推出了世界上第一台Mini LED背光电视，从诞生初期就被认为是过渡性产品的Mini LED终于落地。

疫情期间，整体消费疲软下，TCL自主研发国产洗衣机，实现逆势增长，白家电赢得用户青睐。TCL研发团队以摩天大楼减震结构为参考，决定采用12横4纵的整机一体式钢骨结构及减震效果更好也更昂贵的双行程变阻尼减震器，再通过仿真模态分析技术，最终成功开发出上筒容量达6 kg、筒径达510 mm的"全球最大上筒"复式双滚筒洗衣机，整机洗涤容量高达16 kg，真正满足了用户对双滚筒洗衣机的实际需求。TCL研发实验室数据证明，应用分类洗双滚筒技术的TCL双子舱洗衣机在同等能耗和水量条件下达到了行业最高洗净比1.1，同时实现了洗涤噪声控制在43 dB的效果。TCL双子舱洗衣机完美解决了很多大家庭的衣物清洗问题，分类洗护，省时省力，节能安静，洗护效果非常优异。

TCL凭借强大的创新能力和技术实力，通过产学研合作研发，提升产品的综合竞争力。为了制造一台能够适应中国家庭复杂多样食物储存要求的冰箱，TCL白家电产品研发团队前往全国221个城市收集食物储存数据和样本，与江南大学食品学院合作研发分子保鲜科技，耗时数月调配复杂多温度空间，开发出行业首台拥有独立三系统和两个超大宽幅变温空间的格物系列冰箱。TCL格物系列冰箱是真正意义上的独立三系统，即在原基础上增加了两个蒸发器，这个创新实现了冰箱内的四大温区可独立调控，变温空间可实现$-18\sim5\ ℃$行业最大跨度自由双宽幅变温，做到每度皆可调，冷藏、冷冻、关闭随心切换，温区之间自由搭配，形成了18种空间组合方式，如同一位空间大师。TCL格物系列冰箱为中国家庭一年四季不同场景下的食材存储，以及从新婚到有孩子或与父母同居等不同人生阶段的家庭食材管理提供了最完美的解决方案，可以说是最适合中国人使用的冰箱。

TCL白家电1997年成立，始终保持超常规的研发投入，坚持走技术创新驱动路线，现已拥有336件国家发明专利、821件实用新型专利、341件外观设计专利，其中2021年新增专利数同比增长4倍，并拥有9件PCT国际发明专利。TCL白家电屡获中国设计红星奖、中国红顶奖、德国红点（Red Dot）奖、德国产品设计（IF）奖、韩国好设计（GD）奖、中国电子行业质量技术成果奖等国内外知名奖项。同时，据用户反馈，TCL格物系列冰箱和TCL双子舱洗衣机都完美解决了以往家电使用的诸多痛点。TCL白家电用强势先进的技术实力和优质上乘的新锐产品，赢得了业界的尊重和用户的青睐。

5.9.4 政府部门引导创新的典型做法

2020年，惠州市提出加快新型研发机构的建设和发展，充分发挥科技创新对经济社会高质量发展的支撑引领作用。参照《关于促进新型研发机构发展的指导意见》及《广东省科学技术厅关于新型研发机构管理的暂行办法》，结合自身实际，惠州市出台《惠州市科学技术局关于促进新型研发机构发展的扶持办法》。新型研发机构具有投资主体多元化、建设模式国际化、运行机制市场化、管理制度现代化的特点，具有客观性和专业化的可持续创新能力，其产学研协同创新的制度机制，有助于实现以科学知识为基础的突破性创新。

为支持科技创新发展，《惠州市高质量发展高新技术企业实施方案》将高新技术企业高质量发展工作纳入"十四五"发展规划和市政府年度工作计划，并开展科技企业专利布局。每年筛选一批有创新能力、经营效益较好、《国家重点支持的高新技术领域》范围内、知识产权尚未达到高新技术企业认定标准的企业开展专利布局。同时，制定培育入库标准，建立市级高新技术企业培育库，每年筛选一批有潜力但距离认定标准还有差距的企业作为高新技术企业培育对象，按5万元/家的标准，在企业达到培育库入库标准时予以拨付，有条件的县（区）给予配套奖励，支持企业通过完善管理体系、提升创新能力、挖掘知识产权等措施提升创新要素水平。

在疫情背景下，惠州市为帮扶企业渡过难关，推出《惠州市支持企业融资专项资金管理办法》。专项资金总规模10亿元，分期筹资。首期由市国资委指定的国有独资公司出资1亿元，并由其发起成立新公司作为专项资金的筹资及管理运营机构。必要时市财政可根据国家有关政策视当年财政资金安排情况给予合理支持。同时，《惠州市降低实体经济企业成本工作实施细则》中提出，采用资金补贴方式每年征选一批具有创新性、示范性、实践性的项目，激发社会智慧，破解治理难题，并形成长久运行机制。

在广东省培育发展战略性支柱产业集群和战略性新兴产业集群的工作部署中，惠州市参与绿色石化产业集群、智能家电产业集群、先进材料产业集群、软件与信息服务产业集群、生物医药与健康产业集群、激光与增材制造产业集群等建设。为更好地服务融入"双区"建设，2021年11月，惠州市第十二次党代会提出实施深度融深融湾行动，吹响融深融湾"冲锋号"。TCL、创维、雷曼光电、康冠科技等越来越多企业在大湾区实现跨市布局、深化区域合作，推动广佛惠超高清视频和智能家电产业集群成为全国首个跨区域、跨领域建设的先进制造业产业集群。

5.9.5 小结

近几年，惠州市充分把握科技创新前沿趋势，主动融入粤港澳大湾区国际科技创新中心建设，创新发展水平稳定在全省第一梯队。未来，惠州市应当推动重大科技创新平台建设，提升自主创新能力，培育创新发展新动能，继续加强对高端科技人才的吸引力，优化战略性新兴产业的集聚效应，进一步改善创新环境，支撑惠州市经济高质量发展。

5.10 汕尾市创新能力分析

汕尾市位于粤东南沿海、珠江三角洲东岸，为海峡西岸经济区连接粤港澳大湾区桥头堡。东临揭阳市，西连惠州市，北接梅州市和河源市，南濒南海，总面积4865.05平方千米。未来，汕尾市要加快发展，主动接受粤港澳大湾区和中国特色社会主义先行示范区"双区驱动"的辐射带动，全面融入广东省"湾+区+带"发展新格局，努力建设成为沿海经济带靓丽明珠。

5.10.1 创新能力排名

2022年汕尾市创新能力全省排第18位，对比2021年，排名上升2位，过去5年汕尾市创新能力综合指标值处于波动变化之中，但整体而言，综合指标值较低，排名下降明显，2022年止住下降趋势，略有提升，创新驱动发展有待进一步突破（图5-89）。

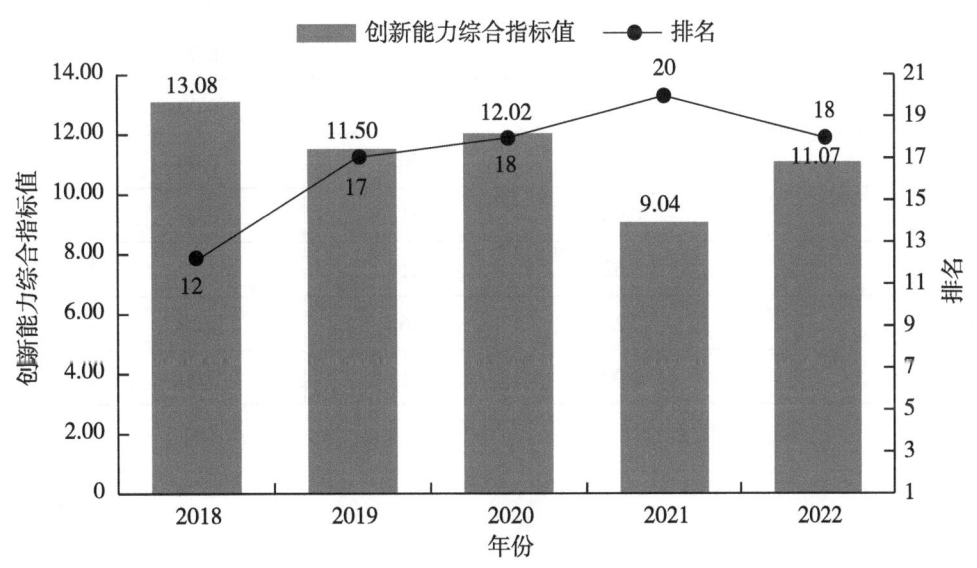

图5-89 2018—2022年汕尾市创新能力变化趋势

分指标分析，2022年汕尾市创新投入指标值是6.69，排第15位，较上年上升1位；创新产出指标值是13.68，排第16位，较上年下降1位；产业升级指标值是29.23，排第7位，较上年上升2位，处于全省中上游水平；创新环境指标值是2.21，排第17位，较上年上升4位；创新绩效指标值是3.62，排第21位。汕尾市产业升级指标较突出，其他指标相对落后较多，有待提升（表5-28、图5-90）。

表5-28 汕尾市创新能力指标分析

指标名称	2022年		2021年	
	指标值	排名	指标值	排名
综合	11.07	18	9.04	20
1 创新投入	6.69	15	4.92	16
1.1 人员投入	6.73	14	5.71	14
1.2 经费投入	6.65	14	4.14	17
2 创新产出	13.68	16	13.22	15
2.1 专利产出	0.36	15	0.15	16
2.2 产业创新	27.00	16	26.30	15
3 产业升级	29.23	7	24.87	9
3.1 结构优化	29.23	7	24.87	9
4 创新环境	2.12	17	0.00	21
4.1 政策环境	8.48	14	0.00	21
4.2 市场环境	0.00	21	0.00	21
4.3 技术要素流动	0.01	20	0.00	21
4.4 创新平台	0.00	21	0.00	21
5 创新绩效	3.62	21	2.19	21
5.1 生活质量	7.24	16	4.39	17
5.2 技术水平	0.00	21	0.00	21

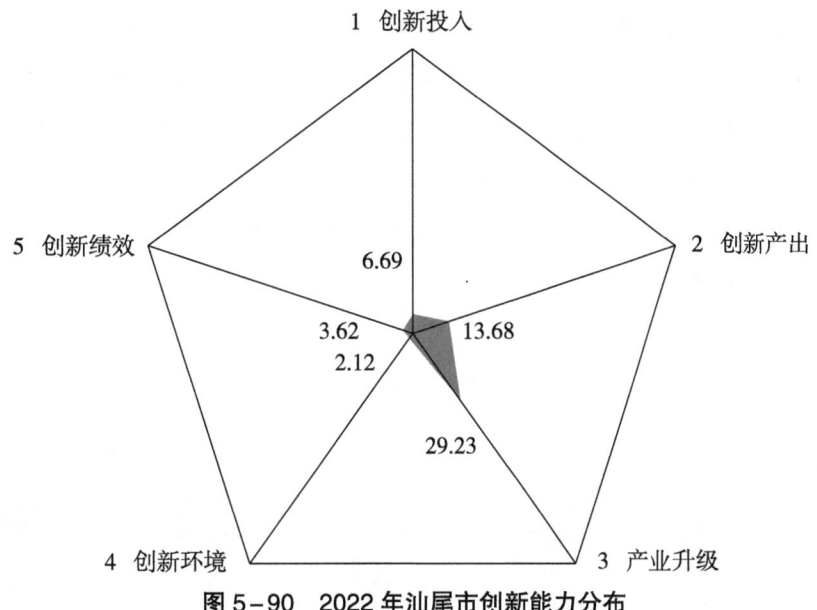

图 5-90　2022 年汕尾市创新能力分布

5.10.2　决定创新能力的关键指标分析

（1）国民经济综合发展情况

2020 年，汕尾市地区生产总值 1124 亿元，居广东省第 19 位，比上年增长 4.1%。近年来，汕尾市占广东省地区生产总值比重保持在 1.00% 左右，图 5-91 显示了 2016—2020 年汕尾市地区生产总值变化情况。

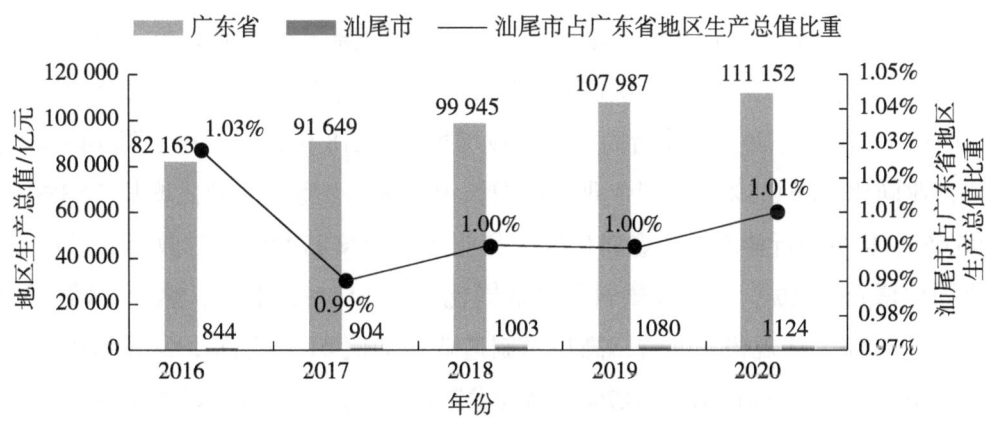

图 5-91　2016—2020 年汕尾市地区生产总值变化情况

分产业看，2020年汕尾市第一产业生产总值160亿元，同比增长5.3%，对地区生产总值的贡献度为14.2%；第二产业生产总值408亿元，同比增长1.2%，对地区生产总值的贡献度为36.3%；第三产业生产总值556亿元，同比增长5.9%，对地区生产总值的贡献度为49.5%。三次产业结构为14.2∶36.3∶49.5（图5-92）。第一产业占比略有上升，第三产业占比接近一半，汕尾市发挥地理位置优势，现代化农业发展加快，服务业取得较好发展。总体而言，汕尾市国民经济发展水平与广东省平均水平差距较大。

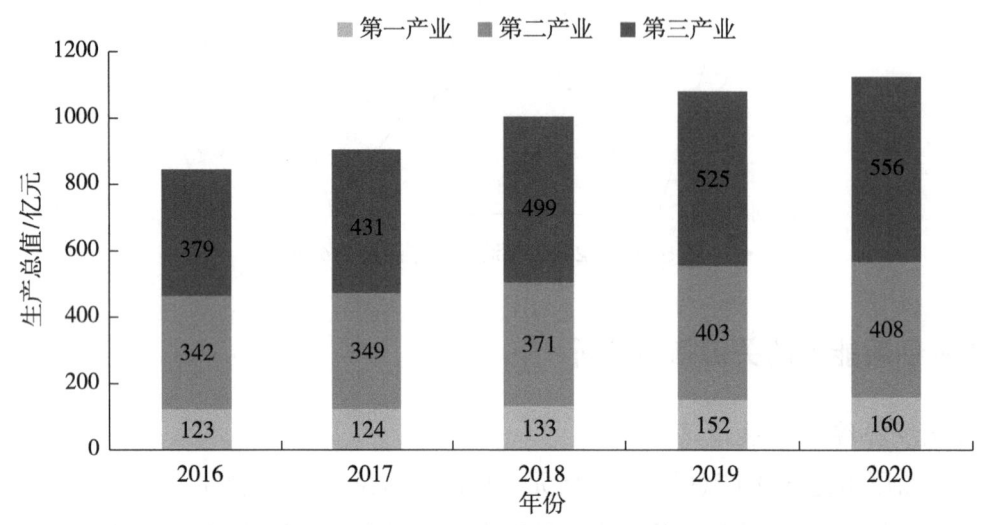

图5-92　2016—2020年汕尾市三次产业生产总值

（2）工业发展情况

2020年，汕尾市规模以上工业增加值178亿元，同比下降3.3%。从轻重工业看，重工业出现较快增长，同比增长24.0%，轻工业同比下降13.2%。从经济类型看，股份制企业增加值148.39亿元，同比增长11.0%；外商及港澳台商投资企业增加值52.18亿元，同比下降14.4%。分企业规模看，大型企业同比下降0.5%，中型企业同比增长19.8%，小型企业同比增长22.3%，微型企业同比下降86.6%。从主要行业看，非金属矿物制品业同比增长174.9%，计算机、通信和其他电子设备制造业同比增长15.1%，橡胶和塑料制品业同比增长14.3%，电力、热力、燃气及水生产和供应业同比增长5.4%。从现代产业看，高技术制造业增加值41.36亿元，同比增长31.5%；先进制造业增加值88.15亿元，同比增长20.7%。高技术制造业增加值占规模以上工业增加值的比重为23.2%，比上年提高6.1个百分点。

2020年，汕尾市工业增加值占地区生产总值的比重为15.8%。规模以上工业企业营业收入1116.47亿元，其中研发经费内部支出较上年增加，近5年整体呈现波动态势。但是规模以上工业企业利润下降明显，亏损企业增加。2020年规模以上工业企业实现利润总额19.09亿元，同比下降24.4%，降幅比上年扩大44.4个百分点，249家规模以上工业企业中，亏损企业50家，亏损面达20.1%，比上年扩大5.9个百分点。规模以上工业企业数全省最少，比上年（254家）净减5家。规模以上工业企业研发经费内部支出占营业收入的比重也有所波动（图5-93）。

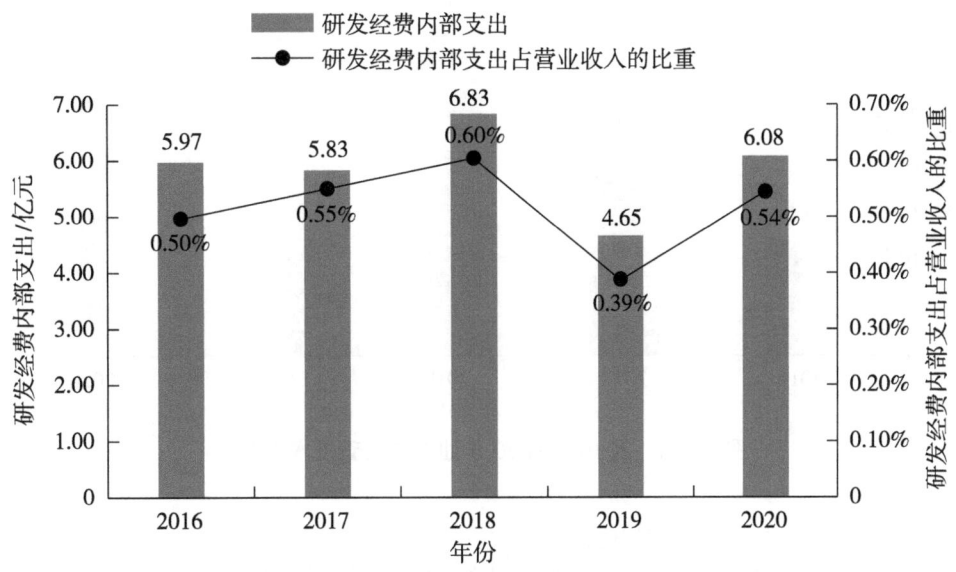

图5-93　2016—2020年汕尾市规模以上工业企业研发情况

（3）科技发展情况

2020年，汕尾市R&D经费为6.27亿元，R&D经费占GDP的比重为0.56%。专利申请量为2998件，比上年下降10.4%，授权量为2672件，比上年增长5.7%。其中，发明专利申请量为178件，比上年下降52.2%，发明专利授权量为192件，比上年增长100.0%，PCT国际专利申请量为16件。技术合同登记6项，技术市场成交合同金额为181万元。

2020年，市级企业研发中心142家，比上年增长20.3%，县级以上国有研究与开发机构、科技情报和文献机构9家。共有建成或在建省级授权产品质量监督检验机构5家。获得资质认定/计量认证的实验室75家，获得质量、环境、职业健康三大管理体系认证的企业分别为132家、96家和95家，获得3C产品认证的企业13家。

（4）新经济发展情况

2020年，汕尾市高新技术企业数为44家，高新技术产品产值为285.74亿元，高技术制造业增加值占规模以上工业增加值的比重为23.2%。过去5年高新技术产品产值总体呈现上升状态，高新技术企业数逐年增加，但是高技术制造业增加值波动较大（图5-94、图5-95）。

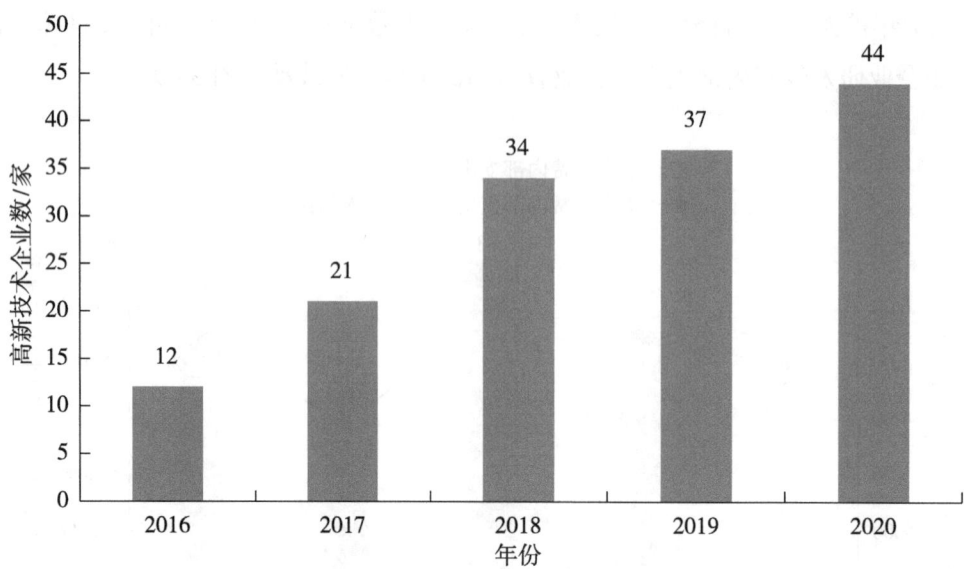

图 5-94　2016—2020 年汕尾市高新技术企业数

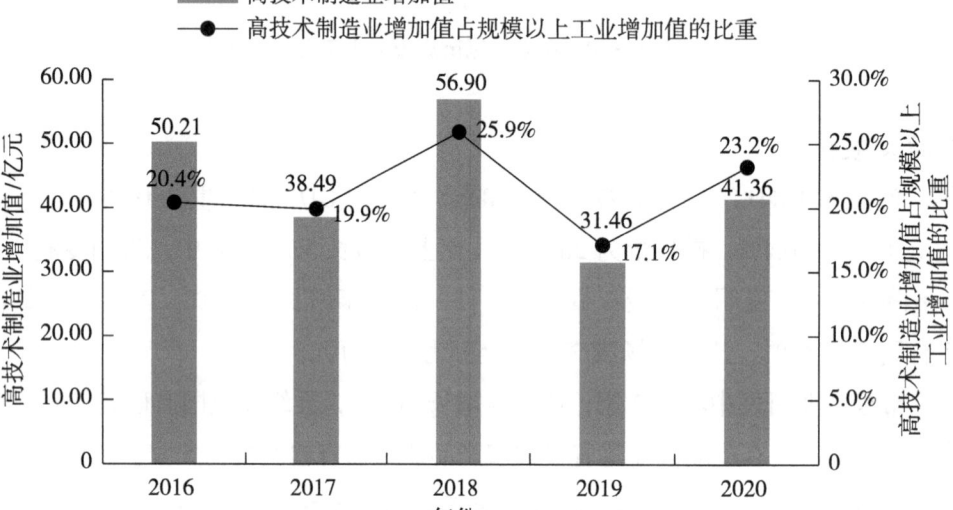

图 5-95　2016—2020 年汕尾市高技术制造业发展情况

2020 年，汕尾市数字普惠金融指数为 254.11，省内排第 17 位，全国排第 143 位。其中，覆盖宽度为 241.75，使用深度为 264.03，数字化程度为 276.92（表 5-29）。

表 5-29　2020 年汕尾市数字普惠金融综合指标

指标名称	指标值	全国排名	广东排名
数字普惠金融指数	254.11	143	17
覆盖宽度	241.75	179	16
使用深度	264.03	71	13
数字化程度	276.92	258	21

数据来源：《北京大学数字普惠金融指数（2011—2021）》。

5.10.3　主要企业和行业创新活动分析

现在，汕尾市的优势支柱产业主要是电子信息、食品加工、纺织服装和工艺品加工等，初步形成了以信利电子、德昌电子、比亚迪电子、信元光电、快捷电子等 5 家企业为龙头的电子信息产业集群。此外，汕尾市在机械机电、船舶修造等领域，也涌现了多家龙头企业。从产值来看，电子信息、食品加工、机械机电、纺织服装、船舶修造、工艺品加工等产业发展较快，其生产规模已占工业总产值的 80% 以上，成为工业经济主导产业，带动了其他产业的发展。

2020 年，信利旗下的信利光电股份有限公司以 170.09 亿元的营业收入列 2020 广东省百强民营企业榜单第 68 位，较上年上升 21 位，是汕尾市唯一一家上榜企业，发展势头强劲。

信利国际有限公司总部设在中国香港，生产基地位于汕尾市，是一家知名的电子产品、半导体产品开发、生产和销售的上市企业。2008 年，信利集团成立信利光电股份有限公司，专业从事开发、生产和销售电容式触摸、微型摄像头模组、集成触控模组、指纹识别模组、精密玻璃部件、魔法玻璃、四角全均匀马达等产品。信利光电股份有限公司生产设备领先，拥有全球领先的新型嵌入式单片 OGS 电容屏生产线、大片式 OGS 电容屏生产线、全自动卷对卷菲林电容屏生产线、玻璃结构电容屏生产线、菲林结构电容屏生产线及钢化玻璃生产线。信利光电股份有限公司坚持把科技创新作为引领发展的第一动力，内部研发中心共有 1000 多名研发人员，占企业总人数的 7% 以上，获授权专利 1412 件，仅 2018 年的研发投入就超过 3 亿元。

近几年，信利集团一方面积极升级全自动生产线，大大提高了产品的加工精度和效率，已先后通过伟世通、石通瑞吉、西门子等行业巨头的质量认证。另一方面，增加研发投入，加大产品研发、协同创新、管理创新、人才培养等全方位发展力度，不断打造企业发展的创新源泉，大力营造企业创新的良好氛围。

截至 2020 年 1 月，信利光电股份有限公司拥有专利 4012 件，其中发明专利 1363 件，IPC 技术类别涉及图像通信、点数据处理、光学元件等。由于强大的科技创新实力，以及对区域创新发展的积极贡献，信利光电股份有限公司荣登 2020 年广东创新百强榜。

5.10.4 政府部门引导创新的典型做法

2020年，在疫情冲击下，汕尾市经济发展指标稳定增长，经济社会恢复进一步加快，综合实力显著提升，粤东明珠加速崛起。

良好的营商环境是城市核心竞争力，汕尾市首先优化营商环境，2020年是汕尾市提出的营商环境优化年。汕尾市的出口退（免）税已实现100%全流程网上办理，开办企业便利化、工程建设项目审批便利化、企业投资项目落地便利化、纳税便利化等举措正在持续推进。得益于营商环境的不断优化，2020年，汕尾市城区新登记各类市场主体4743家，同比增长21%。其中新登记各类企业1131家，同比增长54%。个体工商户3612家，同比增长14%。特别在知识产权保护方面，近年来，政府建立知识产权战略实施工作联席会议制度，成立汕尾市知识产权纠纷人民调解委员会和汕尾市城区知识产权维权援助工作站，形成"平台+工作站+调委会"联动保护模式，进一步推进知识产权纠纷诉源治理、诉前调解工作及城区知识产权维权援助工作。严厉打击非正常专利申请和商标恶意注册行为，为创新驱动发展保驾护航。

汕尾市借助深圳市实现产业攻坚，区域创新要素互惠互通。汕尾创新岛打破了行政区划界限，为深汕"研发飞地"释放出强大的新动能。汕尾市通过建立创新岛"研发飞地"，主动依靠逆向创新，先吸引人才进来帮助实现产业升级，再打造人才生态。这一过程中，创新岛的建立和创新平台的打造非常关键。如今，汕尾市高新技术企业可以通过创新岛这块"研发飞地"迅速对接各大高校和科研院所，助力汕尾市企业招引更多高学历人才，促进汕尾市高新技术产业高质量发展。

汕尾市拥有国家、省革命老区振兴政策，省粤东西北振兴发展政策，深圳市全面对口帮扶政策，珠三角产业共建政策等，到汕尾市投资，将享受财政支持、税费优惠、外资奖补，以及人才引进、企业上市等方面优惠。特别是对珠三角地区企业及外资企业转移到汕尾产业共建园区投资，可以享受贷款利息按50%的比例给予补贴、企业所得税额+增值税额按20%～40%的比例给予奖补、固定资产投资按30%的比例给予奖励。近期，汕尾市紧密出台含金量高的扶持政策支持企业发展，全力降低企业生产成本，工业基准地价、企业用工成本、厂房租金、社保成本、融资成本、用水成本、用电成本等大幅低于珠三角地区。设立产业发展投资基金，鼓励投资科技创新领域内的优质企业和四新企业。深入实施《汕尾市红海扬帆人才计划》，高待遇招揽高层次人才。

5.10.5 小结

汕尾市当前存在产业结构层次偏低、新兴产业基础较为薄弱、创新能力不足、推进经济结构调整难度大等问题，但是汕尾市仍将处于重要的发展窗口期、战略机遇期和现代化建设黄金期。面对构建"一核一带一区"区域发展新格局的历史机遇，汕尾市作为广东省东部沿海经济带重要战略支点，具有广阔的陆地空间和丰富的海洋资源，是粤东、粤西、粤北地区距离粤港澳大湾区最近的地级市，区位优势得天独厚，在沿海经济带产业发展主战场上"当下可为、未来可期"。未来，聚力发展大产业，持续构建"3+2"现代产业体系。深入实施制造业高质量发展"十大行动"，全面落实产业链"链长制"，大力发展特色优势产业，加快构建一产优、二产强、三产活和海洋经济、数字经济引领发展的"3+2"现代产业体系，着力打造由电子信息制造、海上风电装备制造、大石化新材料、新能源、大美丽等5个千亿级产业集群和新能源汽车、生物医药等多个百亿级产业集群组成的"5+N"先进制造业产业集群，不断塑造高质量发展新的战略优势。

5.11 东莞市创新能力分析

东莞市是国务院批复确定的珠江三角洲东岸中心城市，地处中国华南地区、广东省中南部、珠江口东岸，夹在广州、深圳两大城市之间，区位优势得天独厚，是珠江三角洲城市群的中心城市之一，也是我国的一座制造业名城，被誉为"世界工厂"。全市陆地面积2460.1平方千米，海域面积82.57平方千米。截至2021年年末，东莞市常住人口为1053.68万人。

5.11.1 创新能力排名

2022年东莞市创新能力全省排第4位，与上年一致。近5年，东莞市创新能力排名均位于全省前列，综合指标值波动式上升，连续3年保持第4位，创新能力平稳发展（图5-96）。

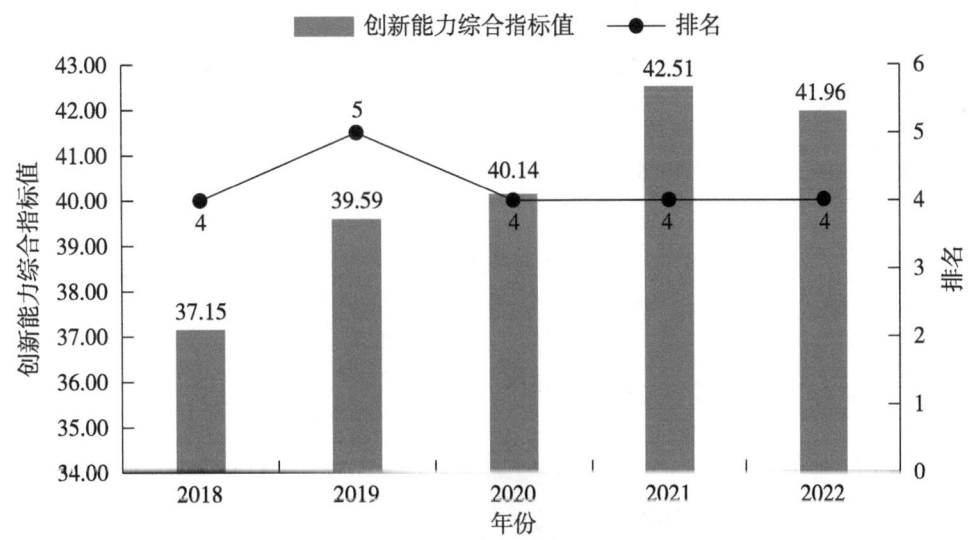

图5-96　2018—2022年东莞市创新能力变化趋势

分指标分析，2022年东莞市创新投入指标值是45.89，排第5位，与上年一致；创新产出指标值是51.79，排第3位，与上年一致；产业升级指标值是35.48，排第6位，与上年一致；创新环境指标值是29.35，排第6位，比上年下降1位；创新绩效指标值是47.29，排第7位（表5-30、图5-97）。整体而言，东莞市创新能力水平相对较强，具有较强的创新活力与创新潜力。

表 5-30 东莞市创新能力指标分析

指标名称	2022年		2021年	
	指标值	排名	指标值	排名
综合	41.96	4	42.51	4
1 创新投入	45.89	5	45.03	5
1.1 人员投入	41.56	5	42.26	5
1.2 经费投入	50.22	3	47.80	4
2 创新产出	51.79	3	51.89	3
2.1 专利产出	27.63	3	25.82	3
2.2 产业创新	75.94	5	77.97	4
3 产业升级	35.48	6	32.56	6
3.1 结构优化	35.48	6	32.56	6
4 创新环境	29.35	6	34.51	5
4.1 政策环境	37.44	6	19.38	8
4.2 市场环境	56.95	4	59.23	4
4.3 技术要素流动	7.98	5	43.89	3
4.4 创新平台	15.04	4	15.55	4
5 创新绩效	47.29	7	48.52	7
5.1 生活质量	87.76	2	87.39	2
5.2 技术水平	6.82	19	9.66	19

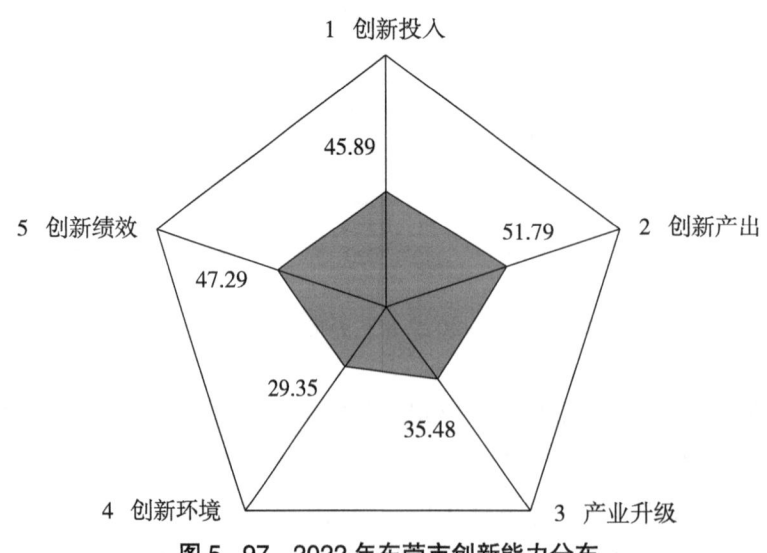

图 5-97 2022年东莞市创新能力分布

5.11.2 决定创新能力的关键指标分析

（1）国民经济综合发展情况

2020年，东莞市实现地区生产总值9650亿元，居广东省第4位，比上年增长1.8%。近年来，东莞市占广东省地区生产总值比重保持在8.00%左右，东莞市对广东省经济增长的贡献呈现下降趋势，但是降幅较小，图5-98显示了2016—2020年东莞市地区生产总值变化情况。

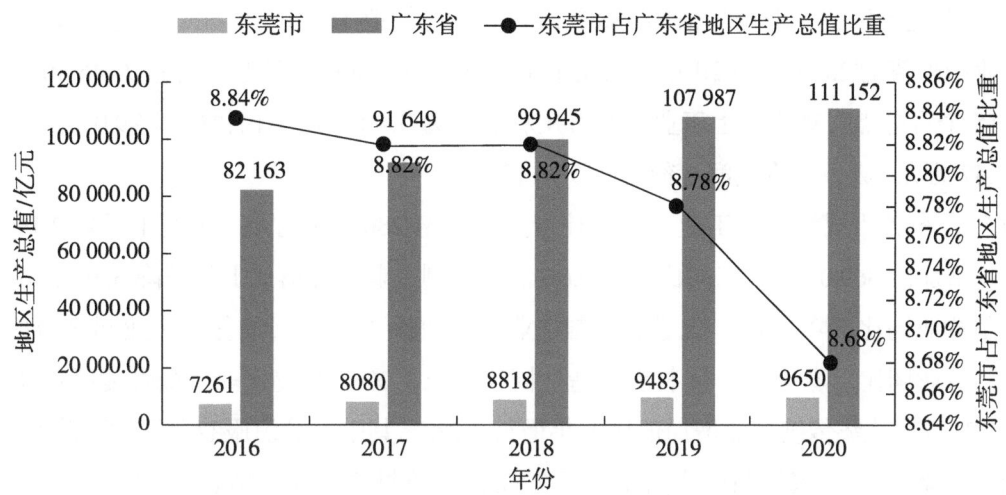

图5-98　2016—2020年东莞市地区生产总值变化情况

分产业看，2020年东莞市第一产业生产总值为30亿元，同比增长7.1%；第二产业生产总值为5193亿元，同比下降3.2%；第三产业生产总值为4427亿元，同比增长8.2%。三次产业比例为0.3∶53.8∶45.9（图5-99）。其中，第二产业和第三产业中，交通运输、仓储和邮政业同比增长

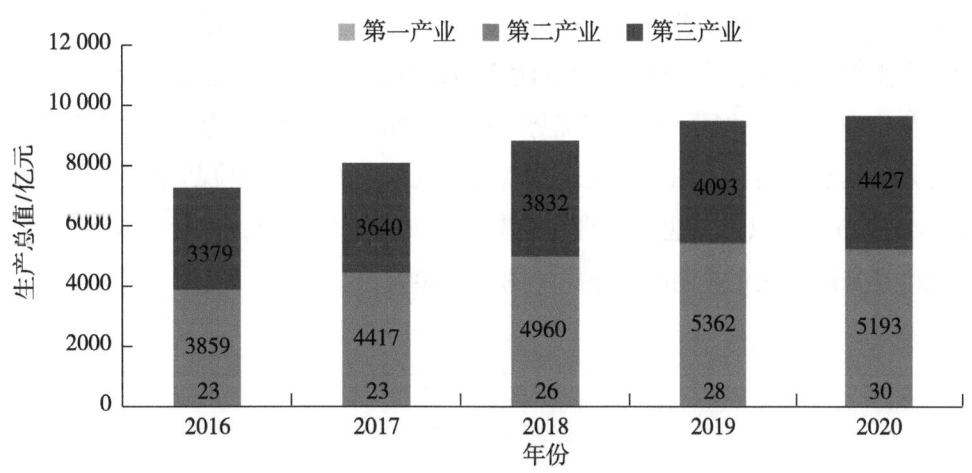

图5-99　2016—2020年东莞市三次产业生产总值

7.9%，批发和零售业同比下降 6.4%，住宿和餐饮业同比下降 19.6%，金融业同比增长 9.9%，房地产业同比增长 8.8%。在现代产业中，规模以上先进制造业增加值为 2108.36 亿元，比上年下降 3.3%；现代服务业增加值为 2822.11 亿元，同比增长 6.9%。"2022 年，东莞市创新能力综合指标值为 41.96，列广东省第 4 位。总体而言，东莞市国民经济发展水平高于广东省平均水平，排名靠前。

（2）工业发展情况

2020 年，东莞市规模以上工业增加值 4477.91 亿元。其中，重工业增加值 2631.54 亿元，同比下降 1.4%，占规模以上工业增加值的 58.8%；轻工业增加值 1514.11 亿元，同比下降 0.5%，占规模以上工业增加值的 33.8%。2020 年，东莞市工业增加值占地区生产总值比重为 46.40%，比 2019 年上升 2.15 个百分点。规模以上工业成本费用利润率为 3.4%，产品销售率为 99.0%，全员劳动生产率为 16.47 万元/人，实现利润总额为 745.96 亿元。

2020 年，东莞市规模以上工业五大支柱产业增加值 2806.89 亿元，比上年下降 2.1%；工业 4 个特色产业增加值 369.01 亿元，同比增长 0.6%。先进制造业增加值比上年下降 3.3%。其中，高端电子信息制造业同比下降 9.0%，先进装备制造业同比增长 2.7%，石油化工产业同比增长 15.8%，先进轻纺制造业同比下降 4.6%，新材料制造业同比增长 1.2%，生物医药及高性能医疗器械制造业同比增长 17.1%。优势传统产业增加值比上年增长 1.2%。其中，纺织服装业同比下降 9.3%，食品饮料业同比下降 0.4%，家具制造业同比下降 7.5%，建筑材料业同比增长 6.9%，金属制品业同比增长 5.9%，家用电力器具制造业同比增长 37.4%。

"十三五"时期，东莞市制造业加快发展高新技术产业，升级发展传统产业，制造业发展质量明显提高，工业经济总量规模显著扩大。5 年内东莞市规模以上工业总产值突破 2 万亿元，由 2015 年的 12 744.42 亿元增加到 2020 年的 21 607.97 亿元，年均增长 11.1%。市场活力不断增强。2020 年东莞市规模以上工业企业有 10 861 家，比 2015 年增长 90.9%，数量位居全省第一，在全国地级以上市中排第 2 位，仅次于苏州市。产业体系更趋完善，主导产业快速发展。截至 2020 年，全市共有 565 个制造业行业小类，行业覆盖面达到 92.8%，形成以电子信息制造业为支柱的产业链较完善的现代化工业体系，并且不断厚植优势产业。2020 年东莞市智能手机生产量为 3.16 亿台，三大手机出货量位居全球前五，东莞市在全球智能手机产业的龙头地位凸显。企业是创新的主体，2016—2020 年东莞市规模以上工业企业研发经费内部支出逐年增加，占营业收入的比重总体呈上升趋势，东莞市越来越重视企业创新的作用（图 5-100）。

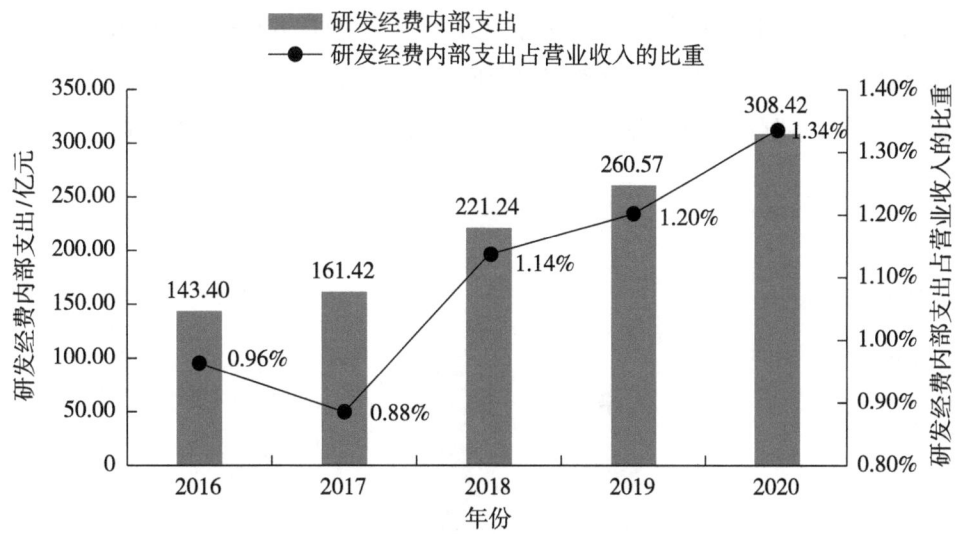

图 5-100　2016—2020 年东莞市规模以上工业企业研发情况

（3）科技发展情况

2020 年东莞市国内专利申请量和授权量分别为 95 959 件和 74 303 件。其中，发明专利申请量为 22 045 件，比上年增长 8.6%，占专利申请总量的 23.0%，数量排全省第 3 位；发明专利授权量为 8718 件，比上年增长 8.9%，数量排全省第 3 位；全市 PCT 国际专利申请量为 3787 件，比上年增长 15.9%，数量排全省第 2 位。新型研发机构数量为 33 家，其中省级为 26 家。各级重点实验室和工程技术研究中心累计总数为 844 家，其中国家级为 2 家、省级为 450 家、市级为 392 家。科技企业孵化器数量为 118 家，其中国家级为 23 家、省级为 21 家、市级为 53 家。众创空间数量为 73 家，其中国家级为 24 家、省级为 13 家、市级为 12 家。规模以上工业企业设立研发机构比例达 43.3%。技术合同成交 275 项，合同成交额为 69.53 亿元。引进省级创新创业团队 38 个、市级创新科研团队 53 个。大力推进科技信贷、科技保险等工作，推动 16 家签约银行为 2778 家企业发放贷款 3724 笔，贷款金额为 171.99 亿元。推动 430 家企业参与投保，总保额为 3879.83 万元，发放保费补贴共计 799.90 万元。

"十三五"时期，东莞市以创新驱动为引领和支撑，加快产业结构转型升级，促进创新体系构建完善，加快建设国家创新型城市。全球第 4 台、中国首台散裂中子源投入运营。南方先进光源项目预研启动。松山湖材料实验室加快建设，研究成果入选"中国科学十大进展"。全市集聚高层次人才 15.6 万人，超过 50 位院士常年在莞开展科研活动。

（4）新经济发展情况

"十三五"时期，东莞市以培育新兴产业为抓手，促进新业态壮大成长，推动新动能蓬勃发展。新兴产业市场主体数快速增长，2020 年全市累计登记新兴产业市场主体 5.77 万户，是 2015 年的 4.6 倍，年均增长 35.8%。近 5 年来，高新技术企业快速发展，2020 年东莞市高新技术企业数达 6404 家

（图5-101）。高技术制造业增加值为1769.98亿元，比上年增长6.1%（图5-102）。其中，医药制造业同比增长35.0%，航空、航天器及设备制造业同比下降44.4%，电子及通信设备制造业同比下降6.3%，计算机及办公设备制造业同比增长13.9%，医疗设备及仪器仪表制造业同比增长22.6%。

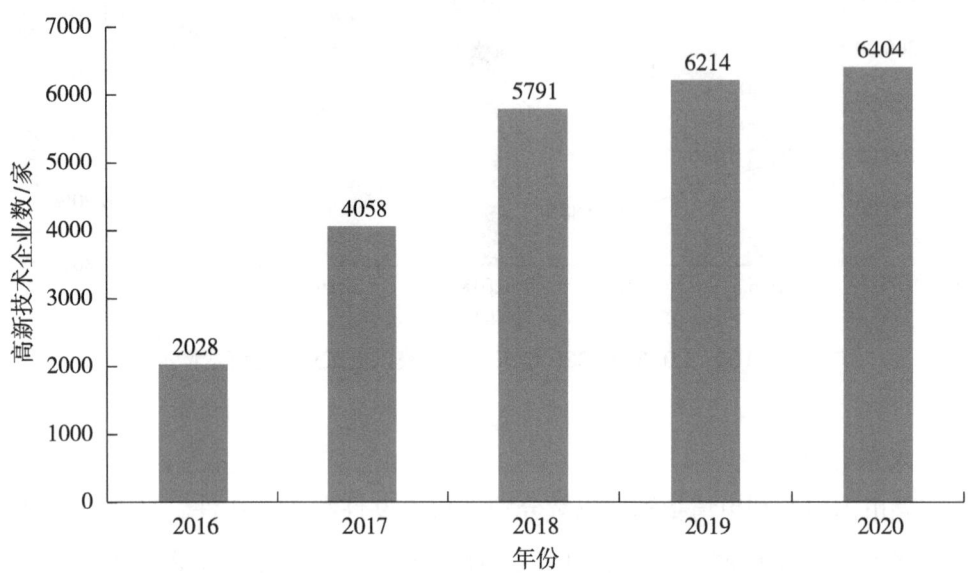

图 5-101　2016—2020年东莞市高新技术企业数

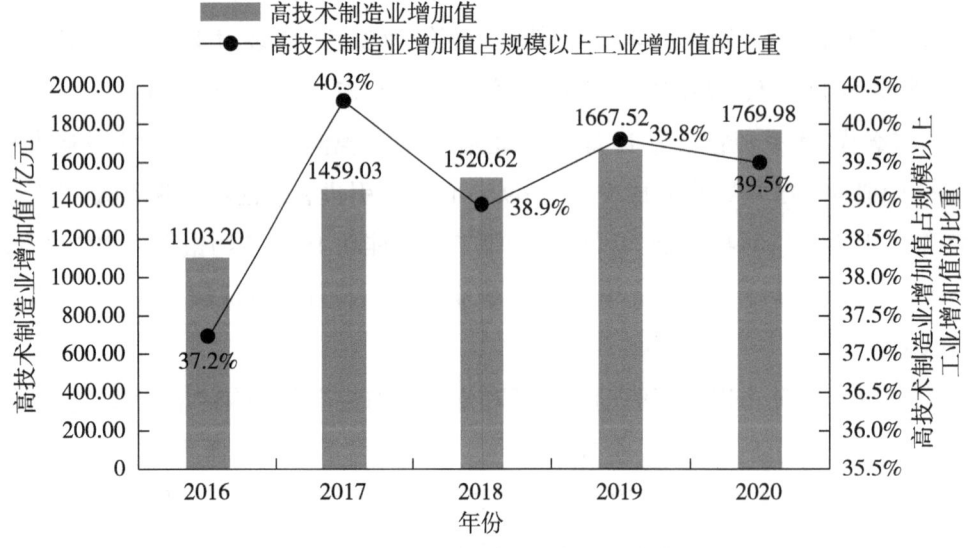

图 5-102　2016—2020年东莞市高技术制造业发展情况

2020年，东莞市数字普惠金融指数为292.76，省内排第5位，全国排第27位。其中，覆盖宽度为299.64，使用深度为274.16，数字化程度为303.83（表5-31）。

表 5-31　2020 年东莞市数字普惠金融综合指标

指标名称	指标值	全国排名	广东排名
数字普惠金融指数	292.76	27	5
覆盖宽度	299.64	17	4
使用深度	274.16	50	10
数字化程度	303.83	64	5

数据来源：《北京大学数字普惠金融指数（2011—2021）》。

5.11.3　主要企业和行业创新活动分析

2021 年，东莞市有 1 家企业入围 2021 中国企业 500 强榜单，即玖龙纸业（控股）有限公司（表 5-32）。作为一座制造业名城，东莞市的制造业极为发达，拥有一大批实力雄厚、技术先进的大型企业，以 2020 年广东省制造业 500 强企业榜单为例，东莞市共有 78 家制造业企业上榜，上榜企业数量仅次于深圳市（106 家），领先佛山、广州等经济强市，东莞市制造业的发达程度可见一斑。

表 5-32　东莞市入围 2021 中国企业 500 强榜单的企业

序号	公司名称	营业收入/亿元	排名
1	玖龙纸业（控股）有限公司	781.30	273

数据来源：中国企业联合会、中国企业家协会发布的 2021 中国企业 500 强榜单。

（1）玖龙纸业（控股）有限公司

玖龙纸业（控股）有限公司（简称"玖龙纸业"）成立于 1995 年，是中国最大的箱板原纸产品生产商，目前为全球产能第二的造纸集团和中国造纸的龙头企业（主要产品为各类环保包装纸及其上下游产品）。截至 2020 年年底，玖龙纸业造纸产能达到 1757 万吨，造纸产量为 1615 万吨。

玖龙纸业已在中国的东莞、太仓、重庆、天津、泉州、沈阳、唐山、乐山等市建立造纸基地，并正在湖北荆州、广西北海、湖北咸宁等地建设新的浆纸基地。玖龙纸业积极响应"一带一路"倡议，不断推进国际化发展，完善产业链，2008 年完成对越南正阳造纸厂的收购和控股，进入东盟市场，2017 年完成越南基地二期工程的扩建，成为越南造纸的龙头企业。为了进一步拓展国际化的资源配置，形成资源优势的互补，2018 年收购了 4 家位于美国的浆纸厂（缅因州的 Rumford、Old Town，威斯康星州的 Biron，西弗吉尼亚州的 Fairmont）。2019 年收购了位于马来西亚文东的浆纸厂（生产废纸再生浆），并计划在马来西亚（雪兰莪）建设一个新的智能化造纸基地。

玖龙纸业引进国际最领先的技术和大型现代化、智能化设备，同时高度重视系统化、数据化管理，应用先进的 SAP 系统管理平台，并不断创新研发，是高水平智能制造企业的代表。

（2）广东生益科技股份有限公司

广东生益科技股份有限公司（简称"生益科技"）创始于1985年，是集研发、生产、销售、服务于一体的全球电子电路基材核心供应商。经过30余年的发展，通过生益人的不断努力，生益科技覆铜板板材产量从建厂之初的年产60万平方米发展到2021年度的年产11 543万平方米。根据美国Prismark调研机构对于全球硬质覆铜板的统计和排名，从2013年起，生益科技硬质覆铜板销售总额持续保持全球第二。

生益科技技术力量雄厚，先后开发出多种在世界范围内被广泛应用的高科技产品，由科技部于2011年批准组建国家电子电路基材工程技术研究中心，并于2011年获得"国家认定企业技术中心"的荣誉。同时，生益科技还设立了博士后科研工作站，积极主导制定相关国际标准、国家标准和行业标准，助推广东省产学研融合发展。截至2020年1月，生益科技共有2733件专利，其中894件为发明专利，技术涉及柔性金属、无卤环氧树脂、真空室负压等领域。凭借优秀的研发能力和先进的技术生产水平，生益科技先后被评为广东省首批创新型企业、东莞市专利试点企业，同时担任覆铜板行业协会理事长单位、中国印制电路行业协会副理事长单位、国家标准化管理委员会基材工作组组长单位等。

生益科技不仅是国内相关行业的领头羊，同时也已成为东莞市最知名和最具竞争力的企业之一。生益科技在东莞市松山湖科技产业园置地400多亩兴建松山湖工厂，整个松山湖项目预计总投资为32亿元，整个项目完成后，将成为华南地区最大的覆铜板生产基地。2005年7月，生益科技在东莞市松山湖科技产业园的第一期项目正式投产，2007年7月第二期项目也正式投产，第三期项目在紧张筹备之中。同时，2006年6月，生益科技年产能60万平方米的挠性覆铜板生产工厂正式投产，标志着其正式进军挠性覆铜板领域。另外，生益科技基于战略发展需要已走出东莞市，并在陕西省咸阳市、苏州工业园区和连云港市等地分别设立了控股合资企业。

5.11.4 政府部门引导创新的典型做法

2021年，东莞市成功创建国家创新型城市，为提升城市创新能力，主要从以下几点着手，优化产业布局，激发企业创新活力，打造创新链。

第一，着力聚集各类科技创新平台，打造创新链。集聚国家重大科学装置，促进源头创新能力的形成。2018年8月，位于松山湖科学城的中国散裂中子源正式投入运行，跑出"中国速度"。通过自主创新和集成创新，中国散裂中子源在强流质子加速器、靶站、中子散射技术等领域取得了重大跨越式进展，设备国产化率超过90%。截至目前，中国散裂中子源完成来自全球众多高等院校、科研院所及企业的课题超过500项，覆盖了新型储氢材料、锂离子电池、新型超导材料、高强钢、太阳能电池薄膜等众多应用领域，并取得了重要成果。积极合作共建材料实验室和新型研发机构，形成"1到10"的应用基础创新能力。东莞市与多家著名高校院所共建了

33家新型研发机构，推动企业与高校院所合作，组建903家企业研发机构，开展关键核心技术攻关。

第二，积极推动产学研协同，畅通创新链与产业链。依托高端实验室建立创新样板工厂，进一步加强"1到10"的科技成果转化能力。当前松山湖初步建立了"前沿基础研究—应用基础研究—产业技术研究—产业转化"的全链条研发模式。目前已有26个创新样板工厂团队，孵化25家产业化企业，进行科技成果转化。政府还倾力打造创新综合赛事服务平台，以聚焦产业、促进企业落户。2019年，松山湖实行"1+1+N"模式，与中国创新创业大赛大中小企业融通专业赛充分结合，并与创业领军人才政策实现对接。

第三，拓展人才引进培养渠道，筑牢人才链。通过高端平台吸引人才，经过近4年的发展建设，松山湖材料实验室引入了8位两院院士及40名海外高层次人才，组建了19个前沿课题团队。同时，以实施"珠江人才计划"和创新科研团队计划等为契机引进创新科研团队。实施名校研究生联合培养计划，采用"企业导师+高校导师"的双导师制，与高校联合培养研究生。积极构建境外引才网络，在美国、德国、俄罗斯建立人才工作站，搭建境外招才引才网络。

第四，完善科技服务体系，构建资金链、生态链。积极构建多层次科技金融服务体系，出台促进科技金融实施办法、促进基金业发展实施办法等，搭建"政府+银行+基金+孵化器"合作联动模式。

5.11.5 小结

"十三五"期间，曾经的"世界工厂"在国家科学中心赋能下，科技创新资源加速云集，东莞市在科技创新领域声名鹊起。5年里，全球第4台、中国首台散裂中子源于2018年建成并向全球用户开放，松山湖科学城被纳入大湾区综合性国家科学中心先行启动区，东莞市科技创新从"地方队"跃升为"国家队"。5年里，松山湖材料实验室成为首批省级实验室并引进25个创新团队，研究成果首次入选"中国科学十大进展"，大湾区大学、香港城市大学（东莞）筹建工作稳步推进，东莞市"源头创新、技术创新、成果转化、企业培育"全要素、全链条创新生态体系基本形成。5年间，高新技术企业数大幅跃升至6381家，是2015年的6.47倍，位居全省第三。

尽管东莞市部分代表性创新指标取得了历史性突破，然而要实现从要素驱动、投资驱动向创新驱动的动力转变，东莞市仍面临诸多瓶颈，如创新链前端资源投入不足、中端技术供给体系不强等，若不能突破这些瓶颈，东莞市极有可能陷入创新停滞不前的局面，产业也将主要集中在技术引进与模仿创新阶段，无法向价值链中高端迈进。因此，应夯实创新基础，为内生技术进步和突破核心关键技术提供源头支撑，应完善技术创新体系，为产业创新提供共性技术服务支持，应推进协同创新，为科技工作"一盘棋"提供基层保障。

5.12 中山市创新能力分析

中山市位于珠江三角洲中部偏南的西江、北江下游出海处，与深圳市和香港特别行政区相望，是全国 4 个不设区的地级市之一、珠三角中心城市、粤港澳大湾区重要节点城市、广东省地区性中心城市、珠江口西岸都市圈城市。全市行政管辖面积 1800.14 平方千米。根据第七次全国人口普查数据，截至 2020 年 11 月 1 日 0 时，中山市常住人口为 441.8060 万人。

5.12.1 创新能力排名

2022 年中山市创新能力全省排第 6 位，与 2021 年持平，创新能力稳步发展。过去 5 年，中山市创新能力排名略有波动，但是幅度不大，整体处于全省上游，近几年有下降趋势（图 5-103）。

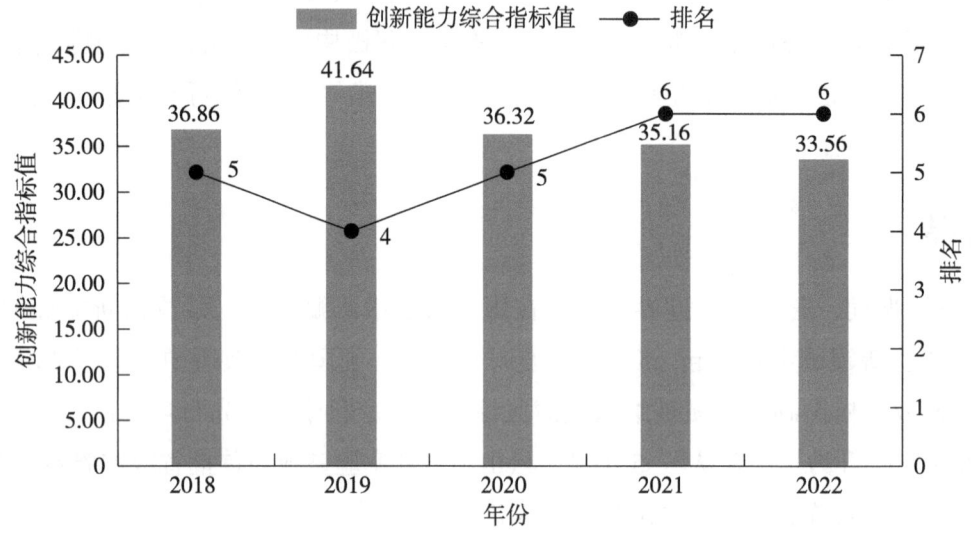

图 5-103 2018—2022 年中山市创新能力变化趋势

分指标分析，2022 年中山市创新投入指标值是 29.90，排第 8 位，与上年持平；创新产出指标值是 43.34，排第 6 位，与上年一致；产业升级指标值是 21.33，排第 9 位，较上年上升 2 位；创新环境指标值是 31.28，排第 5 位，较上年上升 1 位；创新绩效指标值是 41.93，排第 8 位，与上年持平。整体而言，中山市创新能力相对较强，各项一级指标处于全省较好水平，创新实力与创新活力较强（表 5-33、图 5-104）。

表 5-33 中山市创新能力指标分析

指标名称	2022年		2021年	
	指标值	排名	指标值	排名
综合	33.56	6	35.16	6
1　创新投入	29.90	8	30.23	8
1.1　人员投入	22.86	8	24.37	8
1.2　经费投入	36.93	7	36.10	8
2　创新产出	43.34	6	43.97	6
2.1　专利产出	10.66	6	11.71	6
2.2　产业创新	76.02	4	76.24	5
3　产业升级	21.33	9	23.21	11
3.1　结构优化	21.33	9	23.21	11
4　创新环境	31.28	5	34.16	6
4.1　政策环境	61.22	5	64.96	4
4.2　市场环境	50.02	6	58.24	5
4.3　技术要素流动	2.75	7	2.20	7
4.4　创新平台	11.12	6	11.23	6
5　创新绩效	41.93	8	44.24	8
5.1　生活质量	81.14	4	82.07	4
5.2　技术水平	2.72	20	6.42	20

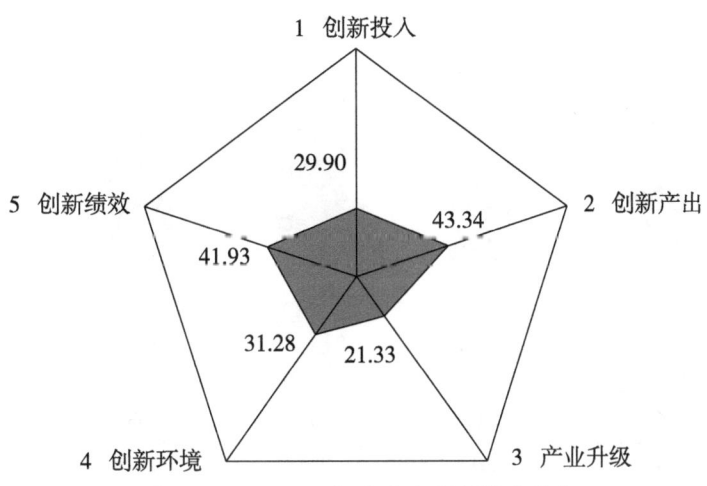

图 5-104　2022年中山市创新能力分布

5.12.2 决定创新能力的关键指标分析

（1）国民经济综合发展情况

2020年，中山市实现地区生产总值3152亿元，居广东省第9位，比上年增长1.6%。2016—2020年，中山市占广东省地区生产总值比重保持在3.00%左右，整体呈下降趋势，图5-105显示了2016—2020年中山市地区生产总值变化情况。

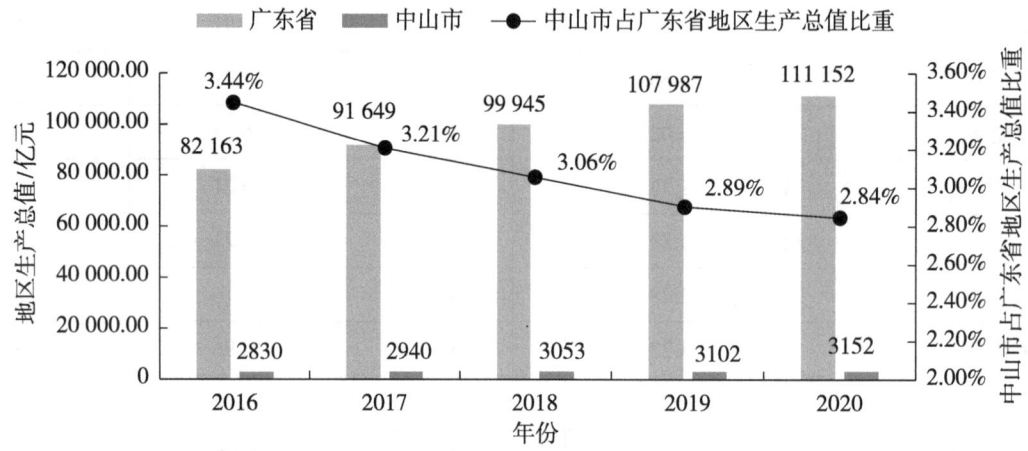

图5-105　2016—2020年中山市地区生产总值变化情况

图5-106显示了2016—2020年中山市三次产业生产总值。其中，2020年中山市第一产业生产总值为72亿元，同比增长14.3%，占地区生产总值的比重为2.28%；第二产业生产总值为1557亿元，同比增长2.3%，占地区生产总值的比重为49.40%；第三产业生产总值为1523亿元，同比增长0.4%，

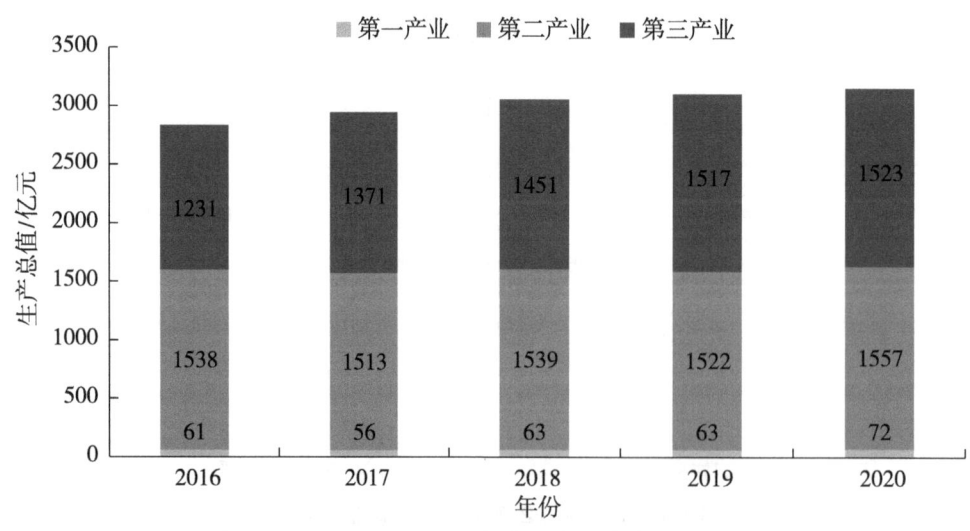

图5-106　2016—2020年中山市三次产业生产总值

占地区生产总值的比重为48.32%。三次产业结构调整为2.3∶49.4∶48.3。第二产业和第三产业占比接近一半，产业结构较合理。总体而言，中山市国民经济发展水平较好，近年保持增长压力较大。

（2）工业发展情况

2020年，中山市规模以上工业增加值为1172.11亿元，比上年增长2.2%。分经济类型看，国有及国有控股企业同比增长6.4%，外商及港澳台商投资企业同比下降4.6%，股份制企业同比增长7.9%。分轻重工业看，轻工业同比下降0.9%，重工业同比增长5.9%。分企业规模看，大型企业同比增长3.4%，中型企业同比下降0.2%，小微型企业同比增长2.7%。

2020年，中山市先进制造业增加值比上年增长9.7%，占规模以上工业增加值的比重为49.3%，比上年提高3.2个百分点。其中，先进装备制造业同比增长19.8%，石油化工产业同比增长7.7%，先进轻纺制造业同比增长5.9%，高端电子信息制造业同比增长4.4%，新材料制造业同比增长5.1%，生物医药及高性能医疗器械制造业同比增长6.0%。高技术制造业增加值比上年增长0.5%，占规模以上工业增加值的比重为15.1%，比上年回落0.3个百分点。其中，计算机及办公设备制造业同比增长0.1%，医疗设备及仪器仪表制造业同比增长13.3%，医药制造业同比增长4.6%，电子及通信设备制造业同比下降2.7%。装备制造业增加值比上年增长6.7%，占规模以上工业增加值的比重为34.1%，比上年提高1.7个百分点。其中，电气机械和器材制造业同比增长46.4%，计算机、通信和其他电子设备制造业同比下降3.8%。

2020年，中山市规模以上工业企业数为3868家。2016—2020年，中山市规模以上工业企业营业收入持续上升，但是研发经费内部支出略有波动，相对减少，研发经费内部支出占营业收入的比重较低（图5-107）。

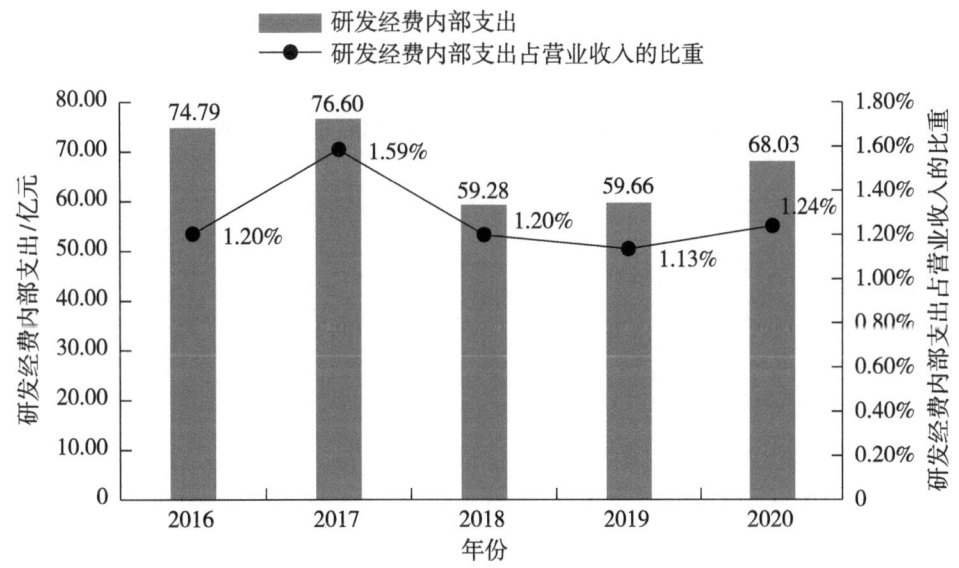

图5-107　2016—2020年中山市规模以上工业企业研发情况

（3）科技发展情况

2020年，中山市R&D经费为73.97亿元，占GDP的比重为2.35%。有效发明专利拥有量为8383件，专利授权量为3.97万件，同比增长18.87%，发明专利授权量为1032件，PCT国际专利申请量为256件。技术合同登记415项，技术市场成交合同金额为78 401.04万元。"十三五"期间获得省、市重大科技专项立项266项，获扶持资金8.92亿元，获得省科技奖励23项。拥有省重点实验室6家、省工程技术研究中心343家、市工程技术研究中心930家。

（4）新经济发展情况

2020年，中山市高新技术企业数为2386家，高新技术产品产值为3041.62亿元，高技术制造业增加值占规模以上工业增加值的比重为15.1%。近5年，高技术制造业增加值有所波动，高新技术企业数总体增长（图5-108、图5-109）。

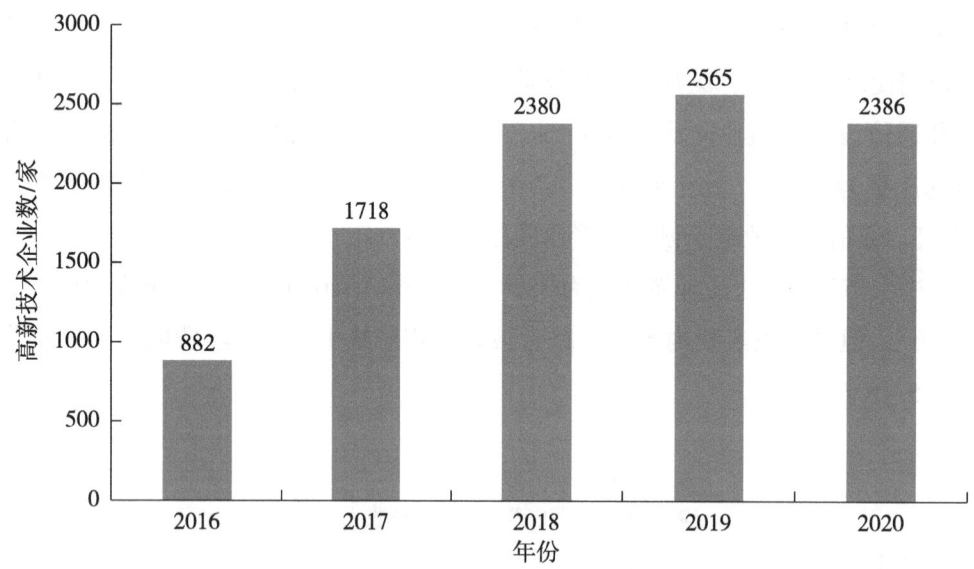

图5-108　2016—2020年中山市高新技术企业数

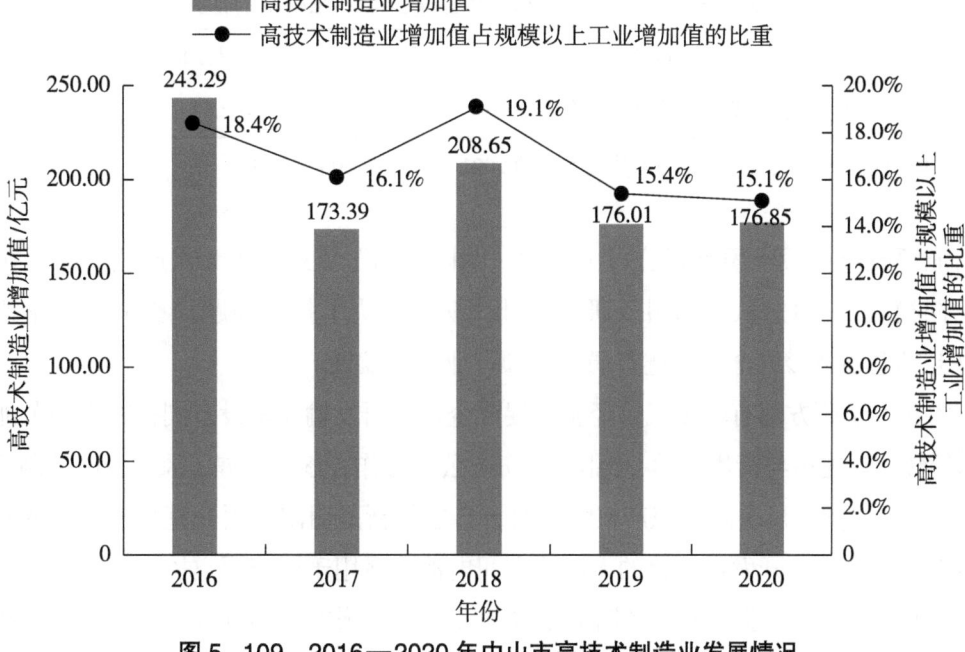

图 5-109 2016—2020 年中山市高技术制造业发展情况

2020 年，中山市数字普惠金融指数为 292.72，省内排第 6 位，全国排第 28 位。其中，覆盖宽度为 293.80，使用深度为 282.64，数字化程度为 307.48（表 5-34）。

表 5-34　2020 年中山市数字普惠金融综合指标

指标名称	指标值	全国排名	广东排名
数字普惠金融指数	292.72	28	6
覆盖宽度	293.80	24	5
使用深度	282.64	38	8
数字化程度	307.48	42	4

数据来源：《北京大学数字普惠金融指数（2011—2021）》。

5.12.3　主要企业和行业创新活动分析

中山市有 1 家企业入围 2021 中国企业 500 强榜单，即明阳新能源投资控股集团有限公司（表 5-35）。

表 5-35 中山市入围 2021 中国企业 500 强榜单的企业

序号	公司名称	营业收入/亿元	排名
1	明阳新能源投资控股集团有限公司	462.68	422

数据来源：中国企业联合会、中国企业家协会发布的 2021 中国企业 500 强榜单。

明阳新能源投资控股集团有限公司（简称"明阳集团"）经历了 4 次产业升级，在风电行业开创了"明阳模式"，通过从外部引入研发设计团队，解决了技术问题，奠定了行业领先地位，并逐步在海上风电领域形成全产业链布局，引领行业技术发展。

明阳集团在产学研方面有较多成果经验，促成企业从研发输变电设备到拥有大型节能和电力电子装备技术的转型。先后与清华大学、德国 Aerodyn 公司合作，逐步掌握了风力发电控制系统技术，获得了 1.5 兆瓦风力发电机组的知识产权。同时，自主创新是明阳集团一直高速发展的原因，未来会和国内科工院所合作，开发定制化的太阳能空间电池，适用于国家深空探测或月球登陆相关的卫星特殊应用。明阳集团坚守新能源装备制造 20 余年，把一个作坊式的小工厂做成了世界排名前六的新能源企业。按照广东省建设海洋强省的战略部署，明阳集团正在承担海上风电大风机及相关重大装备研究制造、海洋工程建设的任务，具有龙头引领作用，形成集海上风电研发实验、高端制造、运营服务、高端装备出口等于一体的新经济增长极，为全省经济高质量发展贡献明阳力量。

5.12.4 政府部门引导创新的典型做法

把握"双区"和横琴、前海两个合作区建设的重大历史机遇，充分发挥科技创新对经济发展的支撑引领作用，加快粤港澳大湾区国际科技创新中心重要承载区和创新成果转化基地建设，推动中山市经济高质量发展。中山市出台了一系列政策，推动落实国家和广东省相关科技体制机制改革举措。简化科研项目过程管理，减少项目实施周期内的各类评估、检查、抽查、审计等活动。优化科技计划体系，整合实施五大类科技政策计划。推动科研诚信体系建设，组织开展市级财政专项资金全流程廉政风险点排查，12 个关键节点排查出 29 个风险点，逐一制定防范措施 47 条。

《中山市加快科技创新推动经济高质量发展十条》明确在重大科技项目中采用"揭榜挂帅"制。对企业科技难题和关键核心技术攻关，设立项目向社会公开张榜征集，注重任务导向和结果导向，在创新人才引进方面，对企业引进的高层次科研团队予以支持，对产业化类团队项目最高资助 2000 万元，对投融资类团队项目最高资助 3000 万元。截至 2020 年，全市持有效的外国人工作许可证的外国人有 993 人，其中 A 类高端人才有 327 人，占全市的 32.9%。引进省市创新科研团队 50 个，广东省外籍和港澳台高层次人才 9 人。优化外籍和港澳人才服务，贯彻落实粤港澳大湾区个人所得税优惠政策，2019 年出台《中山市实施粤港澳大湾区个人所得税优惠政策财政补贴暂行办法》等，共认定境外高端人才 284 人，并对其中符合个人所得税优惠政策条件的 230 名境外高端人才发放补贴 3396 万元。

同时，中山市加快营造全链条孵化服务环境，创新生态环境不断优化。投融资生态体系蓬勃发展，截至2020年，全市设立3亿元科技信贷风险准备金，撬动科技银行20倍科技信贷，拥有科技银行12家，科技信贷入池企业2378家，科技信贷审批贷款超87亿元，贴息6220.64万元；科技保险补助企业818家，补助金额3330.7万元。先后设立5支规模达12.2亿元的创新创业投资基金，累计投资55个项目。大力发展科技保险，在全国首创推行科技项目研发费用损失保险、科技成果转化费用损失保险。知识产权运用和保护水平不断提高，全国首创"政府+银行+保险+评估公司"的知识产权质押融资"中山模式"。成立市级家电和红木家具行业知识产权快速维权中心，知识产权快速维权模式在世界知识产权组织大会上得到推广。建立广东省首家知识产权远程诉讼服务处，挂牌运行广州知识产权法院中山巡回审判庭，将专利执法权限下放镇街，完善市镇联动知识产权维权工作机制。科技创新创业交流不断拓宽，高质量高水平举办中国创新创业大赛（广东中山分赛区）。完善科技服务体系，引进和培育科易网、北京中联创和、中规认证等高端科技服务机构，建设技术转移和知识产权交易协同创新中心（中山协同创新网），该平台已服务企业3700多家，征集企业技术难题需求765条，提供供需双方创新需求对接服务2300次，有效推动技术需求与供给的双向流动。

5.12.5 小结

当前，中山市存在着产业层次偏低、产业集聚能力不强、骨干龙头企业缺乏、新旧动能接续转换不畅、科技创新能力不强、新动能尚需培育、营商环境有待优化、城市功能品质与现代化创新型城市要求还有较大差距、对高端要素的吸引力不强等问题，但是中山市作为粤港澳大湾区"9+2"城市群的重要成员，有着良好的工业基础和宜居环境，产业实力底子好。同时，深中通道建成后，中山市就在大湾区一小时生活圈中，半小时可达深圳市，未来中山市承载大湾区东岸的产业资源外溢会更多。

抢抓建设粤港澳大湾区、深圳建设中国特色社会主义先行示范区的战略机遇，贯彻深中产业拓展走廊与粤港澳大湾区（珠西）高端产业集聚发展区的战略部署。未来，中山市应结合自身科技发展需求，针对环湾创新走廊各市科技创新协调机制的痛点、难点、盲点，为畅通黄金内湾环湾创新走廊做出贡献。一是从科技创新发展规划入手推动彼此间的科技创新协同，与内湾各市统一布局区域性重大基础设施、重要资源开发、经济社会发展功能区划、政策措施等。二是重大科技创新项目一体化协同。内湾各市要协同发挥区域内国家创新中心和科研中心的作用，在及时跟踪世界科技创新动态的过程中，精心组织、联合申报科技部重大攻关科技项目，推进环内湾技术创新链和产业链的融合。三是借助环内湾城市群建设和发展的契机，在已有的政府间合作交流办公室的基础上，就科技创新协调的内容在机构部门协同、政策协同、知识产权保护跨区协同等方面建立政府间科技创新协同发展的固定体制。四是构建科技资源服务系统、科技创新服务系统、科技管理服务系统等政产学研各类科技创新主体间的跨区域协同体制。五是探索构建内湾各市信息共享、共决互信、利益互惠、风险共担、制度共守等协同机制。

5.13 江门市创新能力分析

江门市是广府文化的代表城市、珠江三角洲西岸中心城市,东临中山市、珠海市,北靠佛山市、云浮市,西连阳江市,南濒南海。祖籍为江门市的华人华侨人口众多,分布全球五大洲,故江门市有"中国第一侨乡"的美誉。2022年,江门市创新能力排全省第8位,处于省内中上游水平。近年来,江门市全力推动经济加快发展,综合实力显著增强。此外,江门市借助地理优势,积极融入粤港澳大湾区建设,加快推动产业转型升级,创新发展水平不断提升。

5.13.1 创新能力排名

2022年,江门市的创新能力排全省第8位,较2018年上升1位,2019—2022年均保持在第8位(图5-110)。

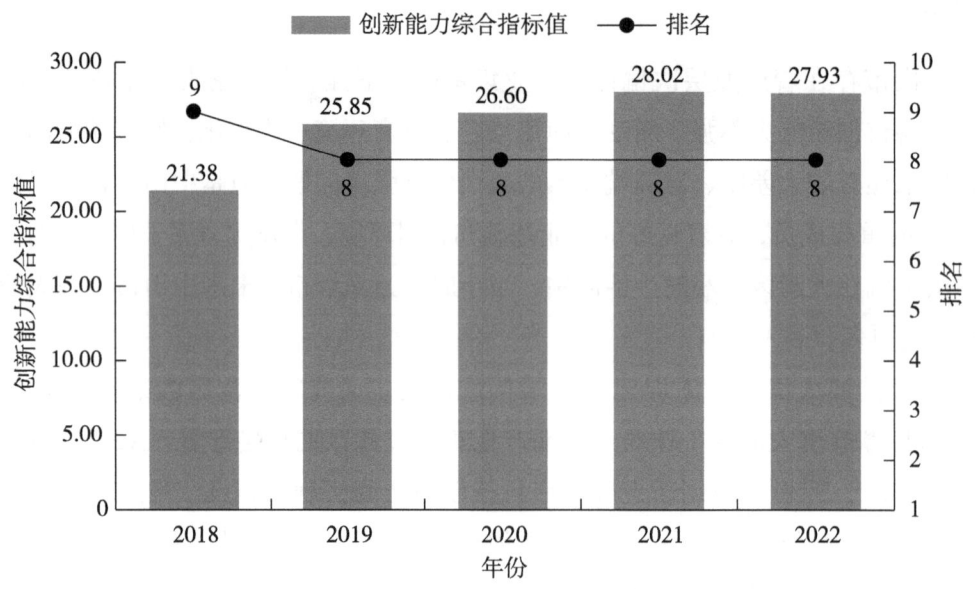

图 5-110 2018—2022 年江门市创新能力变化趋势

分指标分析,2022年江门市在创新投入指标和创新产出指标方面分别排第6位和第9位,排名较上年均未发生变化;产业升级指标排第12位,较上年上升2位;创新环境指标排第7位,与上年保持一致;创新绩效指标排第13位,较上年下降1位(表5-36、图5-111)。

表 5-36 江门市创新能力指标分析

指标名称	2022 年		2021 年	
	指标值	排名	指标值	排名
综合	27.93	8	28.02	8
1 创新投入	40.29	6	40.13	6
1.1 人员投入	35.12	7	33.79	7
1.2 经费投入	45.46	6	46.46	5
2 创新产出	36.20	9	36.26	9
2.1 专利产出	4.23	8	4.02	8
2.2 产业创新	68.18	8	68.50	7
3 产业升级	20.27	12	19.53	14
3.1 结构优化	20.27	12	19.53	14
4 创新环境	20.81	7	18.89	7
4.1 政策环境	34.44	8	25.75	7
4.2 市场环境	35.22	7	32.59	7
4.3 技术要素流动	1.95	9	5.62	5
4.4 创新平台	11.65	5	11.58	5
5 创新绩效	22.09	13	25.32	12
5.1 生活质量	26.80	8	26.65	8
5.2 技术水平	17.38	14	23.98	13

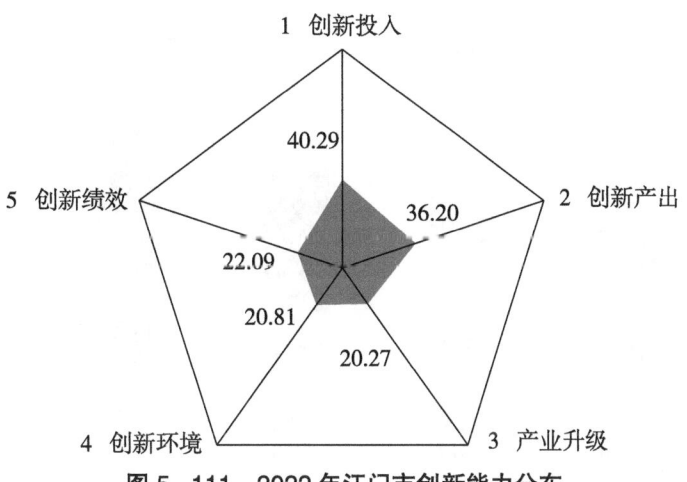

图 5-111　2022 年江门市创新能力分布

5.13.2 决定创新能力的关键指标分析

（1）国民经济综合发展情况

2020年，江门市实现地区生产总值3200亿元，居广东省第8位，比上年增长1.7%。2016—2020年，江门市占广东省地区生产总值比重总体呈下降态势，占比保持在3.00%左右（图5-112）。

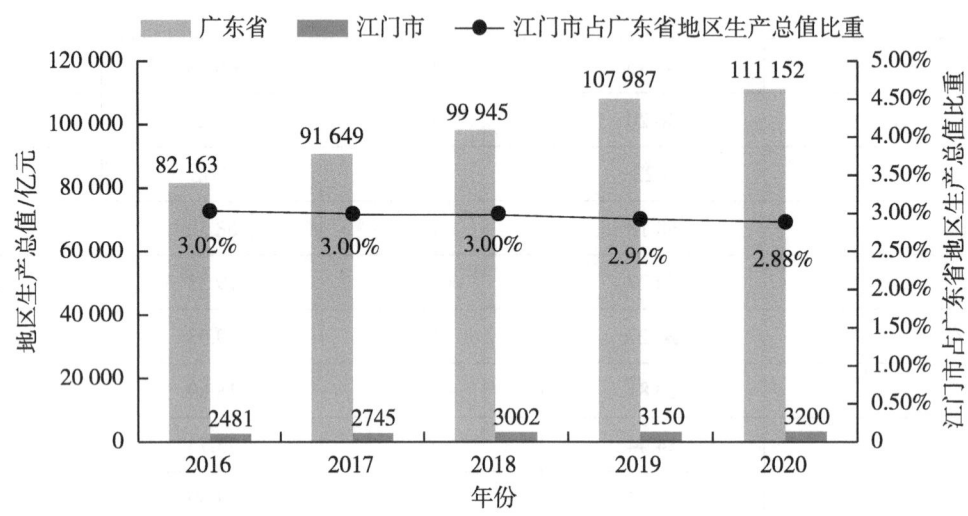

图5-112　2016—2020年江门市地区生产总值变化情况

从三次产业发展情况来看，2020年江门市第一产业生产总值274亿元，同比增长7.9%；第二产业生产总值1333亿元，同比增长0.5%；第三产业生产总值1593亿元，同比增长1.5%。三次产业结构为8.56∶41.66∶49.78。从2016—2020年的变化情况来看，第一产业和第三产业生产总值占地区生产总值的比重略有上升，第二产业占比略有下降（图5-113）。

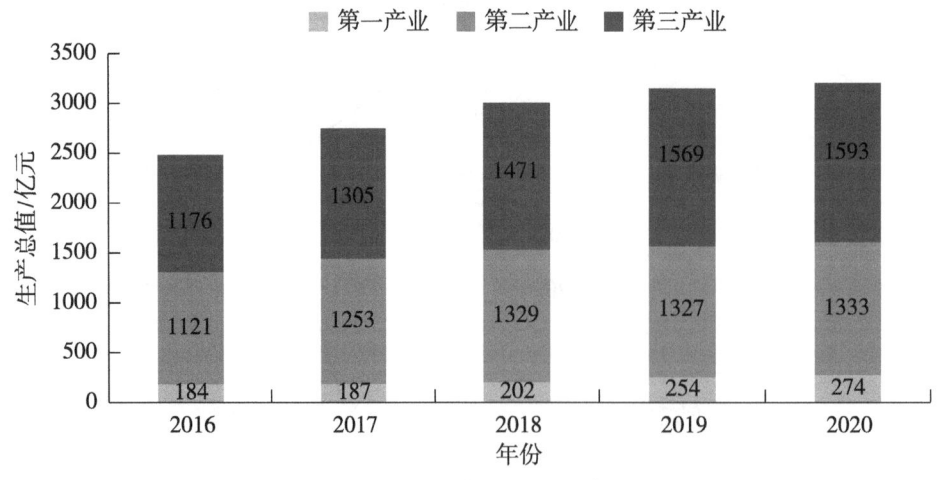

图5-113　2016—2020年江门市三次产业生产总值

从人民生活水平来看，2020年江门市户籍总人口为401.59万人，全年居民消费价格比上年上涨3.1%。全年城镇新增就业45 945人，城镇失业人员再就业31 864人。城镇登记失业率为2.36%，比上年末上升0.24个百分点。全年江门市人均可支配收入为33 667元，比上年增长4.2%。全年城市人均可支配收入为39 923元，比上年增长3.4%。其中，工资性收入为27 975元，占全部可支配收入的70.1%。

（2）工业发展情况

2020年，江门市规模以上工业企业营业收入为4272.21亿元（图5-114），规模以上工业增加值比上年增长2.3%。分经济类型看，国有及国有控股企业同比增长4.8%，外商及港澳台商投资企业同比增长0.3%，股份制企业同比增长4.4%，集体企业同比下降33.8%。分轻重工业看，轻工业同比下降2.0%，重工业同比增长6.0%。分企业规模看，大型企业同比增长0.2%，中型企业同比增长5.8%，小型企业同比增长2.0%，微型企业同比增长2.8%。

从规模以上工业企业研发经费内部支出及研发人员数量来看，2016—2020年江门市规模以上工业企业研发人员数量呈上升态势，且变化幅度较大（图5-114）。近5年来，江门市规模以上工业企业研发经费内部支出明显增加，且变化幅度较大（图5-115），省内排名保持在前十，波动幅度较小。

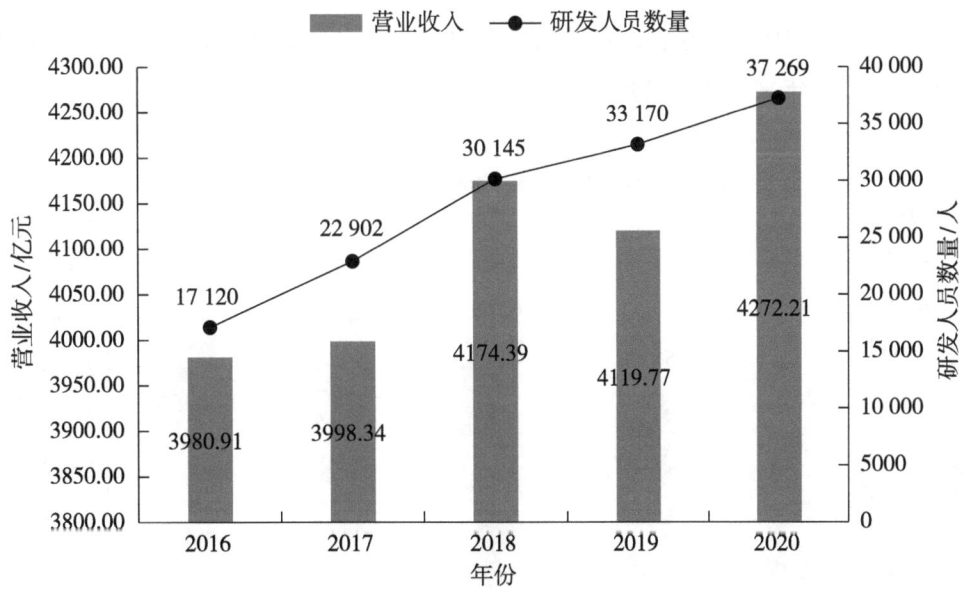

图5-114　2016—2020年江门市规模以上工业企业营业收入和研发人员数量

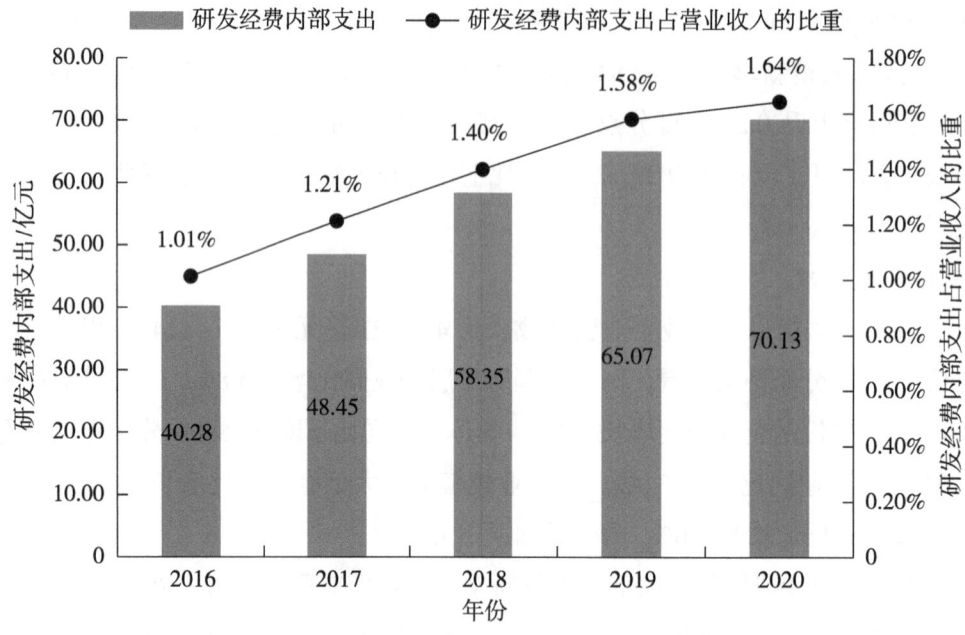

图 5-115　2016—2020 年江门市规模以上工业企业研发情况

（3）科技发展情况

2020 年，江门市 R&D 经费达到 78.57 亿元，同比增长 10.57%。R&D 经费占 GDP 的比重达 2.45%，对比上年提升 0.19 个百分点，列省内第 7 位（图 5-116）。R&D 活动人员达到 28 049 人，较上年增长 11.54%，5 年来始终保持增长态势。

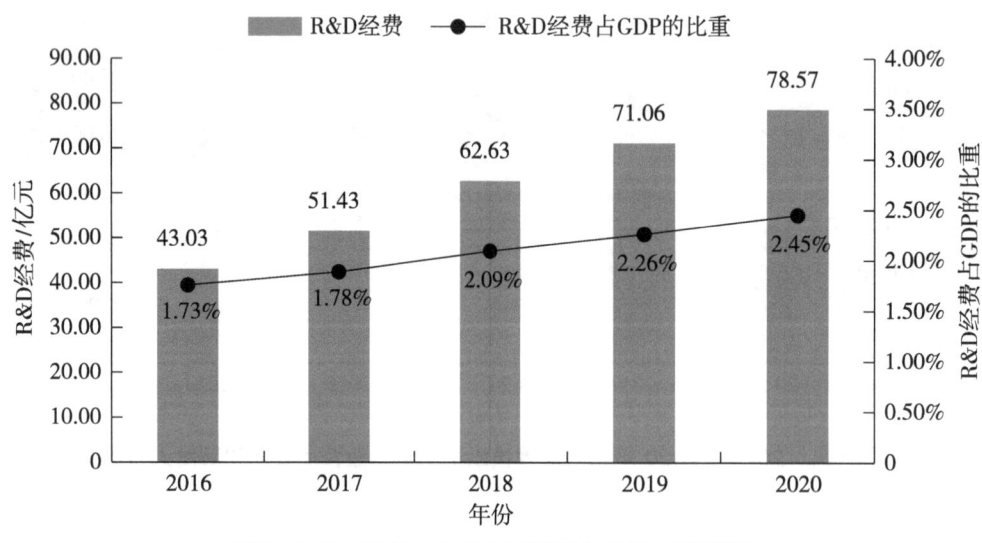

图 5-116　2016—2020 年江门市 R&D 经费情况

2020 年，江门市地方财政科技拨款 16.73 亿元，比上年增长 9.4%。省级以上创新平台 478 家，省级农业攻关项目 12 项，市（县）属科学研究开发机构 15 家。有效发明专利拥有量为 4571 件，专利授权量为 16 891 件,其中发明专利授权量为 624 件(图 5-117)。全市拥有各类专业技术人员 21.42 万人,比上年增加 0.70 万人,其中,中级职称以上 8.71 万人,比上年增加 0.30 万人。

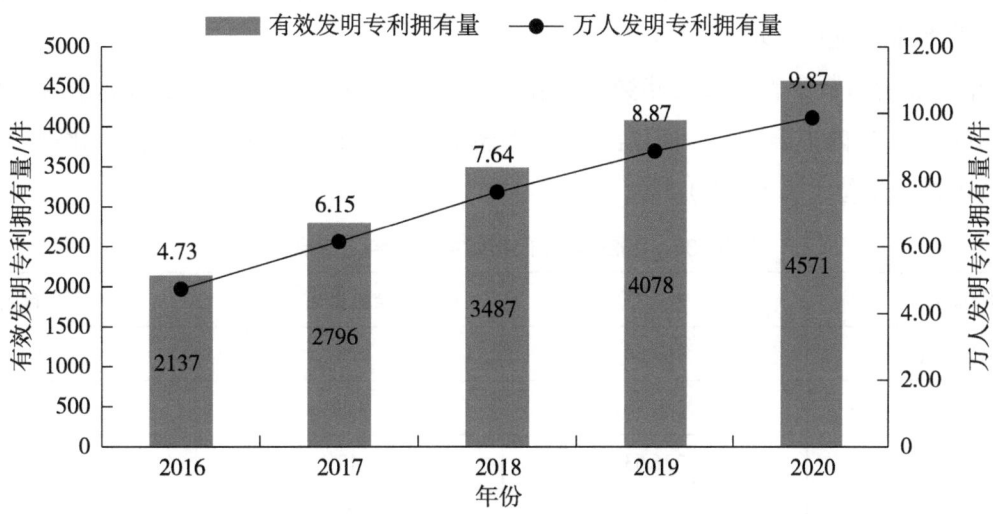

图 5-117　2016—2020 年江门市有效发明专利拥有量和万人发明专利拥有量

(4)新经济发展情况

2020 年,江门市拥有高新技术企业 1845 家,高新技术产品产值为 2252.62 亿元,较上年增长 4.97%;高技术制造业增加值占规模以上工业增加值的比重为 10.5%,较上年增长 0.7 个百分点;高技术制造业增加值为 107.47 亿元,较上年增长 9.25%,较 2016 年有大幅提升,增幅为 28.69%(图 5-118)。

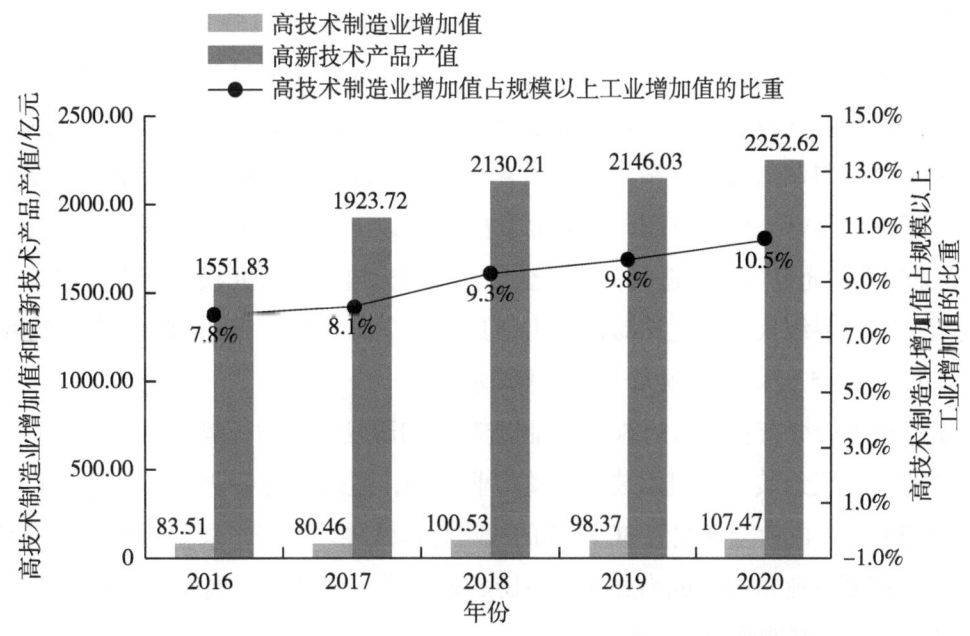

图 5-118　2016—2020 年江门市高技术制造业发展情况

2020年，江门市先进制造业增加值比上年增长2.9%，占规模以上工业增加值的比重为39.4%。其中，高端电子信息制造业同比增长11.7%，先进装备制造业同比增长0.3%，石油化工产业同比下降18.6%，先进轻纺制造业同比下降0.4%，新材料制造业同比增长24.4%，生物医药及高性能医疗器械制造业同比增长4.9%。

2020年，江门市数字普惠金融指数全国排第76位、省内排第9位。分指标来看，覆盖宽度全国排第104位、省内排第8位；使用深度全国排第45位、省内排第9位；数字化程度全国排第123位、省内排第7位（表5-37）。

表5-37 2020年江门市数字普惠金融综合指标

指标名称	指标值	全国排名	广东排名
数字普惠金融指数	269.66	76	9
覆盖宽度	258.30	104	8
使用深度	276.63	45	9
数字化程度	294.52	123	7

数据来源：《北京大学数字普惠金融指数（2011—2021）》。

5.13.3 主要企业和行业创新活动分析

（1）广东领益智造股份有限公司

广东领益智造股份有限公司（简称"领益智造"）成立于2006年，是全球精密功能件龙头企业和中国智能制造领军企业。2018年在A股上市，市值最高突破千亿元，是消费电子类龙头股，是《财富》中国500强企业、中国民营500强企业及中国制造业500强企业。

领益智造通过持续加强核心技术研发和跨国并购，形成了高端材料、精密功能件、结构件、模组和整机组装相结合的发展新优势。在高端材料领域，是我国最大的电机用铁氧体磁性材料及第二大永磁铁氧体材料制造商；在精密小件领域，具备全行业最强的模切、冲压、CNC等全制程能力，是全球最大的精密小件供应商，市场份额在50%以上；在充电器及精品组装领域，旗下的Salcomp是全球最大的充电设备制造商，也是全球领先的充电模组、光机电模组供应商；在整机制造领域，通过并购世界级代工企业珠海伟创力，具备了全面的SMT和FATP能力，从客户业务授予到首机产出仅用时45天，大幅领先于行业平均水平。

领益智造通过整合分布在全球的50多家制造基地和研发中心的优势资源，构建了材料—精密零部件—结构件—模组组装—整机组装的完整产业链条；通过打通各业务板块客户渠道，实现各业务深度融合与共享，成为全球主流3C品牌的战略合作伙伴。未来，领益智造将持续突破现有业务边界，进一步拓展商业布局，成为叠加上下游、多品类、多地区协同发展的我国领先的国际国内双循环全产业链智能制造平台。

（2）维达纸业（中国）有限公司

维达纸业（中国）有限公司（简称"维达"）是一家集研究、开发、生产、销售于一体的现代化生活用纸大型企业，是中国生活用纸行业产品最多、销售量最大的企业之一。在生产规模、产品质量、市场占有率、经济效益等方面一直处于国内生活用纸行业的领先地位。

维达坚持"勇于开拓，不断创新"的方针，依靠科技进步带动发展，先后引进日本、美国、德国等的先进造纸设备及产品配套设备，开发生产高级卫生原纸、盘纸、纸巾、餐巾纸、盒装面巾纸、湿巾、卫生卷纸等系列产品。维达始终坚持"追求卓越，领导创新，提升品牌竞争力，实现速度与效益的同步增长"的目标，以品牌为战略核心开展各项工作，积极推动企业开展技术创新活动，促进产品的研发及生产流程的技术改造，从而不断开发新产品，引导新消费，创造新市场，降低成本，提升竞争优势。面对生活用纸激烈的国内、国际市场竞争，维达依靠名牌带动战略及以人为本的管理模式，借助改革的浪潮，逐步向着规模化、集团化、国际化的发展目标迈进。

可持续发展一直是维达恪守的核心价值，维达在推进各项业务全面发展的同时，亦深谙企业发展与环境、社会俱为一体之理，积极履行企业社会责任。维达绘制的可持续发展蓝图，覆盖能源管理、绿色供应链、碳排放及可持续采购等八大范畴，在可持续发展上持续发力，实现经济效益和环境保护的双赢。

5.13.4 政府部门引导创新的典型做法

江门市把握科技创新发展新阶段、新趋势，深入实施"科技引领"工程，全力创建国家创新型城市，打造大湾区国际科技创新中心重要承载区和粤港澳大湾区科技创新走廊重要节点城市，推动区域创新能力跃升。具体举措主要包括8个方面。

一是积极对接"双区""两个合作区"，打造大湾区创新重要节点。深入推进"科技引领"工程，强化与广深联动合作，深化江港澳科技合作，融入全球科技创新合作网络。二是强化重大平台建设，夯实战略科技基础力量。推进重大科技基础设施建设，完善实验室创新体系，建设技术创新中心，打造高水平理工大学，推动新型研发机构提质增效。三是聚焦经济主战场，加快产业创新发展。面向经济主战场，增强源头创新能力，实施产业集群科技强链工程，推动江门国家高新区高质量发展，推进特色科技园区建设。四是推进科技创新惠及民生，打造幸福江门。围绕增进民生福祉，进一步强化科技供给，强化乡村振兴科技支撑，提高医疗卫生领域科研水平，科技助力生态保护和绿色发展，强化科技服务社会发展能力。五是加强创新主体培育，推动企业创新发展。培育壮大企业主体，不断完善企业孵化育成体系，深化产学研结合，围绕核心产业集群大力实施江门科技"双百工程"。六是强化多层次人才引育，打造"侨都"特色创新人才高地。坚持人才优先，发挥侨乡海外资源优势，广泛凝聚侨心、侨力、侨智，建设高水平创新人才队伍，打好"院士牌"，引进高端创新人才，健全多层次创新人才培养体系，强化人才激励和服务保障。七是优化创新生态环境，激发创新创业活力。完善科技金融服务体系，加强科技服务业发展，打造创新创业大赛品牌，全面提升科普水平。八是深化科技体制改革，推进创新治理现代化。完善科技创新治理体系，健全创新资源配置机制，加强知识产权工作，建立科技重大风险防范机制。

5.13.5 小结

江门市紧抓"双区驱动""双城联动"，以及横琴、前海两个合作区建设的发展机遇，奋力打造珠江西岸新增长极和沿海经济带上的江海门户。目前，江门市的经济社会发展还面临一些困难和挑战：工业发展质量不高，主导产业不够突出，科技引领能力有待加强，园区建设质量和产城融合程度有待提升；区位空间优势尚未充分发挥，交通网络仍需完善，东西部发展不够协调，合力发展意识亟须增强，城市知名度有待提升；聚侨、引侨、惠侨的力度仍需加大，统筹发展和安全任务艰巨。

因此，在未来江门市必须坚持高质量发展，在提升经济综合实力上彰显更大担当。坚持创新驱动发展，深入推进"科技引领"工程，全力创建国家创新型城市。坚持改革开放，在增强地区竞争力上创造更多优势。坚持服务港澳初心，深入推进"港澳融合"工程，推动与港澳合作再上新台阶。坚持发挥华侨华人资源优势，深入推进"侨都赋能"工程，打造国内国际双循环重要交汇点。坚持区域协调发展，打造区域平衡发展综合试验区，建立系统的平衡发展政策体系，充分释放西部发展潜力，持续推进东西部共同富裕。

5.14 阳江市创新能力分析

阳江市是北部湾城市群重要节点城市，粤港澳大湾区辐射粤西的战略支点、产业拓展主选地和先进生产力延伸区，著名滨海旅游城市。2022年，阳江市的创新能力排全省第17位，位于省内中下游水平。近年来，阳江市借鉴粤港澳大湾区科技创新先进经验，推进科技体制机制改革创新，探索"湾区总部+阳江基地""湾区研发+阳江制造""湾区孵化+阳江产业化"合作模式，不断提升承接大湾区技术转移转化的能力。

5.14.1 创新能力排名

2022年，阳江市的创新能力排全省第17位，较上年下降4位，较2018年上升2位。2018—2022年阳江市的创新能力排名呈现出了先上升后下降的变化趋势，其中，2021年的创新能力排名达到近5年的最高水平（图5-119）。

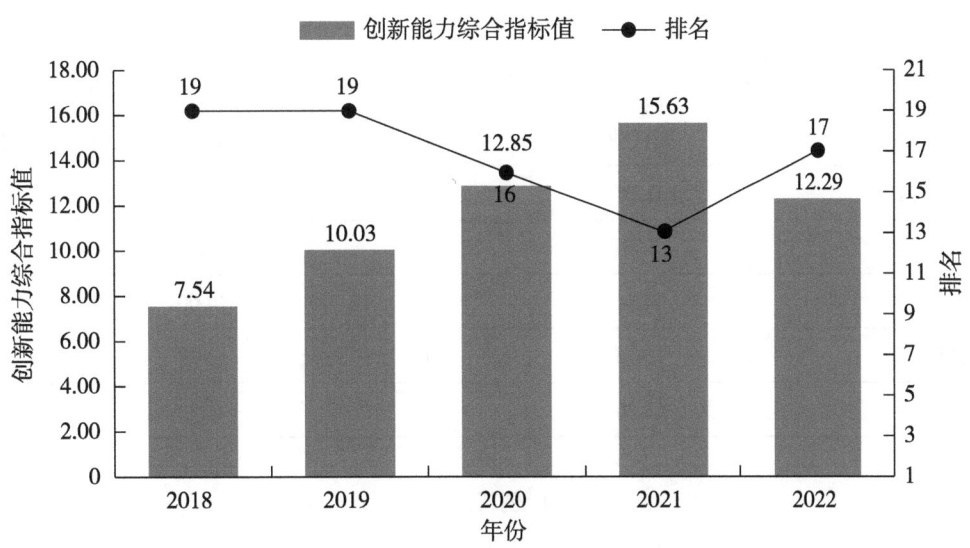

图 5-119 2018—2022 年阳江市创新能力变化趋势

分指标分析，2022 年阳江市在创新投入指标方面排第 18 位，较上年下降 1 位；在创新产出指标和产业升级指标方面分别排第 14 位和第 20 位，较上年均下降 2 位；创新环境指标排第 16 位，较上年下降 1 位；创新绩效指标排第 9 位，与上年保持一致（表 5-38、图 5-120）。

表 5-38 阳江市创新能力指标分析

指标名称	2022 年		2021 年	
	指标值	排名	指标值	排名
综合	12.29	17	15.63	13
1 创新投入	2.94	18	3.10	17
1.1 人员投入	4.43	16	2.63	17
1.2 经费投入	1.45	21	3.56	18
2 创新产出	16.45	14	20.28	12
2.1 专利产出	0.07	19	0.03	20
2.2 产业创新	32.83	14	40.53	12
3 产业升级	4.78	20	8.07	18
3.1 结构优化	4.78	20	8.07	18
4 创新环境	2.82	16	2.71	15
4.1 政策环境	8.07	15	7.88	14
4.2 市场环境	2.28	17	2.10	16

续表

指标名称	2022年		2021年	
	指标值	排名	指标值	排名
4.3 技术要素流动	0.21	17	0.03	19
4.4 创新平台	0.71	20	0.82	20
5 创新绩效	34.46	9	44.00	9
5.1 生活质量	15.16	10	13.49	10
5.2 技术水平	53.76	3	74.52	3

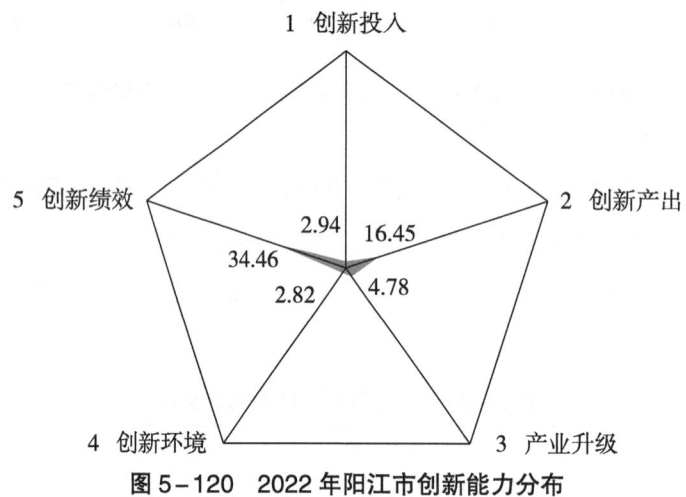

图 5-120 2022年阳江市创新能力分布

5.14.2 决定创新能力的关键指标分析

（1）国民经济综合发展情况

2020年，阳江市实现地区生产总值1361亿元，居广东省第15位，同比增长5.3%。2016—2020年，阳江市占广东省地区生产总值比重总体呈下降态势（图5-121）。

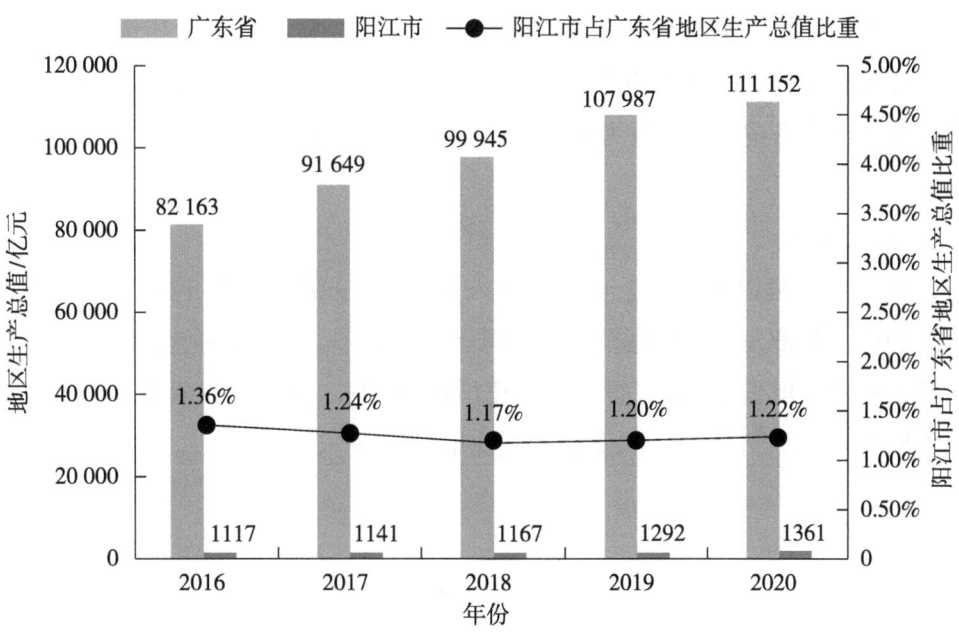

图 5-121 2016—2020 年阳江市地区生产总值变化情况

从三次产业发展情况来看，2020 年阳江市第一产业生产总值 264 亿元，同比增长 6.9%；第二产业生产总值 485 亿元，同比增长 8.7%；第三产业生产总值 612 亿元，同比增长 2.2%。三次产业结构为 19.40∶35.64∶44.97。从 2016—2020 年的变化来看，阳江市第一产业和第二产业占比总体呈上升态势，第三产业占比近两年呈下降态势（图 5-122）。

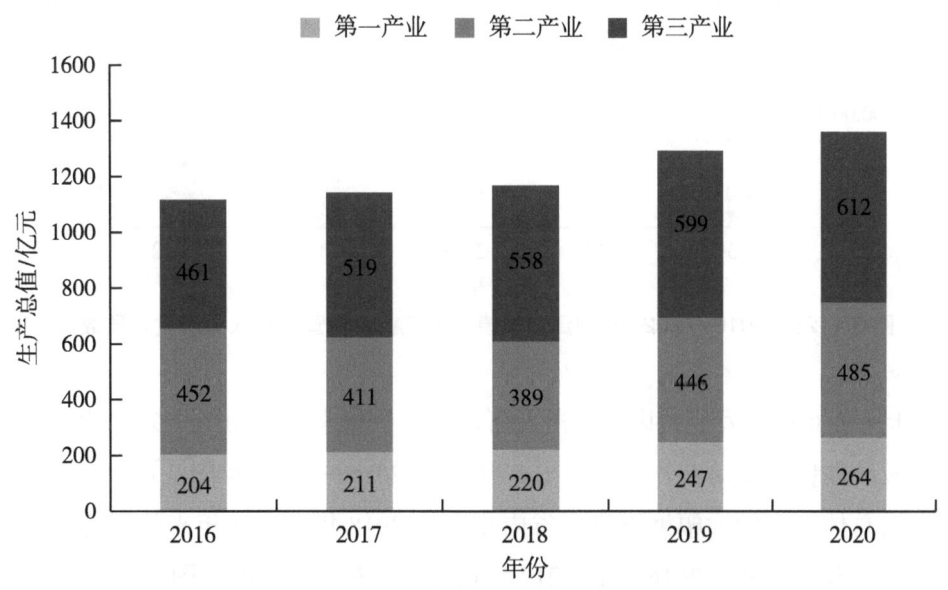

图 5-122 2016—2020 年阳江市三次产业生产总值

从人民生活水平来看，2020年阳江市户籍总人口为302.04万人，同比增长0.2%，城镇化率为40.33%。全年城镇新增就业2.53万人，城镇失业人员再就业1.31万人，就业困难人员实现就业2060人。年末城镇实有登记失业人员为1.35万人，城镇登记失业率为2.51%，比上年上升0.11个百分点。

（2）工业发展情况

2020年，阳江市规模以上工业企业营业收入为1539.59亿元（图5-123）。其中，国有控股企业同比增长9.0%，外商及港澳台商投资企业同比增长1.3%，股份制企业同比增长25.9%。分轻重工业看，轻工业同比增长21.0%，重工业同比增长16.3%。分企业规模看，大型企业同比下降3.7%，中型企业同比增长28.3%，小微型企业同比增长46.3%。

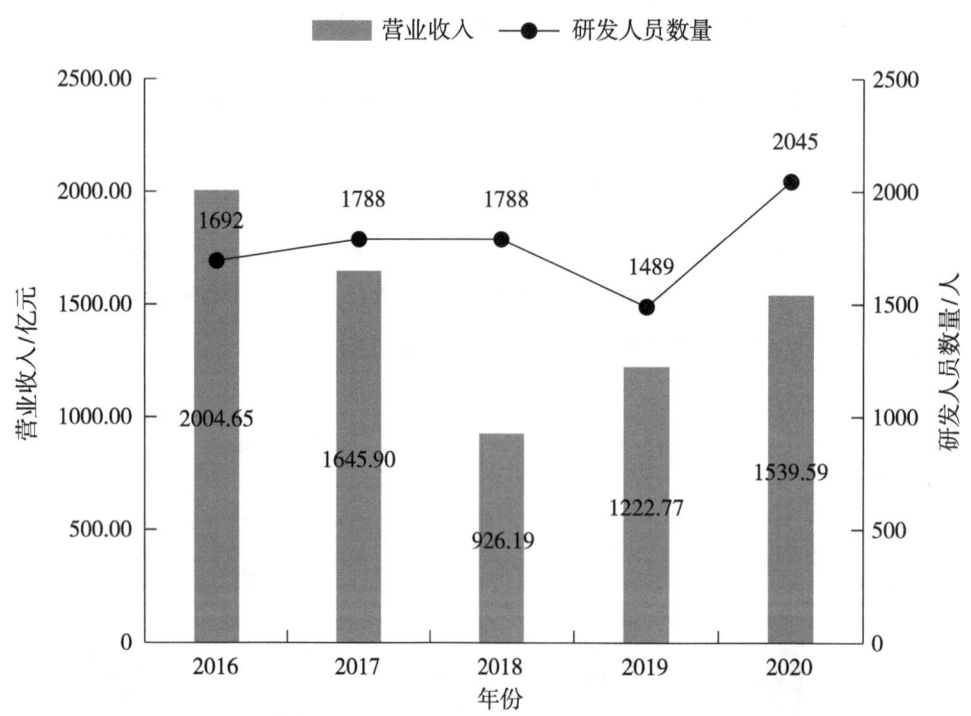

图5-123 2016—2020年阳江市规模以上工业企业营业收入和研发人员数量

从规模以上工业企业研发经费内部支出及研发人员数量来看，2016—2020年阳江市规模以上工业企业研发人员数量呈波动上升态势（图5-123）。2016—2020年阳江市规模以上工业企业研发经费内部支出总体上有较大幅度下降，省内排名在2018年达到5年来的最低水平，2019年和2020年排名略有回升，但是与2016年和2017年相比，仍有较大差距（图5-124）。

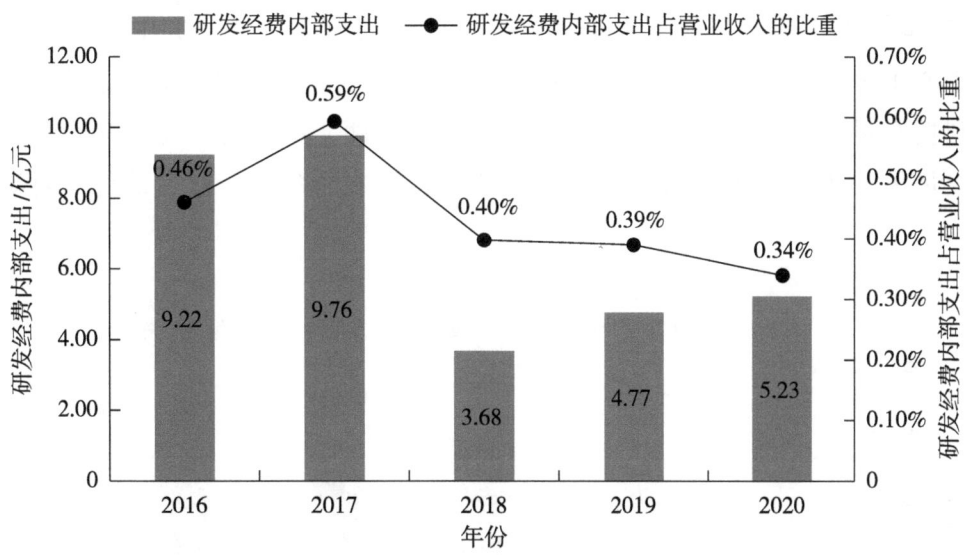

图 5-124　2016—2020 年阳江市规模以上工业企业研发情况

（3）科技发展情况

2020 年，阳江市 R&D 经费达到 5.71 亿元，同比增长 12.40%。R&D 经费占 GDP 的比重达 0.42%，对比上年提升 0.03 个百分点，列省内第 18 位（图 5-125）。R&D 活动人员达到 1590 人，较上年增长 37.04%，5 年来总体呈上升态势。

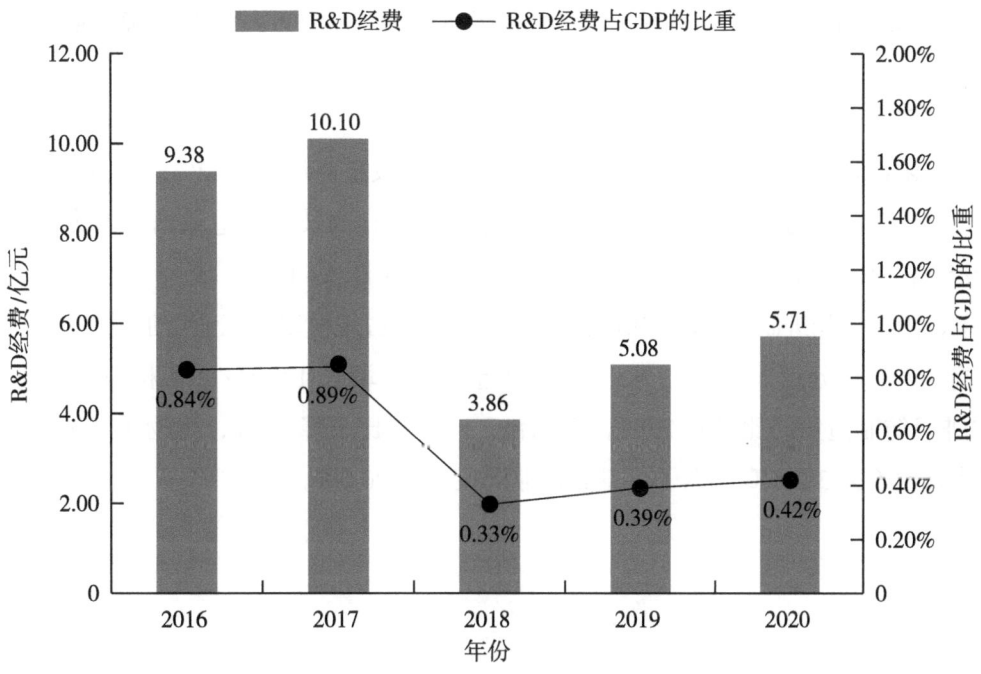

图 5-125　2016—2020 年阳江市 R&D 经费情况

2020年，阳江市共有高新技术企业105家、省级以上工程技术研究中心41家、市级工程技术研究中心175家。地方财政科技拨款30 667万元，占地方财政支出的比重为1.23%。有效发明专利拥有量为322件，PCT国际专利申请量为9件，专利授权量为5060件，其中，发明专利授权量为65件（图5-126）。阳江市的创新产出在全省处于落后地位，创新能力亟须提升。

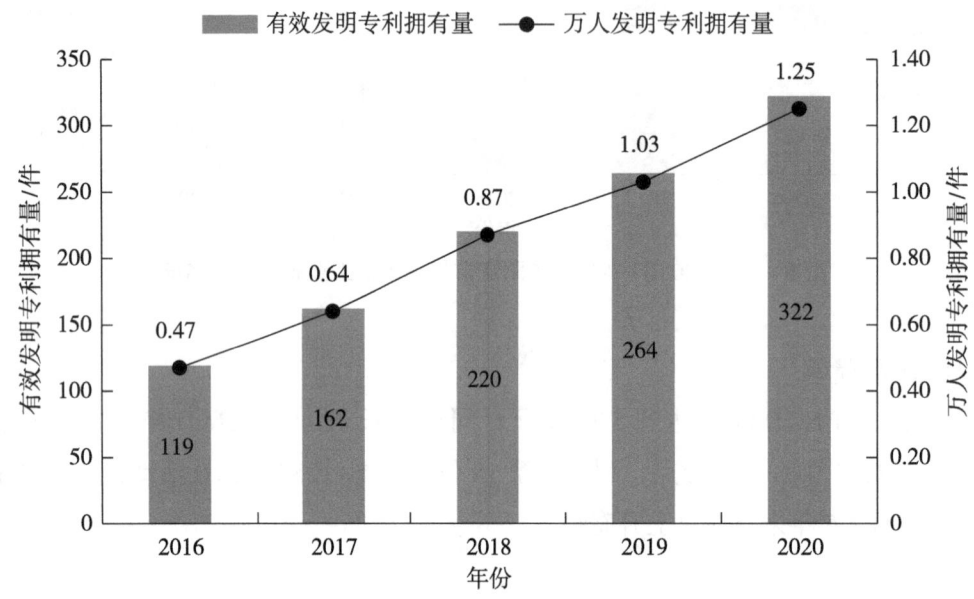

图5-126 2016—2020年阳江市有效发明专利拥有量和万人发明专利拥有量

（4）新经济发展情况

2020年，阳江市高新技术产品产值为428.39亿元，较上年增长5.22%；高技术制造业增加值占规模以上工业增加值的比重为0.33%，与上年基本一致；高技术制造业增加值为0.98亿元，较上年增长6.52%，较2016年有大幅下降，降幅为87.89%（图5-127）。

2020年，阳江市先进制造业增加值同比增长27.9%，占规模以上工业增加值的比重为16.5%，比上年提高2.7个百分点。其中，先进装备制造业同比增长173.5%，新材料制造业同比增长11.3%，先进轻纺制造业同比下降2.9%，石油化工产业同比下降8.6%，生物医药及高性能医疗器械制造业同比下降34.3%，高端电子信息制造业同比下降90.0%。

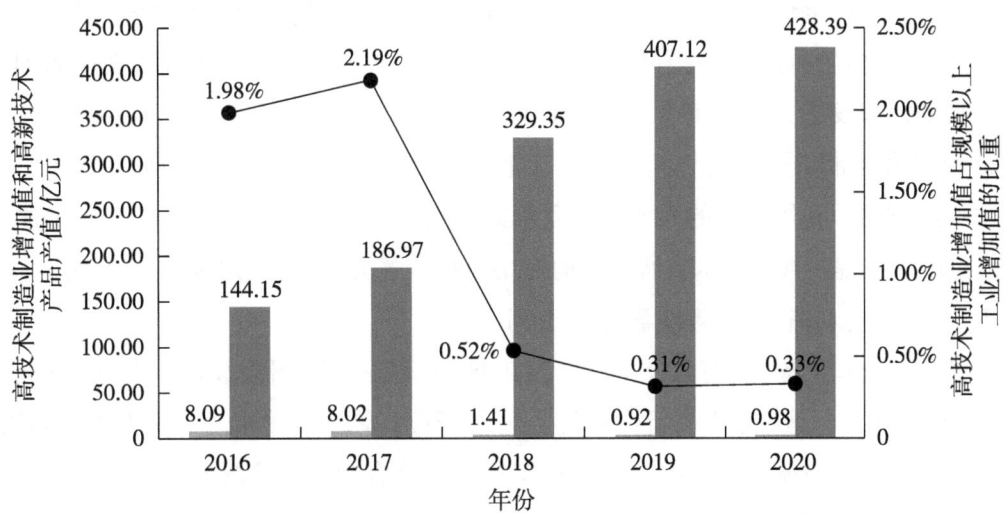

图 5-127 2016—2020 年阳江市高技术制造业发展情况

2020年，阳江市数字普惠金融指数全国排第126位、省内排第13位。分指标来看，覆盖宽度全国排第162位、省内排第13位；使用深度全国排第66位、省内排第12位；数字化程度全国排第190位、省内排第13位（表5-39）。

表 5-39　2020年阳江市数字普惠金融综合指标

指标名称	指标值	全国排名	广东排名
数字普惠金融指数	257.69	126	13
覆盖宽度	244.22	162	13
使用深度	266.47	66	12
数字化程度	286.26	190	13

数据来源：《北京大学数字普惠金融指数（2011—2021）》。

5.14.3　主要企业和行业创新活动分析

（1）阳江十八子集团有限公司

阳江十八子集团有限公司（简称"阳江十八子"）创建于1983年，是从手工生产碳钢菜刀发展到现代化、机械化、规模化生产上千种规格的刀具产品，集科研、生产、销售、旅游于一体的大型综合品牌企业。产品畅销全国各地及日本、美国、加拿大、韩国、东南亚等30多个国家和地区。阳江十八子通过工贸合作、经济互补的经营方式得到飞速发展，受到有关部门的肯定和社会的认可。获得"中国菜刀中心""全国工业旅游示范点""广东省五金刀具工程技术研究开发中心""广东省优秀高新技术企业""广东省省级企业技术中心"等300多项荣誉。

阳江十八子正顺应全球化、市场化需求不断改革，充分利用社会资源优势，提升自己的品牌影响力，争创中国驰名商标，打造国际知名品牌，与时俱进，不断发展壮大。在产品创新方面，根据市场的需要，开发了具有抗菌、消毒功能的刀座和刀具；在经营销售方面，推出共享菜刀、免费磨刀，利用直播带货开拓销售新渠道，让消费者在售前、售中、售后等环节享受良好的服务；在人才引进方面，利用政府的人才扶持政策柔性引进了创新人才团队，同时还组建了科创基地，联合攻克产业关键、共性技术，研发刀剪专用材料，解决刀剪材料卡脖子的问题。

（2）阳江市宝马利汽车空调设备有限公司

阳江市宝马利汽车空调设备有限公司成立于1998年，是一家集开发设计、生产、销售于一体的汽车空调设备民营企业，是广东省高新技术企业、广东省汽车空调工程技术研究开发中心依托单位。

阳江市宝马利汽车空调设备有限公司生产销售的产品有管带式冷凝器、平行流冷凝器、管带式蒸发器、层叠式蒸发器、空调管、汽车全铝带式散热器及油冷器等，现已拥有8件国家专利，多项产品获省、市科技进步奖和省优秀新产品奖。质量管理体系已获ISO 9001—2000国际标准认证。产品经国家权威机构检测，质量达到国内同类产品先进水平。拥有完善的销售网络，销售网点遍布全国和世界各主要地区。80%产品与国内外整车空调系统配套并出口30多个国家。

5.14.4 政府部门引导创新的典型做法

阳江市坚持打造"沿海经济带的重要战略支点、宜居宜业宜游的现代化滨海城市"这一总体定位，立足新发展阶段，以更高站位、更宽视野、更大格局谋划未来发展。阳江市把对接融入"双区"建设作为对外布局的战略重点，推动基础设施"硬联通"和规则机制"软联通"，建设服务于"双区"的六大重要基地，主动接受"双区"辐射带动，打造粤港澳大湾区的重要拓展区。阳江市还着力增强作为广东省沿海经济带重要战略支点的支撑功能，与珠三角沿海城市"串珠成链"，助力全省打造世界级沿海经济带。目前，阳江市创建国家高新区的工作推进顺利。国家级孵化器和省级实验室实现零的突破，是粤东西北地区省级实验室最多的地市之一，创新能力大幅提升。

5.14.5 小结

阳江市坚持新发展理念，推动高质量发展，坚定不移实施创新驱动发展战略，充分发挥科技创新的支撑引领作用，推动全市创新发展再创新局面。但是，其经济社会发展中还存在一些短板和问题，主要表现在：经济总量偏少，投资增长后劲不足，财政收支平衡压力较大；主导产业核心竞争力仍需提升，新兴产业有待加快培育，环保等基础设施存在短板；高层次人才缺乏，创新能力水平还有待提高；城乡区域发展差距依然较大；教育、医疗等公共服务与群众的期盼还有差距；政府治理体系和治理能力现代化仍需加快推进。在未来，阳江市要更加注重创新驱动发展。

坚持创新核心地位，推动创新能力显著增强。注重产业跨越式发展，抢抓"双区"建设机遇，加强产业协同发展，构建具有阳江特色的现代产业体系。同时，还要注重扩大有效投资，坚持招商引资"一号工程"，瞄准世界500强和国内知名企业，厚积发展动能。坚持按照世界银行营商环境标准，加快构建市场化、法治化、国际化的营商环境。

5.15 湛江市创新能力分析

湛江市是省域副中心城市、首批"一带一路"海上合作支点城市，是国务院批复确定的东南沿海重要港口城市、粤西及北部湾中心城市，是具有热带风光的现代化新兴港口工业城市。2022年，湛江市的创新能力位于广东省中游水平，近5年来创新水平有较大幅度提升。湛江市借助独特的资源优势和产业优势，主动地融入北部湾城市群的发展，积极发展港口经济和临港经济，推动经济社会实现高质量发展。

5.15.1 创新能力排名

2022年，湛江市的创新能力排全省第10位，较上年上升1位，较2018年上升7位。2018—2022年，湛江市的创新能力排名总体呈上升态势且变化幅度较大（图5-128）。

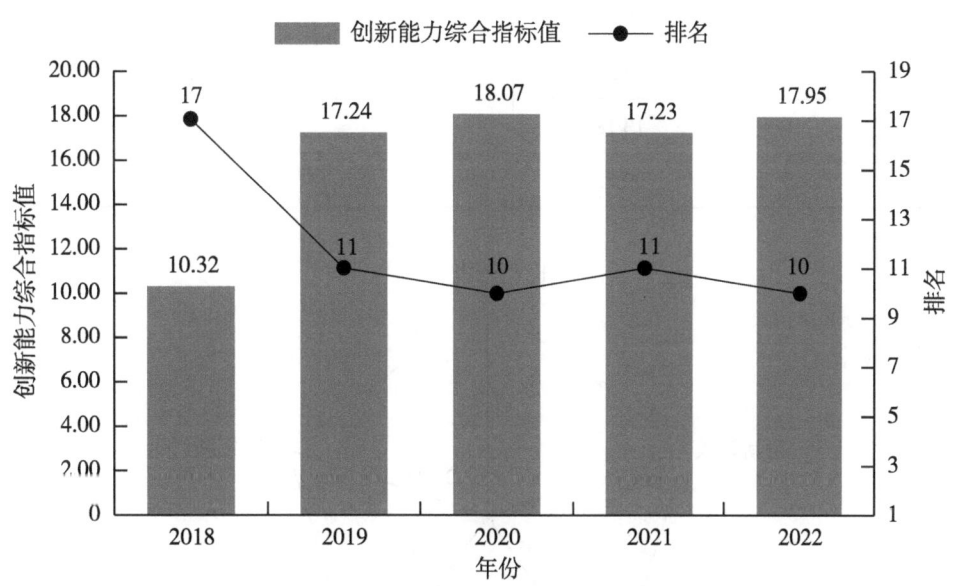

图5-128　2018—2022年湛江市创新能力变化趋势

分指标分析，2022年湛江市在创新投入指标方面排第19位，较上年下降1位；创新产出指标排第11位，较上年上升3位；产业升级指标排第18位，较上年下降1位；创新环境指标排第18位，较上年下降1位；创新绩效指标排第3位，较上年上升1位（表5-40、图5-129）。

表 5-40 湛江市创新能力指标分析

指标名称	2022年		2021年	
	指标值	排名	指标值	排名
综合	17.95	10	17.23	11
1 创新投入	2.33	19	2.37	18
1.1 人员投入	0.52	20	0.51	21
1.2 经费投入	4.13	17	4.24	16
2 创新产出	21.47	11	17.03	14
2.1 专利产出	0.44	14	0.30	14
2.2 产业创新	42.51	11	33.76	14
3 产业升级	7.38	18	9.30	17
3.1 结构优化	7.38	18	9.30	17
4 创新环境	2.05	18	1.93	17
4.1 政策环境	1.34	19	1.06	19
4.2 市场环境	2.55	16	2.06	17
4.3 技术要素流动	0.41	14	0.59	13
4.4 创新平台	3.89	11	4.01	11
5 创新绩效	56.50	3	55.51	4
5.1 生活质量	13.18	13	11.02	14
5.2 技术水平	99.82	2	100.00	1

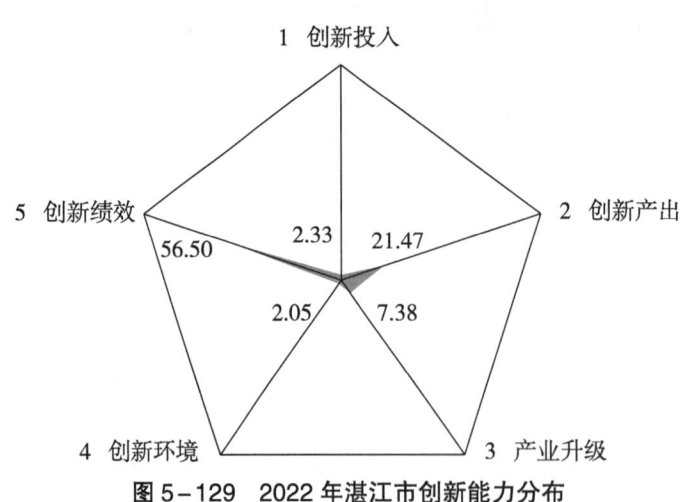

图 5-129 2022年湛江市创新能力分布

5.15.2 决定创新能力的关键指标分析

（1）国民经济综合发展情况

2020年，湛江市实现地区生产总值3100亿元，居广东省第10位，较上年增长1.45%。2016—2020年，湛江市占广东省地区生产总值比重总体呈下降态势（图5-130）。

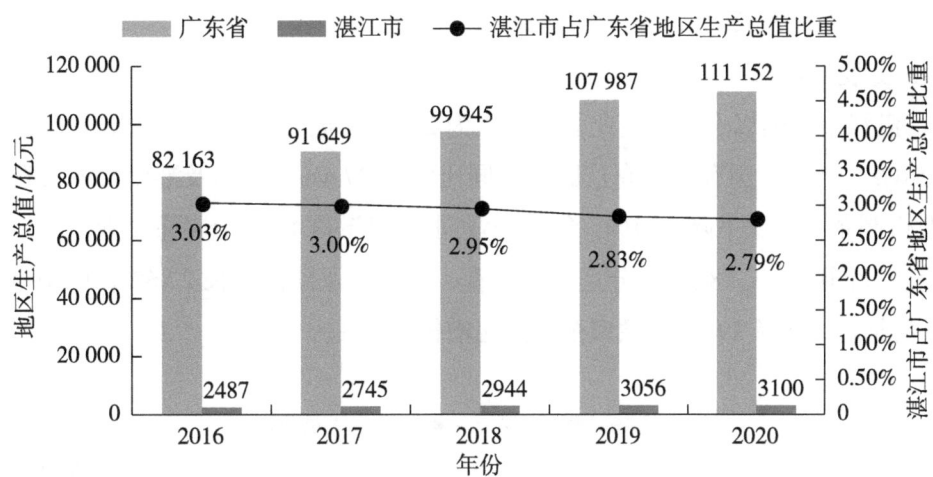

图5-130　2016—2020年湛江市地区生产总值变化情况

从三次产业发展情况来看，2020年湛江市第一产业生产总值622亿元，较上年增长6.51%；第二产业生产总值1052亿元，较上年增长0.57%；第三产业生产总值1426亿元，较上年增长0.02%。三次产业结构为20.06∶33.93∶46.01。从2016—2020年的变化来看，2020年湛江市的第三产业占比和第一产业占比较2016年均有较大幅度提升，第二产业占比总体呈下降态势（图5-131）。

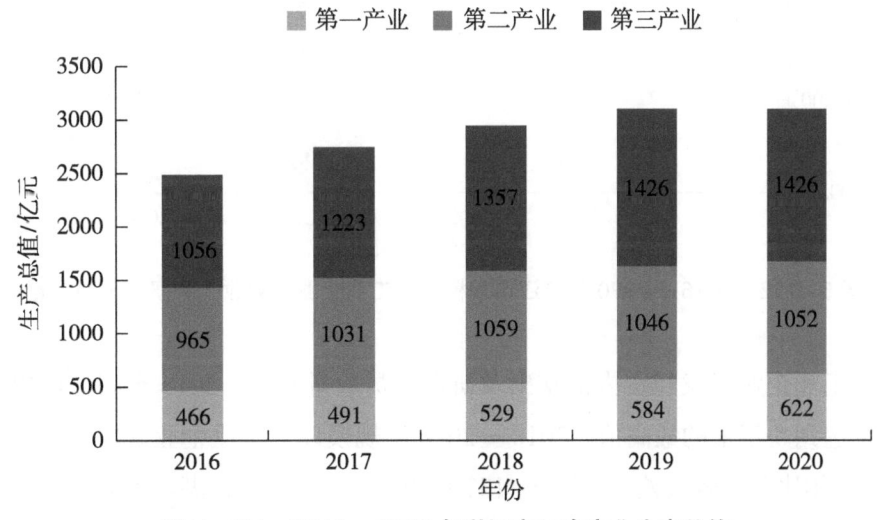

图5-131　2016—2020年湛江市三次产业生产总值

从人民生活水平来看，2020年湛江市户籍总人口为859.58万人。全年城镇新增就业7.19万人，城镇失业人员再就业3.59万人。年末城镇登记失业率为2.47%，比上年提高0.30个百分点。2020年全市人均可支配收入为24 986元，同比增长7.1%。按常住地分，城市人均可支配收入为32 926元，同比增长5.4%；农村人均可支配收入为18 758元，同比增长8.2%。全市人均消费支出为16 560元，同比增长1.5%。按常住地分，城市人均消费支出为21 007元，同比下降0.2%；农村人均消费支出为13 071元，同比增长2.7%。全市居民恩格尔系数为44.2%，比上年上升2.1个百分点，其中，城市为42.1%，农村为47.0%。

（2）工业发展情况

2020年，湛江市规模以上工业企业营业收入为2205.72亿元（图5-132），规模以上工业增加值同比增长5.4%。其中，国有及国有控股企业同比增长27.4%，外商及港澳台商投资企业同比增长28.8%，股份制企业同比下降13.1%，集体企业同比下降93.4%。分轻重工业看，轻工业同比下降29.6%，重工业同比增长18.5%。分企业规模看，大型企业同比增长27.6%，中型企业同比下降18.8%，小型企业同比下降29.0%，微型企业同比增长71.6%。

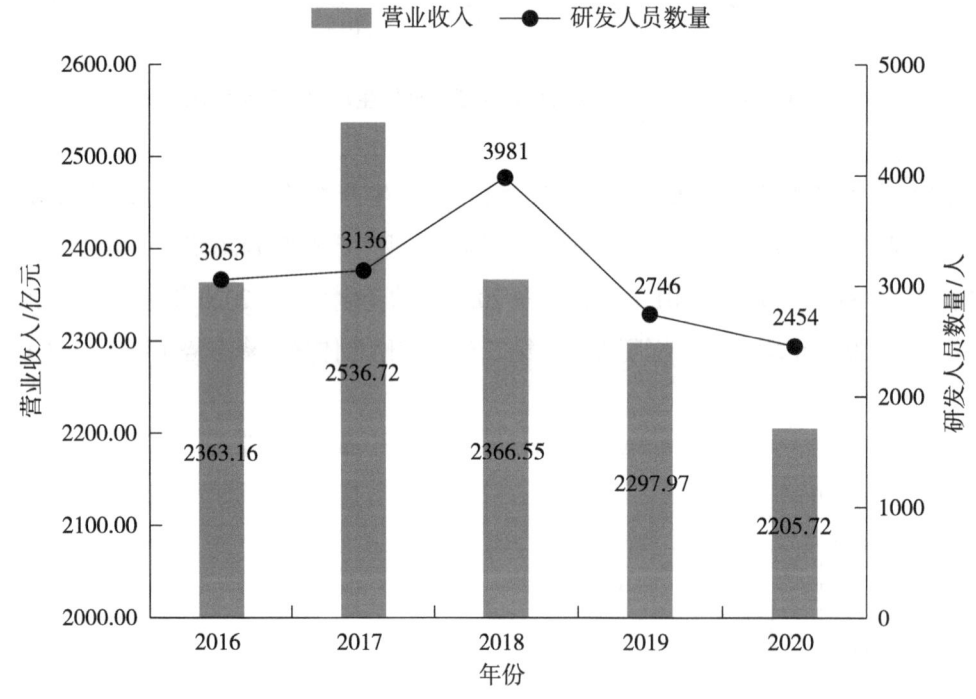

图5-132　2016—2020年湛江市规模以上工业企业营业收入和研发人员数量

从规模以上工业企业研发经费内部支出及研发人员数量来看，2018年湛江市规模以上工业企业研发人员数量达到5年来的最高值，2018—2020年规模以上工业企业研发人员数量逐年下降，2020年与2016年相比存在较大差距（图5-132）。2016—2020年，湛江市规模以上工业企业研发经费内部支出排名稳定在省内第15位，研发经费内部支出保持增长态势（图5-133）。

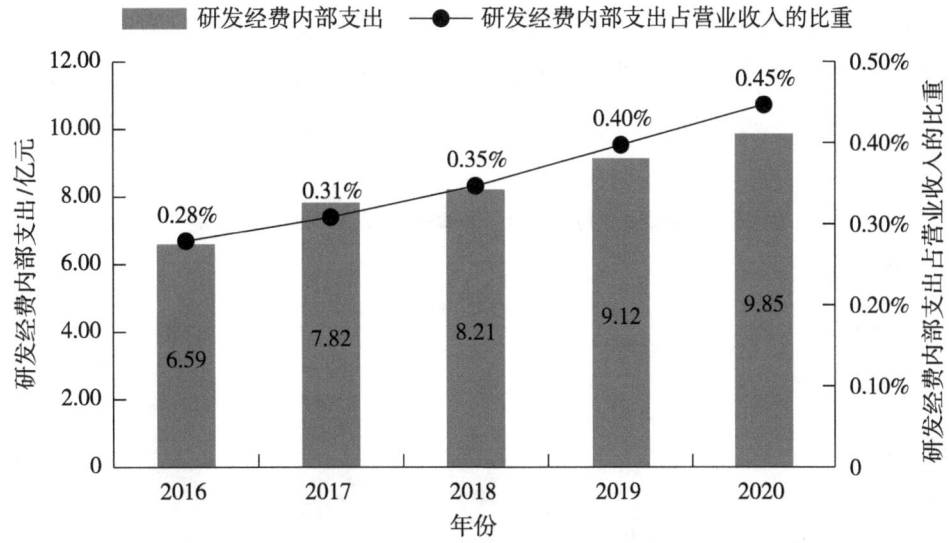

图 5-133 2016—2020 年湛江市规模以上工业企业研发情况

（3）科技发展情况

2020 年，湛江市 R&D 经费达到 15.27 亿元，同比增长 12.61%；R&D 经费占 GDP 的比重达 0.49%，对比上年提升 0.05 个百分点，列省内第 16 位（图 5-134）。R&D 活动人员达到 4236 人，较上年增长 4.63%，5 年来总体呈上升态势，但是依旧低于 2018 年的 R&D 活动人员总量。

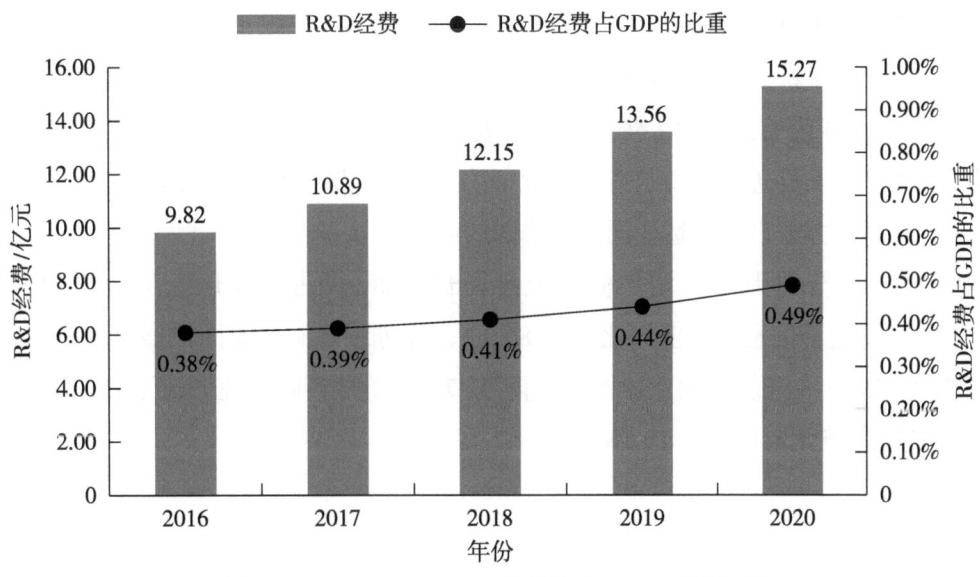

图 5-134 2016—2020 年湛江市 R&D 经费情况

2020 年，湛江市共有高新技术企业 301 家、县级以上国有独立研究与开发机构 28 家；投入市级科技发展专项经费 9332 万元，比上年下降 20.2%。组织实施国家、省、市科技计划项目638项。共签订技术合同179项,技术合同成交金额为9592.40万元。有效发明专利拥有量为1448件,PCT国际专利申请量为33件,专利授权量为5459件,其中,发明专利授权量为287件(图5-135)。

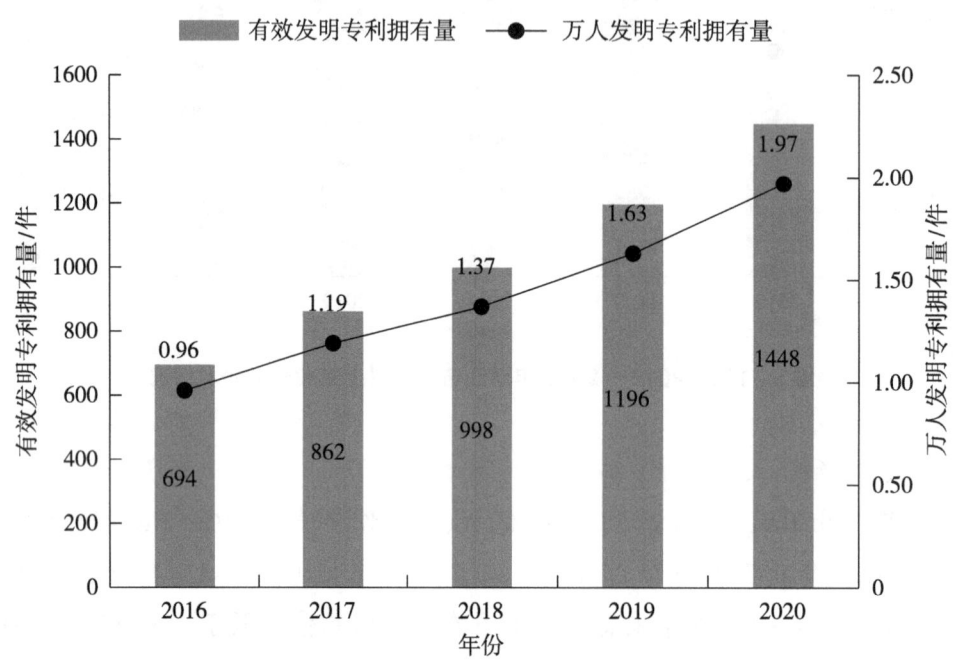

图5-135 2016—2020年湛江市有效发明专利拥有量和万人发明专利拥有量

(4)新经济发展情况

2020年,湛江市高新技术产品产值为724.55亿元,较上年增长13.42%;高技术制造业增加值占规模以上工业增加值的比重为1.5%,较上年提高0.1个百分点(图5-136)。其中,医药制造业同比增长9.5%,电子及通信设备制造业同比下降27.8%,医疗设备及仪器仪表制造业同比增长21.3%,电子计算机及办公设备制造业同比下降30.9%。

2020年,湛江市先进制造业增加值比上年增长20.8%,占规模以上工业增加值的比重为38.3%。其中,高端电子信息制造业同比下降86.9%,先进装备制造业同比增长13.5%,石油化工产业同比增长63.1%,先进轻纺制造业同比下降42.7%,新材料制造业同比下降0.5%,生物医药及高性能医疗器械制造业同比增长10.6%。

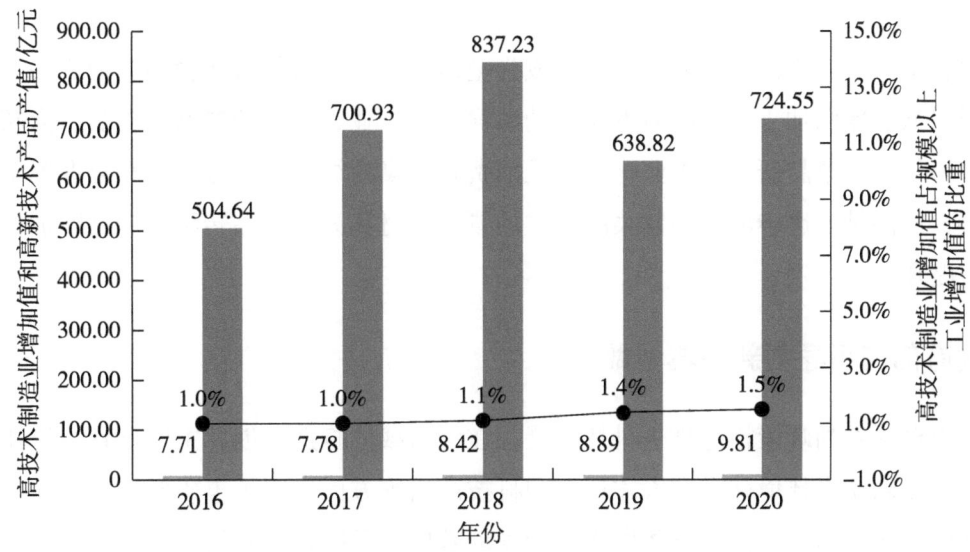

图 5-136　2016—2020 年湛江市高技术制造业发展情况

2020年，湛江市数字普惠金融指数全国排第163位、省内排第18位。分指标来看，覆盖宽度全国排第189位、省内排第17位；使用深度全国排第112位、省内排第18位；数字化程度全国排第209位、省内排第17位（表5-41）。

表 5-41　2020 年湛江市数字普惠金融综合指标

指标名称	指标值	全国排名	广东排名
数字普惠金融指数	251.05	163	18
覆盖宽度	239.85	189	17
使用深度	253.46	112	18
数字化程度	283.69	209	17

数据来源：《北京大学数字普惠金融指数（2011—2021）》。

5.15.3　主要企业和行业创新活动分析

湛江国联水产开发股份有限公司创建于2001年，现已发展成为集育苗、养殖、饲料、食品生产、贸易、科研于一体的全产业链跨国经营企业，旗下的对虾、罗非鱼产品远销海内外。年销售额超20亿元，其中对虾、罗非鱼年出口创汇超1亿美元，占中国对虾出口美国市场总额的40%，居国内同行首位。率先在水产行业推行"2211"电子化监管模式，并通过了HACCP、BRC、BAP

等国际认证，是中国唯一一家（全球两家之一）输美对虾反倾销"零关税"企业、内地首家和唯一一家供港活虾企业。先后被认定为农业产业化国家重点龙头企业、高新技术企业、海关总署"AA"企业。

湛江国联水产开发股份有限公司致力于成为全球最具影响力的海洋食品企业之一，是国内少数具备全球采购、精深加工、食品研发能力的海洋食品企业，为全球餐饮、食品、商超等行业的客户提供食材供应、菜品研发、工业化生产及消费者餐桌的综合解决方案。充分发挥全球供应链和研发优势，产品结构逐步向以预制菜品为主的餐饮食材和海洋食品转型，产品附加值和影响力得到进一步提升。

5.15.4 政府部门引导创新的典型做法

湛江市出台一系列政策措施推进科技发展，在创新载体打造、创新主体培育、科技服务社会发展及民生、创新生态环境建设、人才集聚和科技产出等方面取得了丰硕成果。湛江市作为海南省连接大陆的最短通道，与海南省相向而行的联动效应日益明显，并借助海南自由贸易港政策溢出而获得更大效益。依托优质的港口资源，努力跻身北部湾中心城市，引领区域科技发展。湛江市加快融入粤港澳大湾区、深圳中国特色社会主义先行示范区"双区"建设，全面对接海南自由贸易港，带动北部湾城市群发展。在海洋经济产业方面实现科技合作协同创新，在数字经济产业方面实现科技承接创新。运用新科技改造传统产业，在产业转移方面实现要素升级创新，成为沿海经济带的重要发展极。

5.15.5 小结

湛江市高度重视创新驱动发展，科技创新实力不断增强，创新载体科技支撑力量不断提高，创新主体数量与质量也在同步提升，创新创业环境持续优化，人才集聚效应也逐步显现。但湛江市仍存在一些问题：科技研发投入不足；市级科技计划项目、市级科技园区、科技信贷风险准备金等政策部分条文滞后，与国家、省的新文件、新政策衔接不够；产业结构发展不平衡，高新技术企业量质有待提高；目前人才总量、结构层次还不能完全支撑创新发展的需要，支撑建设省域副中心城市的科技创新力量不足等。因此，在未来，湛江市应该与广州市重点协作，借助广州市和深圳市"双核"帮扶，形成区域创新策源地，集中优势资源，突出海洋特色。加快新型基础设施建设，重点放在海洋经济科技创新，打造世界级绿色高端临港产业集群，建设具有国际影响力的高新产业集群、重化产业循环经济示范基地和海洋产业集聚区。同时，湛江市还应集聚创新人才，进一步发挥科技创新对高质量发展的驱动作用。在形成湛江市区域产业特色的现代技术体系中，发挥科技创新第一动力的重要支撑作用。培养具有竞争力和活力的创新主体，实现科技创新。

5.16 茂名市创新能力分析

茂名市是全国重要的石油化工基地和能源基地，是粤西综合性枢纽城市和沿海重要的港口。茂名市经济稳步发展，位居粤东西北地区前列，资源丰富，是广东省第一产业生产总值最高的地市。在《茂名市培育壮大工业主导产业五年行动计划（2016—2020年）》指导下，茂名市加快培育壮大石油化工产业、农副产品加工产业、矿产资源加工产业、特色轻工纺织产业、医药与健康产业、金属加工及先进装备制造业等六大主导产业，致力于打造具有核心竞争力的特色产业集群，形成"优势突出、产业集聚、布局合理、质量提升"的主导产业发展新格局。目前，茂名市已形成了沿海以水产、海产品加工为主，中部以水果加工为主，山区以竹木加工为主的农产品加工业聚集发展区域，全市特色产业集聚效应凸显。

5.16.1 创新能力排名

2022年，茂名市创新能力全省排第12位，与上年相比上升2位。2018—2021年，茂名市创新能力排名持续下降，5年内茂名市创新能力排名波动明显，但整体上处于全省中游水平（图5-137）。

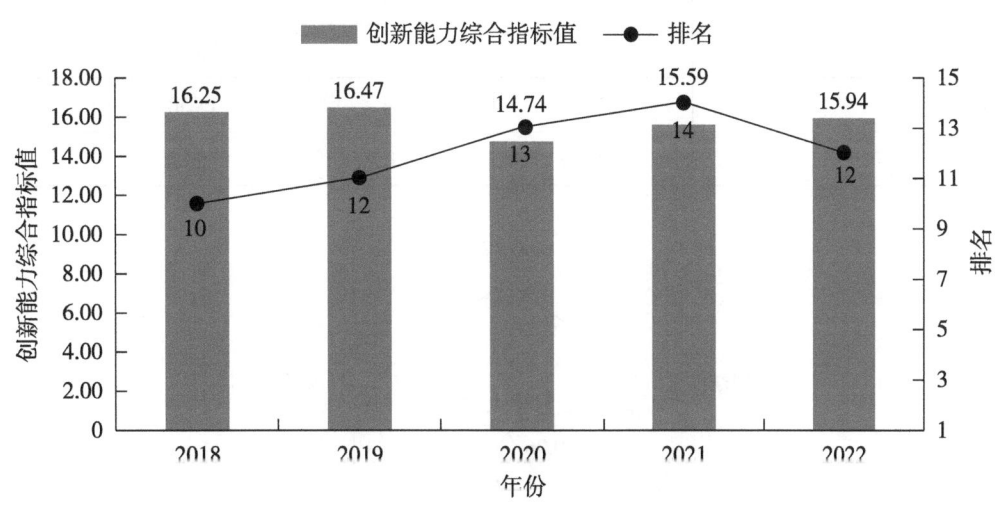

图5-137　2018—2022年茂名市创新能力变化趋势

分指标分析，2022年茂名市创新投入、创新产出和产业升级指标排名与上年齐平，分别排在全省第14位、第20位和第16位；创新环境指标排名较上年下降1位，排在第21位；创新绩效指标排在第4位，位居全省前列，其中技术水平指标排全省第1位（表5-42、图5-138）。

表 5-42 茂名市创新能力指标分析

指标名称	2022 年		2021 年	
	指标值	排名	指标值	排名
综合	15.94	12	15.59	14
1 创新投入	8.57	14	9.26	14
1.1 人员投入	10.88	12	10.62	12
1.2 经费投入	6.26	15	7.90	14
2 创新产出	1.12	20	0.80	20
2.1 专利产出	0.07	20	0.04	19
2.2 产业创新	2.16	20	1.56	20
3 产业升级	12.83	16	11.73	16
3.1 结构优化	12.83	16	11.73	16
4 创新环境	0.96	21	0.98	20
4.1 政策环境	0.72	20	0.53	20
4.2 市场环境	0.53	20	1.03	20
4.3 技术要素流动	0.31	15	0.12	17
4.4 创新平台	2.26	14	2.25	15
5 创新绩效	56.24	4	55.16	5
5.1 生活质量	12.48	14	11.50	13
5.2 技术水平	100.00	1	98.82	2

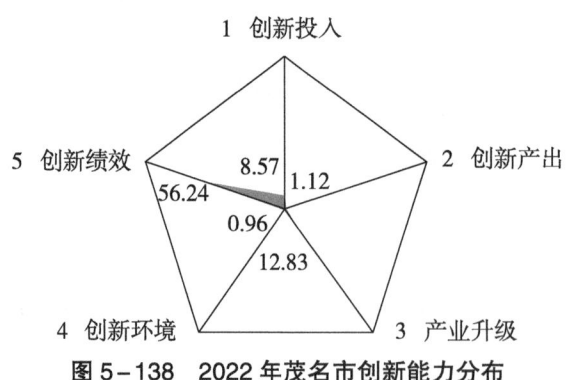

图 5-138 2022 年茂名市创新能力分布

5.16.2 决定创新能力的关键指标分析

（1）国民经济综合发展情况

2020年，茂名市实现地区生产总值3279亿元，居广东省第7位，比上年增长0.8%。2016—2020年茂名市占广东省地区生产总值比重如图5-139所示，占比保持在3.00%左右。

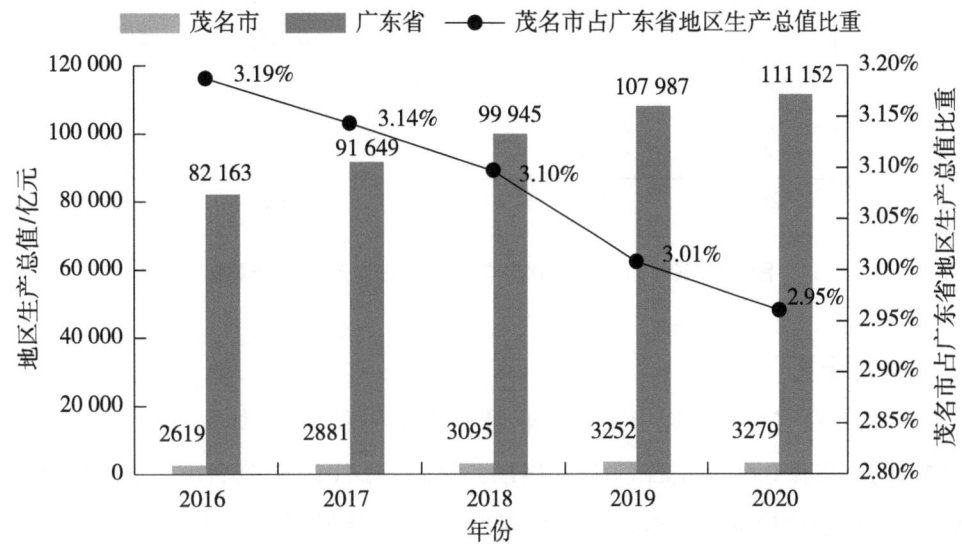

图5-139 2016—2020年茂名市地区生产总值变化情况

2020年，茂名市常住人口为618万人，人均生产总值为53 311元，排广东省第10名，低于广东省平均水平（88 210元）34 899元。2020年，茂名市第一产业生产总值为649亿元，列广东省第1位；第二产业生产总值为1032亿元，列广东省第11位；第三产业生产总值为1598亿元，列广东省第7位（图5-140）。全员劳动生产率为534 242.82元/人，居全省第2位。农村人均可支配收入为18 482.2元，排全省第9位。城市人均可支配收入为29 404.9元，排全省第15位。总体而言，茂名市总量指标在广东省排名中等，在粤东西北地区排名靠前，但相较广东省珠三角经济发达地市差距依旧很大，且人均指标排名较靠后。

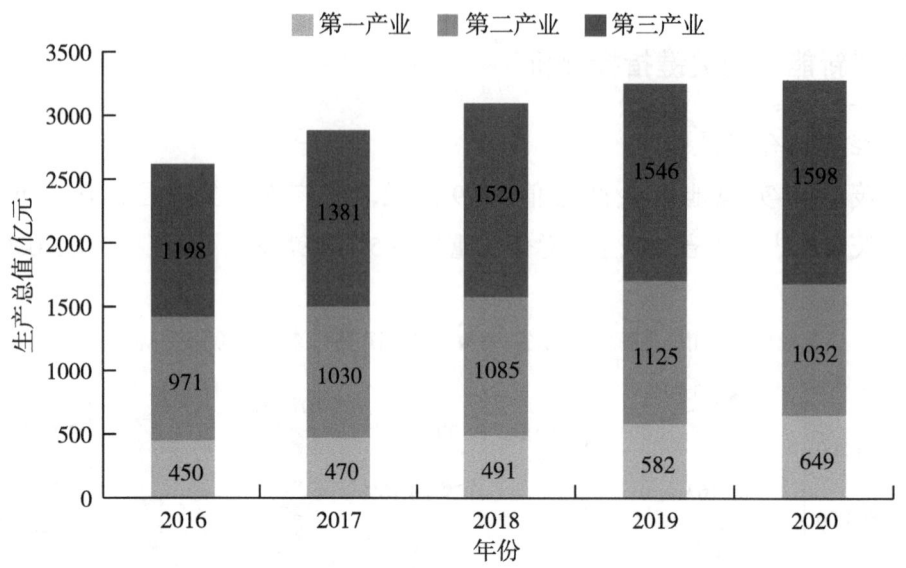

图 5-140 2016—2020 年茂名市三次产业生产总值

（2）工业发展情况

2016—2020 年，茂名市规模以上工业企业研发经费内部支出总体呈下降趋势，研发经费内部支出占营业收入的比重在 0.60% 左右（图 5-141）。整体上，2020 年茂名市工业发展情势不容乐观。其中，规模以上工业企业数为 751 家，较上年减少 59 家；规模以上工业企业营业收入、研发人员数量、研发经费内部支出及工业增加值和工业总产值与 2019 年相比均有不同幅度的下降，但在省内的排名与 2019 年持平（表 5-43）。

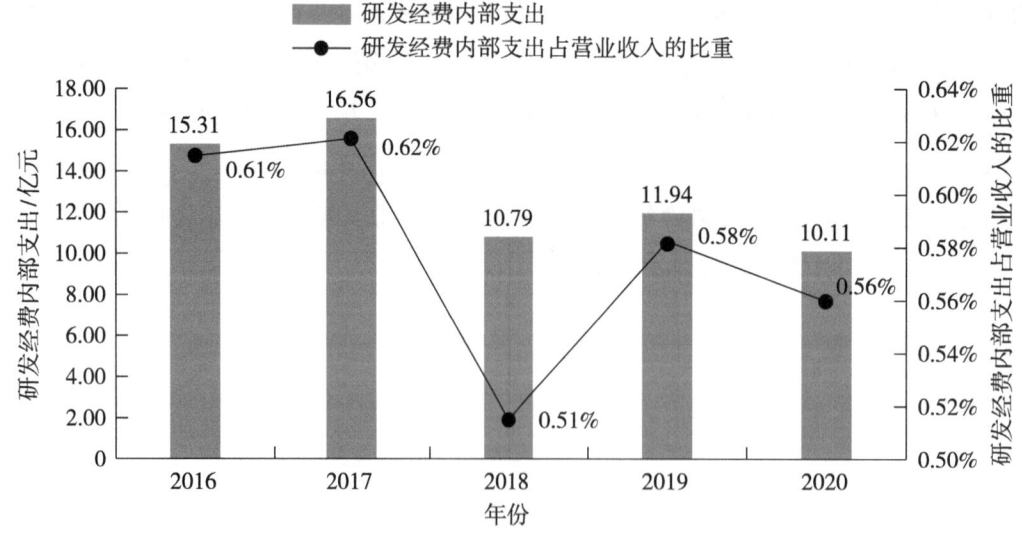

图 5-141 2016—2020 年茂名市规模以上工业企业研发情况

表 5-43 茂名市工业发展相关指标

指标名称	2020年	2019年	同比增速	2020年排名	2019年排名	排名变化
规模以上工业企业数/家	751	810	-7.28%	15	14	-1
研发人员数量/人	6452	6480	-0.43%	13	13	0
工业增加值/亿元	463.25	502.47	-7.81%	13	13	0
工业总产值/亿元	1771.25	1988.87	-10.94%	14	14	0

（3）科技发展情况

2020年，茂名市技术市场成交合同金额和技术市场成交合同数相比2019年均有大幅增长，其中技术市场成交合同金额高达9222.36万元，较上年增长319.74%，技术市场成交合同数为240项，较上年增长336.36%。在专利方面，茂名市2020年有效发明专利拥有量为726件，同比增长12.56%，PCT国际专利申请量同比增长70.59%，发明专利授权量、专利授权量分别同比增长20.21%和42.66%。全市2020年地方财政科技拨款为24 805万元，同比下降33.01%，R&D人员数量同比下降7.48%，R&D经费为16.04亿元，同比增长9.86%（表5-44）。

表 5-44 茂名市科技发展相关指标

指标名称	2020年	2019年	同比增速	2020年排名	2019年排名	排名变化
省工程技术研究中心/家	82	83	-1.20%	12	14	2
省重点实验室/家	2	2	0	16	15	-1
技术市场成交合同金额/万元	9222.36	2197.18	319.74%	13	16	3
技术市场成交合同数/项	240	55	336.36%	8	11	3
PCT国际专利申请量/件	29	17	70.59%	13	12	-1
发明专利授权量/件	113	94	20.21%	17	15	-2
专利授权量/件	3575	2506	42.66%	19	20	1
地方财政科技拨款占地方财政支出的比重	0.52%	0.81%	-35.80%	20	20	0
地方财政科技拨款/万元	24 805	37 030	33.01%	20	18	-2
R&D人员数量/人	4910	5307	-7.48%	13	13	0

2016—2020年，茂名市R&D经费整体波动幅度不大，R&D经费占GDP的比重在0.40%~0.65%小幅波动（图5-142）。

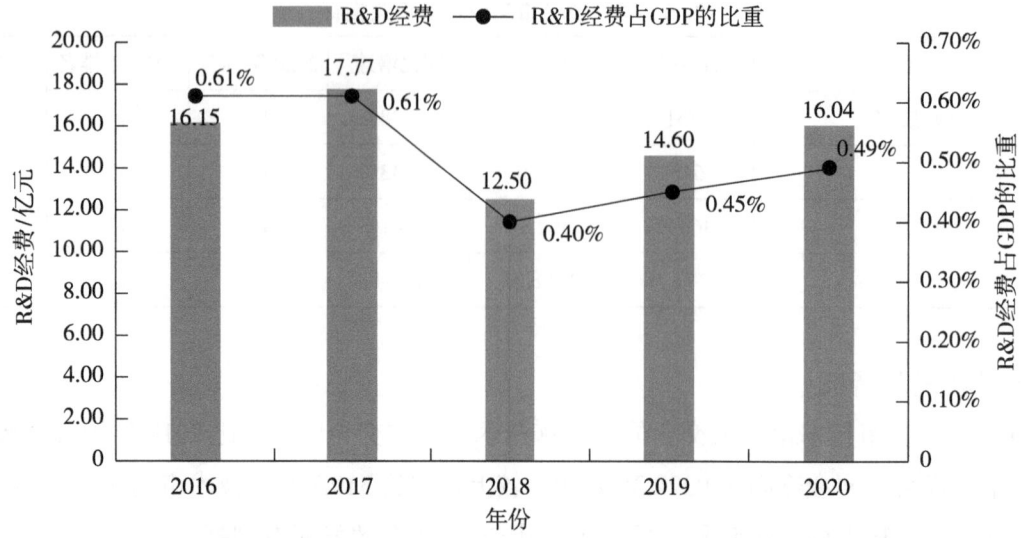

图 5-142　2016—2020 年茂名市 R&D 经费情况

2016—2020 年，茂名市有效发明专利拥有量和万人发明专利拥有量持续增加（图 5-143）。

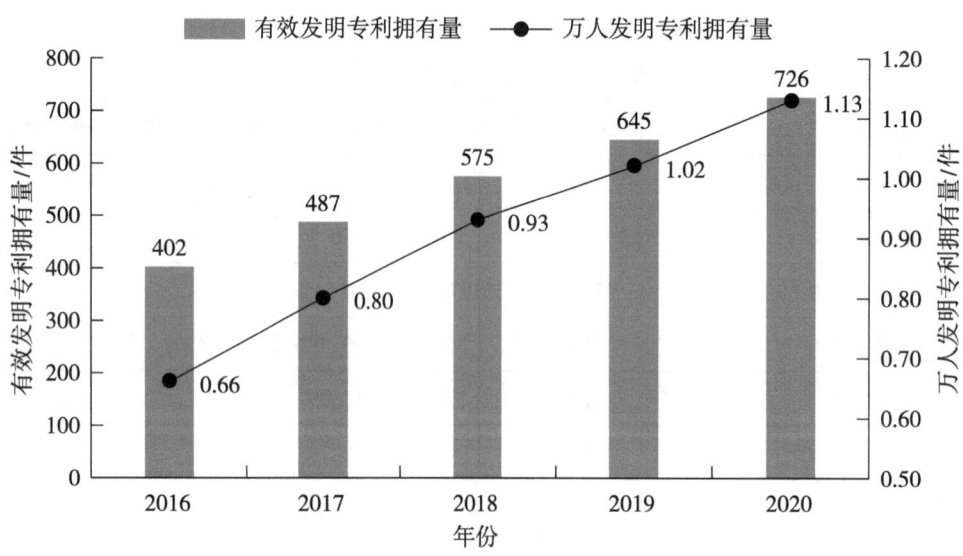

图 5-143　2016—2020 年茂名市有效发明专利拥有量和万人发明专利拥有量

（4）新经济发展情况

茂名市 2020 年有高新技术企业 136 家，比 2019 年少 10 家，高新技术产品产值为 138.42 亿元，同比下降 16.38%，省内排名下降 3 位，高技术制造业增加值为 12.89 亿元，同比增长 5.14%（表 5-45、图 5-144）。

表 5-45 茂名市新经济发展相关指标

指标名称	2020 年	2019 年	同比增速	2020 年排名	2019 年排名	排名变化
高新技术产品产值 / 亿元	138.42	165.54	-16.38%	21	18	-3
高新技术企业数 / 家	136	146	-6.85%	17	17	0
高技术制造业增加值占规模以上工业增加值的比重	2.8%	2.4%	16.67%	18	19	1
高技术制造业增加值 / 亿元	12.89	12.26	5.14%	18	19	1

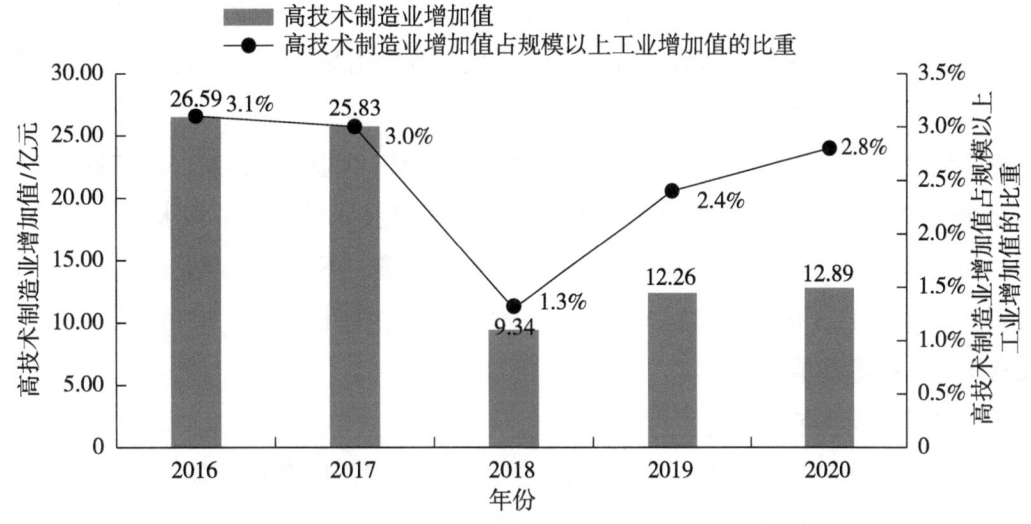

图 5-144 2016—2020 年茂名市高技术制造业发展情况

2020 年，茂名市数字普惠金融指数为 242.60，排全国第 213 位，覆盖宽度排全国第 242 位，使用深度排全国第 156 位，数字化程度排全国第 213 位，其中数字普惠金融指数、覆盖宽度和使用深度均居省内第 21 位，数字化程度居省内第 18 位（表 5-46）。

表 5-46 2020 年茂名市数字普惠金融综合指标

指标名称	指标值	全国排名	广东排名
数字普惠金融指数	242.60	213	21
覆盖宽度	230.35	242	21
使用深度	242.81	156	21
数字化程度	282.70	213	18

数据来源：《北京大学数字普惠金融指数（2011—2021）》。

5.16.3 主要企业和行业创新活动分析

茂名市立足资源优势,依托"大炼油""大乙烯"龙头效应,不断做强石化产业链,已形成石化产业全链条的产业格局,而广东新华粤石化集团股份公司、广东奥克化学有限公司是该产业链上的典型代表企业。

(1) 广东新华粤石化集团股份公司

广东新华粤石化集团股份公司(简称"新华粤石化"),原为茂名市政府与茂名石化公司合作成立的集体所有制单位,成立于1980年。新华粤石化链接茂名石化的产业链,提高石化资源的附加值,以石油产品深加工和乙烯产品后加工为主业,着力培育特种蜡、石油树脂和白油等三大核心业务板块,兼营建筑安装、防腐清洗、园林绿化、劳保用品加工、包装物制作和国际贸易等项目,是一家多元化的大型集团企业。

新华粤石化设立了博士后科研工作站、广东省院士专家(企业)工作站、广东省博士工作站,拥有独立的研发团队。成立了三大自主研发中心,专攻新技术的研发,以及新产品的开发、生产、销售。始终坚持走产学研合作与企业自主创新并举之路,不断推进产业优化升级。目前,新华粤石化资产总额达11.3亿元,先后入围高新技术企业、中国化工企业500强、中国优秀企业、广东省民营企业百强等榜单。

(2) 广东奥克化学有限公司

广东奥克化学有限公司(简称"广东奥克"),是奥克股份的全资子公司,成立于2009年,注册资本为12 000万元,位于广东省茂名高新技术产业开发区奥克大道。拥有自主研发乙氧基化生产线4条,具备年产10万吨环氧乙烷衍生精细化工新材料的生产能力。广东奥克依托茂名石化环氧乙烷资源优势,主要生产烯丙基聚氧乙烯醚系列、聚乙二醇系列、脂肪醇聚氧乙烯醚系列、甘油醚系列化工产品,主要从事高性能混凝土减水剂用聚醚单体、太阳能光伏电池用晶硅切割液及日化助剂等环氧乙烷衍生精细化工新材料的研发、生产和销售。

广东奥克始终坚持"共同创造、共同分享"的企业哲学,始终坚持"立足环氧乙烷创造价值"的发展战略,始终坚持"文化聚人、战略制胜、自主创新、科学管理、和谐发展"的管理方针,始终坚持走"以企业为主体、以市场为导向,产学研相结合"的自主创新发展道路,始终坚持"大趋势、大市场、少竞争"的市场开发与经营原则。广东奥克的建成与投产,对于进一步充分利用茂名石化环氧乙烷资源、进一步促进茂名石化产业结构的调整和茂名精细化工产业的发展、进一步扩大奥克股份在国内环氧乙烷精深加工行业的竞争优势、进一步巩固奥克股份环氧乙烷衍生精细化学品的行业领导地位均具有十分重要的意义。

5.16.4 政府部门引导创新的典型做法

2020年,茂名市继续深入实施创新驱动发展战略,通过集聚创新资源、培育创新主体、激发创新活力，集中突破了一批产业关键核心技术，加快推动了科技成果产出和转化，为推动茂名市经济高质量发展提供了强力支撑。茂名市全力打造高水平创新平台，与东华能源及美国霍尼韦尔UOP合作组建了协同创新中心，有序推进茂名绿色化工研究院、茂名国家高新区绿色化工与新材料中试基地、大学科技园等平台建设。与此同时，不断优化科技金融服务，为中小企业解决融资难题，推动规模2亿元的广东粤科粤茂创新创业投资基金规范运作，签约深圳市朗坤环境集团股份有限公司等一大批意向投资企业，进一步提升企业创新主体地位。此外，茂名市积极深化产学研合作，与清华大学深圳国际研究生院、茂名市长业化工有限公司签订清华大学深圳国际研究生院茂名成果转化合作项目合作框架协议，为茂名市科技发展提供人才保证。

5.16.5 小结

近年来，茂名市经济社会发展稳步向前，尤其是第一产业生产总值居省内第1位，在基础设施、城市扩容提质及产业转型等方面取得了较为显著的成果。整体创新能力处于广东省中游水平，但创新投入与创新产出不甚匹配，创新环境有待进一步改善。未来，茂名市应出台并落实相关政策和优惠措施，促进高新技术企业增量提质，同时，在"数字新基建"浪潮中，把握时机，助力实现石油化工、农副产品加工、矿产资源加工及金属加工等地区主导产业的转型升级。

5.17 肇庆市创新能力分析

肇庆市，总面积14 897.45平方千米，位于广东省中西部，东与佛山市接壤，南与云浮市相连，西与广西壮族自治区的梧州市和贺州市交界，北与清远市相邻，是粤港澳大湾区、珠江-西江经济带的重要节点城市，是广佛肇经济圈、广州都市圈的重要组成部分。近年来，肇庆市围绕小鹏汽车和宁德时代等引领的新能源汽车产业链，依托风华高科等龙头企业引领的电子信息产业链，针对陶瓷和金属加工等传统制造业绿色化、低碳化改造等项目，加强供应链垂直整合和技术改进，加快打造具有重要影响力的新能源汽车生产基地、电子元器件研发生产基地、绿色建材生产基地，工业实力得到大幅提升。

5.17.1 创新能力排名

2022年肇庆市创新能力全省排第14位，与2021年相比下降2位。2018—2022年，肇庆市创新能力排名呈下降趋势，从2018年全省第8位下降至2022年全省第14位，整体创新水平仍处于全省中游（图5-145）。

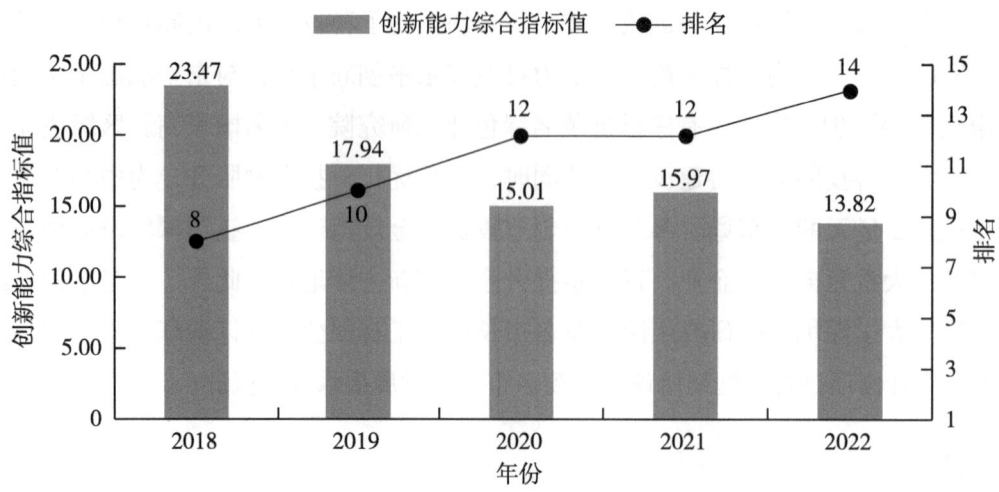

图 5-145　2018—2022 年肇庆市创新能力变化趋势

分指标分析，2022年肇庆市创新投入、创新环境指标排名与上年齐平，分别排在全省第10位和第9位，均处于广东省中上游水平；创新产出指标排在全省第15位，较上年下降4位；产业升级指标排名上升1位，居全省第19位；创新绩效指标排名下降1位，排在全省第12位（表5-47、图5-146）。

表 5-47　肇庆市创新能力指标分析

指标名称	2022 年		2021 年	
	指标值	排名	指标值	排名
综合	13.82	14	15.97	12
1　创新投入	13.42	10	16.66	10
1.1　人员投入	12.28	11	14.74	11
1.2　经费投入	14.55	11	18.58	10
2　创新产出	15.58	15	21.04	11
2.1　专利产出	1.61	10	1.45	10
2.2　产业创新	29.56	15	40.63	11
3　产业升级	7.30	19	7.05	20
3.1　结构优化	7.30	19	7.05	20
4　创新环境	10.08	9	8.42	9
4.1　政策环境	19.75	9	15.31	9
4.2　市场环境	14.06	9	12.01	9
4.3　技术要素流动	1.44	10	1.49	9

续表

指标名称	2022年		2021年	
	指标值	排名	指标值	排名
4.4 创新平台	5.07	10	4.89	10
5 创新绩效	22.71	12	26.69	11
5.1 生活质量	19.51	9	18.23	9
5.2 技术水平	25.91	10	35.15	10

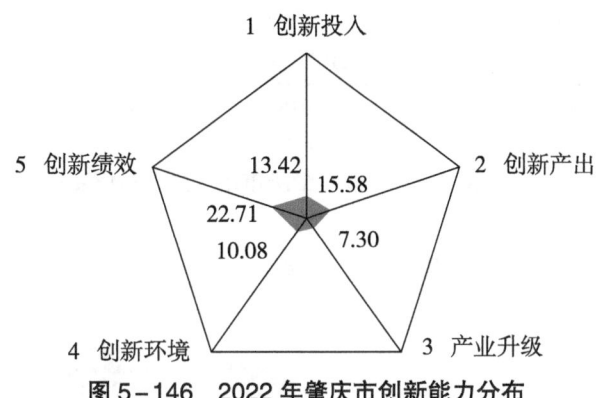

图 5-146 2022 年肇庆市创新能力分布

5.17.2 决定创新能力的关键指标分析

（1）国民经济综合发展情况

2020 年，肇庆市实现地区生产总值 2312 亿元，居广东省第 12 位，比上年增长 2.8%。2016—2020 年肇庆市占广东省地区生产总值比重如图 5-147 所示，占比保持在 2.00% 以上。

2020 年，肇庆市常住人口为 412 万人，人均生产总值为 56 318 元，排广东省第 9 位，低于广东省平均水平（88 210 元）31 892 元。2020 年，肇庆市第一产业生产总值为 437 亿元，列广东省第 3 位；第二产业生产总值为 902 亿元，居广东省第 12 位；第三产业生产总值为 972 亿元，居广东省第 13 位（图 5-148）。全员劳动生产率为 261 215 元/人，居省内第 10 位。农村人均可支配收入为 20 627.5 元，排全省第 8 位。城市人均可支配收入为 34 752.01 元，排全省第 9 位。总体而言，肇庆市国民经济综合发展水平位于粤东西北地区上游，但较珠三角经济发达地市仍存在差距。

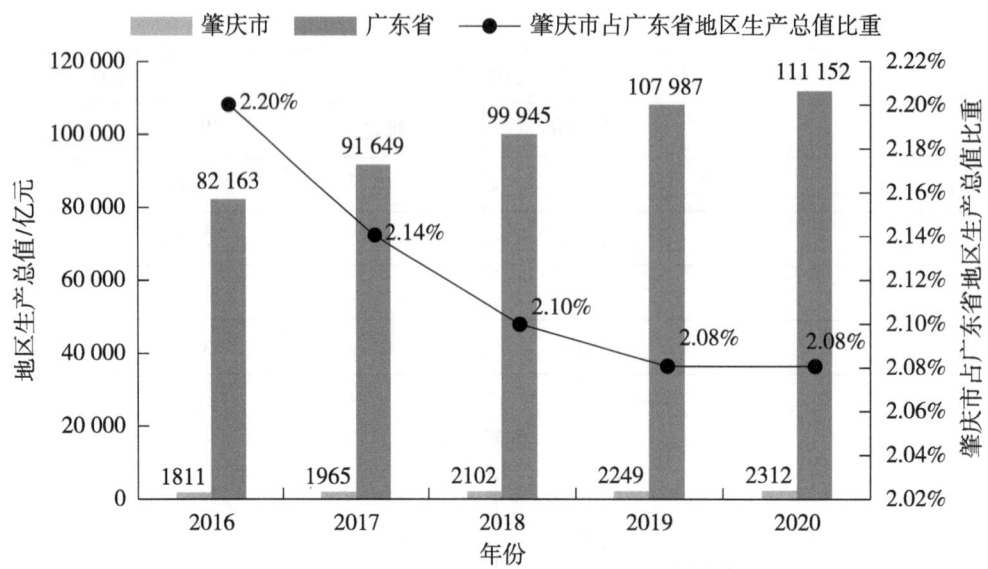

图 5-147 2016—2020 年肇庆市地区生产总值变化情况

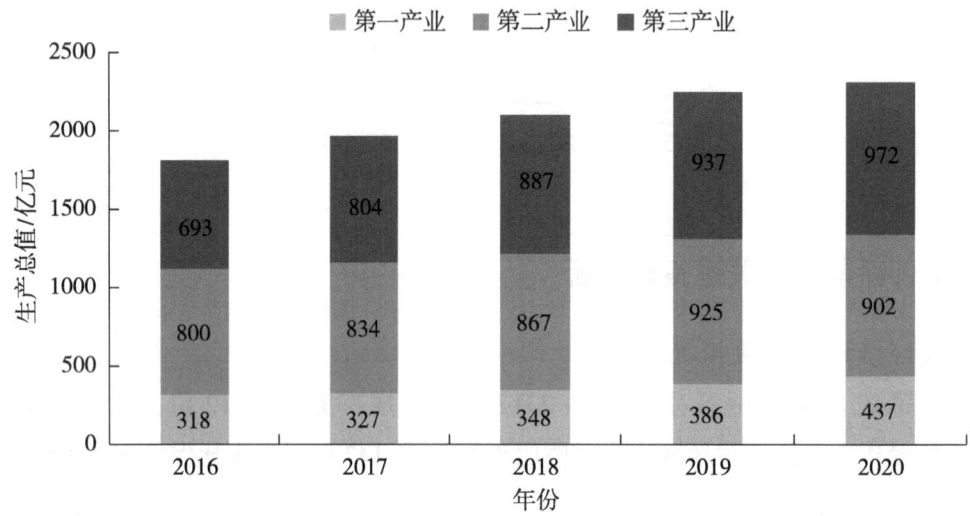

图 5-148 2016—2020 年肇庆市三次产业生产总值

（2）工业发展情况

2016—2020 年，肇庆市规模以上工业企业研发经费内部支出占营业收入的比重在 0.50%~0.85%（图 5-149）。整体上，2020 年肇庆市工业稳步发展，其中规模以上工业企业数、营业收入、研发人员数量、研发经费内部支出等与 2019 年相比均有不同幅度的波动，但在广东省内的排名均与 2019 年持平（表 5-48）。

图 5-149　2016—2020 年肇庆市规模以上工业企业研发情况

表 5-48　肇庆市工业发展相关指标

指标名称	2020 年	2019 年	同比增速	2020 年排名	2019 年排名	排名变化
规模以上工业企业数 / 家	1321	1269	4.10%	11	11	0
研发人员数量 / 人	10 340	10 640	−2.82%	10	10	0
工业增加值 / 亿元	653.82	668.90	−2.25%	10	10	0
工业总产值 / 亿元	3272.42	3123.28	4.78%	9	9	0

（3）科技发展情况

2020 年，肇庆市有省工程技术研究中心 147 家、国家工程技术研究中心 1 家、省重点实验室 5 家、国家重点实验室 1 家；技术市场成交合同金额及技术市场成交合同数分别同比增长 67.43% 和 46.24%；有效发明专利拥有量为 1977 件，较上年增长 22.8%，专利授权量为 6326 件，同比增长 39.83%。2020 年全市地方财政科技拨款同比增长 16.68%，R&D 人员数量同比下降 8.68%（表 5-49）。2016—2020 年，肇庆市 R&D 经费及 R&D 经费占 GDP 的比重均存在波动（图 5-150）。

表 5-49　肇庆市科技发展相关指标

指标名称	2020 年	2019 年	同比增速	2020 年排名	2019 年排名	排名变化
省工程技术研究中心 / 家	147	150	−2.00%	10	10	0
国家工程技术研究中心 / 家	1	1	0	4	4	0

续表

指标名称	2020年	2019年	同比增速	2020年排名	2019年排名	排名变化
省重点实验室/家	5	4	25.00%	8	8	0
国家重点实验室/家	1	1	0	3	3	0
技术市场成交合同金额/万元	30 100.82	17 977.94	67.43%	10	9	-1
技术市场成交合同数/项	136	93	46.24%	11	10	-1
PCT 国际专利申请量/件	38	36	5.56%	11	10	-1
发明专利授权量/件	385	309	24.60%	9	10	1
专利授权量/件	6326	4524	39.83%	12	12	0
地方财政科技拨款占地方财政支出的比重	2.36%	2.48%	-4.84%	9	9	0
地方财政科技拨款/万元	101 601	87 078	16.68%	9	10	1
R&D 人员数量（人）	7668	8397	-8.68%	10	10	0

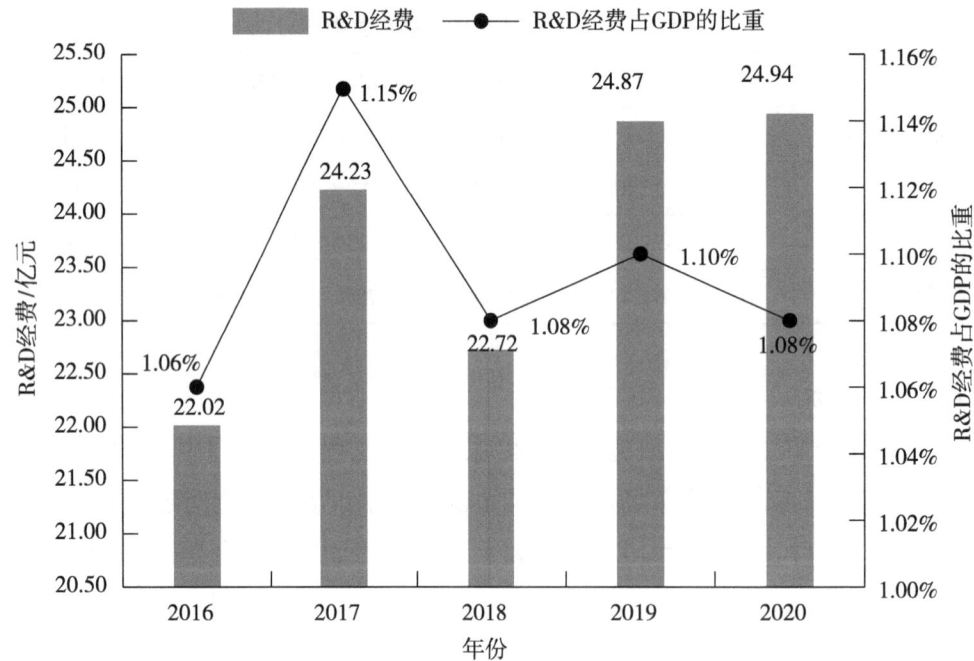

图 5-150　2016—2020 年肇庆市 R&D 经费情况

2016—2020 年，肇庆市创新产出情况持续向好，其中，有效发明专利拥有量和万人发明专利拥有量均呈上升趋势（图 5-151）。

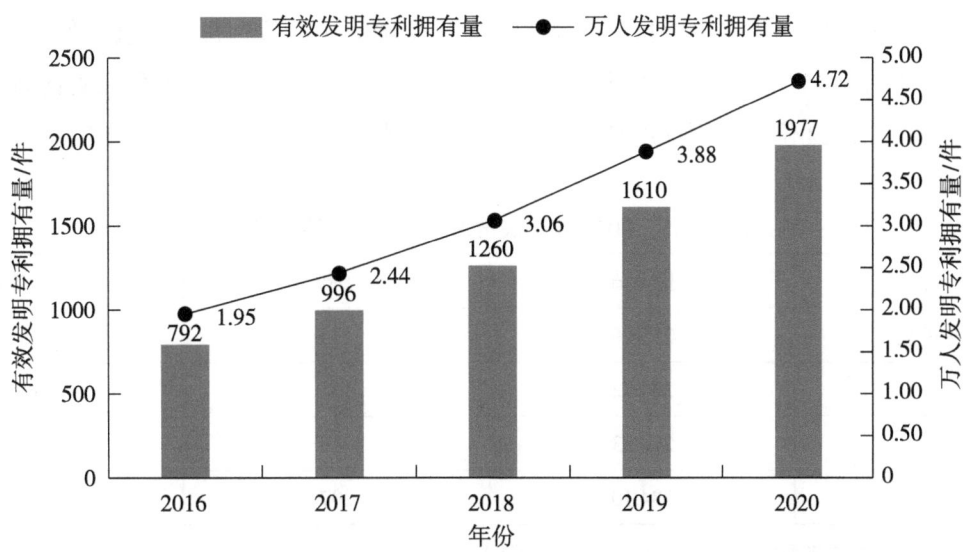

图 5-151 2016—2020 年肇庆市有效发明专利拥有量和万人发明专利拥有量

（4）新经济发展情况

肇庆市 2020 年有高新技术企业 672 家，比 2019 年增加 134 家，高新技术产品产值较上年下降 17.67%。2020 年高技术制造业增加值占规模以上工业增加值的比重在省内的排名与 2019 年相比下降 2 位，排在第 14 位（表 5-50、图 5-152）。

表 5-50 肇庆市新经济发展相关指标

指标名称	2020 年	2019 年	同比增速	2020 年排名	2019 年排名	排名变化
高新技术产品产值/亿元	847.54	1029.47	-17.67%	9	9	0
高新技术企业数/家	672	538	24.91%	9	10	1

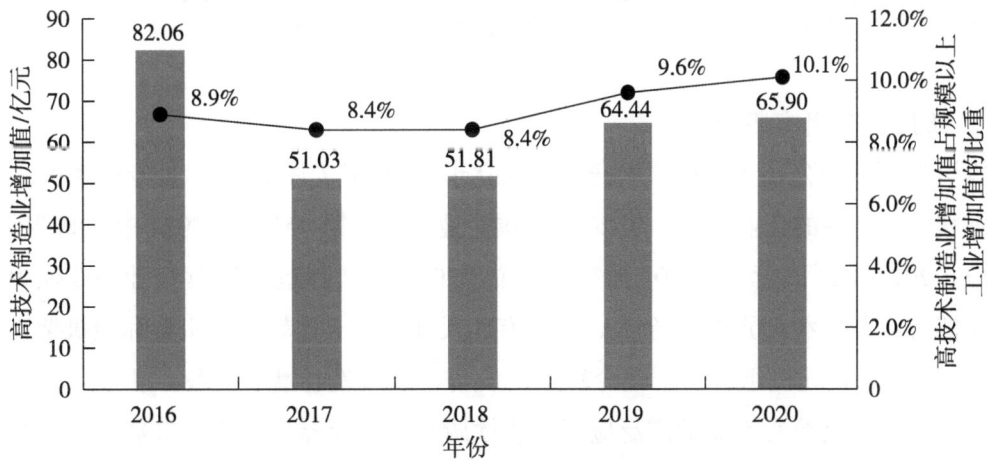

图 5-152 2016—2020 年肇庆市高技术制造业发展情况

2020年，肇庆市数字普惠金融指数为255.26，排全国第135位，覆盖宽度、使用深度和数字化程度分别居全国第157位、第92位和第207位。其中，数字普惠金融指数在省内排第15位，覆盖宽度在省内排第12位，使用深度和数字化程度均在省内排第16位（表5-51）。

表5-51 2020年肇庆市数字普惠金融综合指标

指标名称	指标值	全国排名	广东排名
数字普惠金融指数	255.26	135	15
覆盖宽度	244.72	157	12
使用深度	258.53	92	16
数字化程度	284.10	207	16

数据来源：《北京大学数字普惠金融指数（2011—2021）》。

5.17.3 主要企业和行业创新活动分析

肇庆市大力推进交通、给排水、燃气等市政设施建设，并推进学校、医院的引入工作，全力营造创新创业人才长期发展的环境，坚持产城融合的发展战略，并且采用园中园的发展模式，已引进了涵盖新能源、节能环保、先进装备制造、生物医药、金属材料等多个领域的300多家企业。根据中国企业联合会、中国企业家协会发布的数据，在2021中国企业500强榜单中，肇庆市有1家企业入围（表5-52）。

表5-52 肇庆市入围2021中国企业500强榜单的企业

序号	企业名称	营业收入/亿元	排名
1	宏旺投资集团有限公司	430.13	451

数据来源：中国企业联合会、中国企业家协会发布的2021中国企业500强榜单。

（1）宏旺投资集团有限公司

宏旺投资集团有限公司（简称"宏旺"）成立于2010年7月12日，是专业生产冷轧不锈钢卷板和彩钢精加工产品的企业集团，居2021中国企业500强第451位、2021中国制造业企业500强第220位、2021中国民营企业500强第234位、2021中国制造业民营企业500强第131位。目前，宏旺拥有专业技术人员2000余人，装备有四尺和五尺五连轧、三机架和四机架连轧连退酸洗联合机组、850六连轧机组、二十辊冷轧生产设备，以及整卷磨砂、8K、黑钛、无指纹、PVD镀膜等精加工设备。其核心产品被广泛应用于餐饮厨具、医疗器械、家用电器、汽车配件、建筑装潢等领域。

（2）广东鸿图科技股份有限公司

广东鸿图科技股份有限公司（简称"广东鸿图"）成立于2000年，主要从事模具制造、铝镁合金的压铸、精密加工、涂装等方面的生产、服务，是华南地区规模最大的精密铝合金压铸专业企业之一，已被科技部认定为国家火炬计划重点高新技术企业。

广东鸿图致力于走科技兴企之路，大胆创新，勇于开拓，依靠科技进步，使企业产品结构不断优化升级。在企业发展过程中，广东鸿图注重自身科技水平的提高，积极加强对科技人才的培训，先后选派11名技术骨干到日本进行研修，学习国外的先进技术、工艺和管理方法。与此同时，广东鸿图组建了省级企业技术中心和广东省唯一的省级精密压铸工程技术研究开发中心，主要进行汽车零件、通信产品、电梯、机电等压铸铝合金产品开发，包括各种变速箱体、油底壳、缸盖罩、连接桥、发动机托架、链条盖、右端盖、齿轮室等，其面向客户有爱立信、中兴通讯、华为、戴姆勒·克莱斯勒（奔驰）、广汽本田，以及电梯和机电行业的一些国内外知名企业。

（3）广东风华高新科技股份有限公司

广东风华高新科技股份有限公司（简称"风华高科"）于1996年在深圳证券交易所挂牌上市（证券代码：000636），是一家专业从事新型元器件、电子材料、电子专用设备等电子信息基础产品开发、生产、销售的高科技上市企业。自1985年进入电子元器件行业以来，风华高科实现了跨越式的发展，现已成为国内最大的电子信息基础产品科研、生产和出口基地，是拥有自主知识产权及核心技术的国际知名新型电子元器件大企业。

风华高科拥有完整且成熟的产品链，具备为通讯类、消费类、计算机类、汽车电子类等电子整机整合配套供货的大规模生产能力。在创新方面，风华高科组建的广东风华电子研究院被广东省科技厅认定为省级新型研发机构；新型电子元器件关键材料与工艺国家重点实验室，是肇庆市首个企业国家重点实验室。风华高科拥有三级R&D体系，分别为前瞻技术R&D、应用技术R&D及制造工艺R&D。风华高科拥有的元器件核心技术包括先进集成封测技术、厚膜工艺技术、薄膜工艺技术、纳米材料技术、光机电一体化装备技术、元器件应用及可靠性测试技术。在人才方面，风华高科是扩大开展博士后工作试点企业。博士后科研项目涉及电子材料学、自动控制、精细化工、机械设计、计算机及经济管理等领域。风华高科致力于成为国际一流的电子信息基础产品整合配套供应商，为客户提供一次购齐的信息基础产品超级市场服务和协同设计增值服务。

5.17.4 政府部门引导创新的典型做法

为深入实施科教兴国战略、人才强国战略、创新驱动发展战略，加快提升科技创新能力和科技支撑能力，肇庆市出台了《肇庆市国民经济和社会发展第十四个五年规划和2035年远景目标纲要》《肇庆市科技创新"十四五"规划》等一系列发展规划，致力于将肇庆市建设成为珠三角连接大西南枢纽门户城市。《肇庆市科技创新"十四五"规划》对科技综合实力、科技支撑作用、技术创新体系和创新生态环境等4个方面提出具体发展目标,明确了强化科技赋能产业、强化开放协同创新、强化企业创新主体地位、强化科技兴农惠民、强化人才培育引进及强化创新生态建设等工作重点,切实发挥了政府在科技创新发展中的指导作用。

5.17.5 小结

总体而言,肇庆市科技创新发展势头良好,对经济增长有较好的驱动作用。然而,与新常态下科技支撑引领产业转型升级的要求相比,肇庆市科技创新仍存在明显短板:一方面,技术、人才、资金等资源不足。目前肇庆市致力于发展战略性新兴产业,加快产业结构调整,更应通过各种渠道获取优质资源。另一方面,研发中心、重点实验室等各类创新平台较少。为推动创新产业链协同发展,肇庆市应进一步打造高水平创新平台,竭力打通与粤港澳高校、科研机构的合作通道。

5.18 清远市创新能力分析

清远市位于广东省的中北部、北江中下游、南岭山脉南侧与珠江三角洲的结合带上,占地面积1.9万平方千米,是广东省陆地面积最大的地市。全市立足南部融湾发展区、北部生态发展区的总体开发保护格局,结合产业发展基础,按照"面上保护、点状开发"思路,不断优化产业区域发展布局。2021年广东省人民政府印发的《广东省制造业高质量发展"十四五"规划》首次对全省21个地市培育发展20个战略性产业集群的区域布局重要程度进行星级标注,其中,十大战略性支柱产业布局中,清远市有五大支柱产业集群均"上星",在十大战略性新兴产业布局中,清远市也有三大新兴产业集群"上星"。目前,清远市正对产业进行补链、串链、强链,发挥集聚效应,推动产业实现绿色高效发展。

5.18.1 创新能力排名

2022年清远市创新能力全省排第13位,与2021年相比上升2位。过去5年清远市创新能力省内排名波动幅度不大,基本稳定在第14名左右,处于广东省中下游水平(图5-153)。

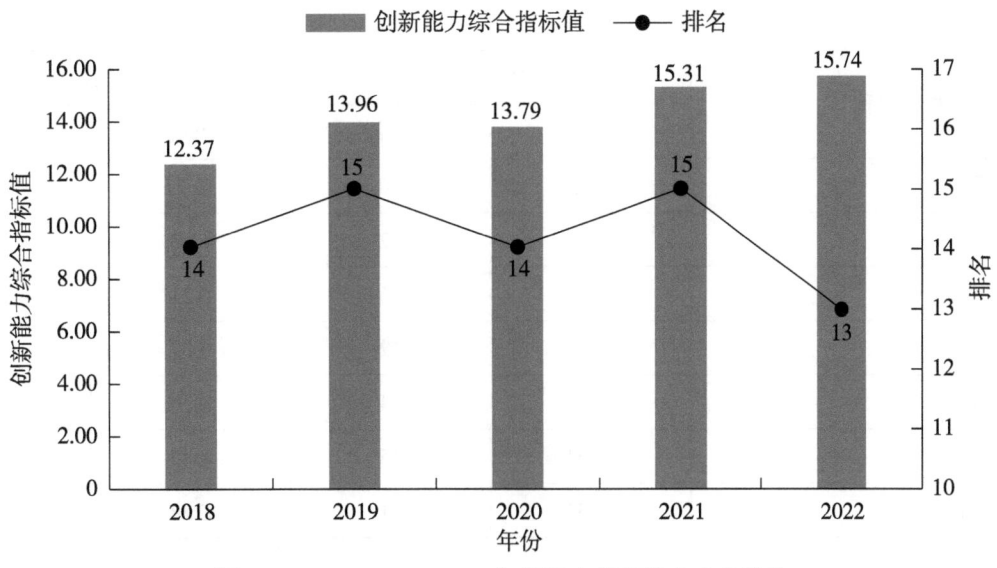

图 5-153　2018—2022 年清远市创新能力变化趋势

分指标分析，2022 年清远市各项一级指标排名均有提升，其中，创新投入指标排第 11 位，较上年上升 1 位，创新产出指标排第 12 位，较上年上升 1 位，产业升级指标排名较 2021 年上升 3 位，排第 10 位，创新环境指标排第 10 位，较上年上升 2 位，创新绩效指标排第 14 位，较上年上升 1 位（表 5-53、图 5-154）。

表 5-53　清远市创新能力指标分析

指标名称	2022 年		2021 年	
	指标值	排名	指标值	排名
综合	15.74	13	15.31	15
1　创新投入	12.29	11	14.13	12
1.1　人员投入	14.07	10	15.99	10
1.2　经费投入	10.50	13	12.28	13
2　创新产出	20.58	12	18.10	13
2.1　专利产出	1.04	11	0.92	11
2.2　产业创新	40.11	12	35.27	13
3　产业升级	20.88	10	19.94	13
3.1　结构优化	20.88	10	19.94	13
4　创新环境	6.56	10	5.69	12

续表

指标名称	2022年		2021年	
	指标值	排名	指标值	排名
4.1 政策环境	15.10	10	12.21	11
4.2 市场环境	7.34	12	6.88	12
4.3 技术要素流动	0.25	16	0.31	14
4.4 创新平台	3.53	12	3.37	12
5 创新绩效	18.41	14	18.71	15
5.1 生活质量	11.51	15	9.45	15
5.2 技术水平	25.31	11	27.96	12

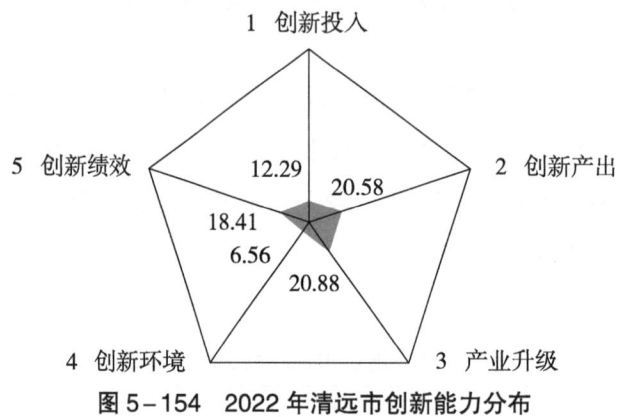

图 5-154 2022年清远市创新能力分布

5.18.2 决定创新能力的关键指标分析

（1）国民经济综合发展情况

2020年，清远市实现地区生产总值1777亿元，居广东省第14位，比上年增长4.7%。2016—2020年清远市占广东省地区生产总值比重如图5-155所示，占比保持在1.60%左右。

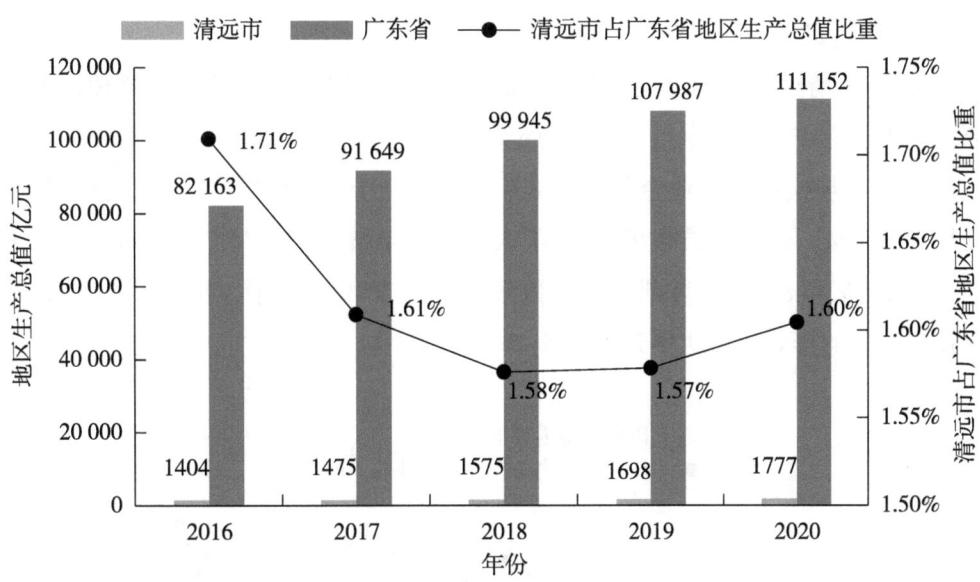

图 5-155 2016—2020 年清远市地区生产总值变化情况

2020 年，清远市常住人口为 397.4 万人，人均生产总值为 44 828 元，排广东省第 14 位，低于广东省平均水平（88 210 元）43 382 元。2020 年，清远市第一产业生产总值为 298 亿元，列广东省第 4 位；第二产业生产总值为 586 亿元，列广东省第 14 位；第三产业生产总值为 893 亿元，列广东省第 14 位（图 5-156）。全员劳动生产率为 258 367 元/人，居广东省第 11 位。农村人均可支配收入为 17 881.3 元，排广东省第 14 位，城市人均可支配收入为 33 159.23 元，排广东省第 11 位。总体而言，清远市地区发展水平位于广东省中下游，与珠三角经济发达地市差距较大，在粤东西北地区处于中游。

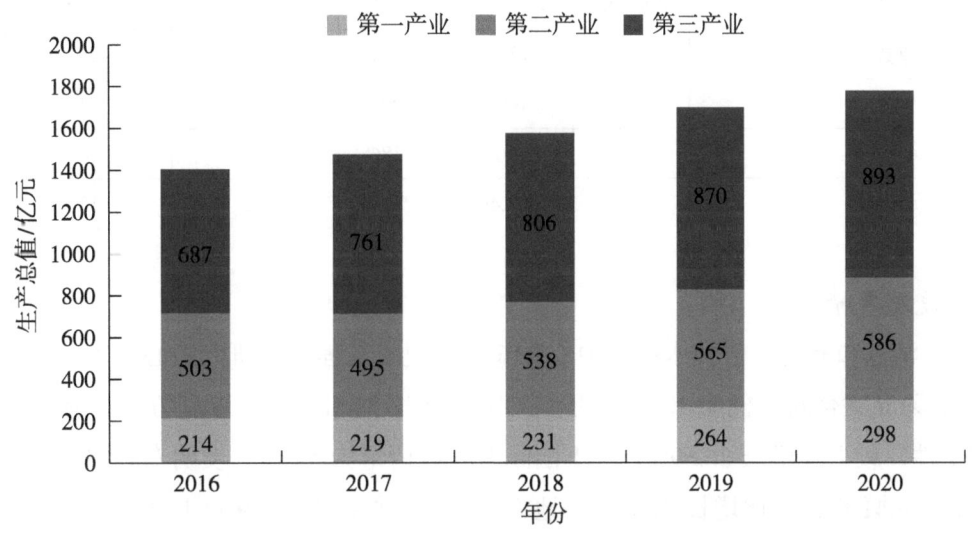

图 5-156 2016—2020 年清远市三次产业生产总值

（2）工业发展情况

2016—2020年，清远市规模以上工业企业研发经费内部支出逐年递增，规模以上工业企业研发经费内部支出占营业收入的比重近3年来稳定在0.60%左右（图5-157）。2020年清远市工业发展稳步向前。其中，规模以上工业企业数为834家，比2019年增加了62家；营业收入为2272.8亿元，同比增长6.51%；研发人员数量为7831人，较上年增加187人；工业增加值和工业总产值分别同比增长13.38%和8.50%。除研发人员数量排名与2019年齐平，排在第11位，其余工业发展相关指标在广东省的排名均有所提升（表5-54）。

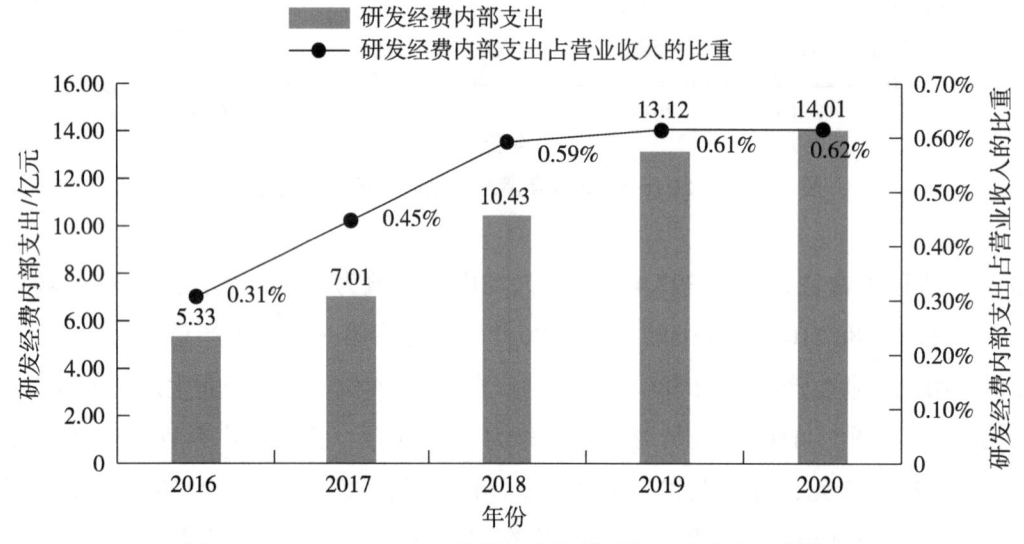

图5-157 2016—2020年清远市规模以上工业企业研发情况

表5-54 清远市工业发展相关指标

指标名称	2020年	2019年	同比增速	2020年排名	2019年排名	排名变化
规模以上工业企业数/家	834	772	8.03%	13	15	2
研发人员数量/人	7831	7644	2.45%	11	11	0
工业增加值/亿元	546.58	482.07	13.38%	12	14	2
工业总产值/亿元	2173.68	2003.40	8.50%	12	13	1

（3）科技发展情况

2020年，清远市有省工程技术研究中心116家、国家工程技术研究中心1家、省重点实验室3家，技术市场成交合同金额为4053.09万元，同比增长39.18%。在专利方面，有效发明专利拥有量为1277件，较上年增长26.69%，PCT国际专利申请量为53件，发明专利授权量为256件，专利授权量为4641件，同比增长51.77%。地方财政科技拨款较2019年下降6.69%，R&D经费同比增长6.37%。技术市场成交合同金额在广东省的排名下降1位，技术市场成交合同数在广东省的排名下降3位，专利授权量和地方财政科技拨款在广东省的排名均上升1位，其余科技发展相关指标省内排名保持不变（表5-55）。

表5-55 清远市科技发展相关指标

指标名称	2020年	2019年	同比增速	2020年排名	2019年排名	排名变化
省工程技术研究中心/家	116	119	-2.52%	11	11	0
国家工程技术研究中心/家	1	1	0	4	4	0
省重点实验室/家	3	2	50.00%	11	11	0
技术市场成交合同金额/万元	4053.09	2912.22	39.18%	16	15	-1
技术市场成交合同数/项	15	11	36.36%	18	15	-3
PCT国际专利申请量/件	53	62	-14.52%	9	9	0
发明专利授权量/件	256	210	21.90%	12	12	0
专利授权量/件	4641	3058	51.77%	15	16	1
地方财政科技拨款占地方财政支出的比重	1.91%	2.13%	-10.33%	9	9	0
地方财政科技拨款/万元	78 477	84 106	-6.69%	10	11	1
R&D人员数量/人	5800	5811	-0.19%	11	11	0

2016—2020年，清远市R&D经费持续增加，R&D经费占GDP的比重呈上升趋势（图5-158）。

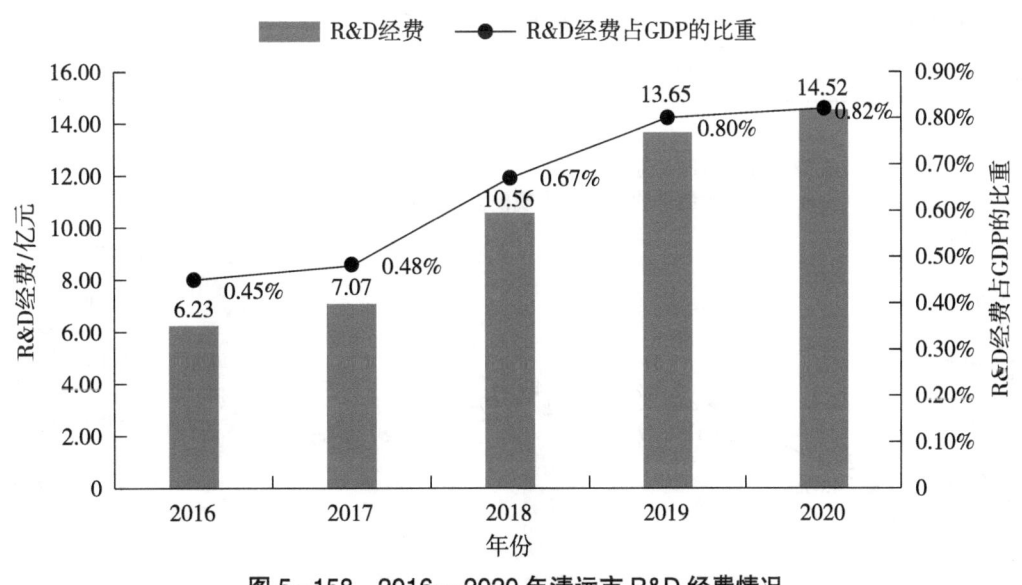

图5-158 2016—2020年清远市R&D经费情况

2016—2020年，清远市有效发明专利拥有量和万人发明专利拥有量均持续增长（图5-159）。

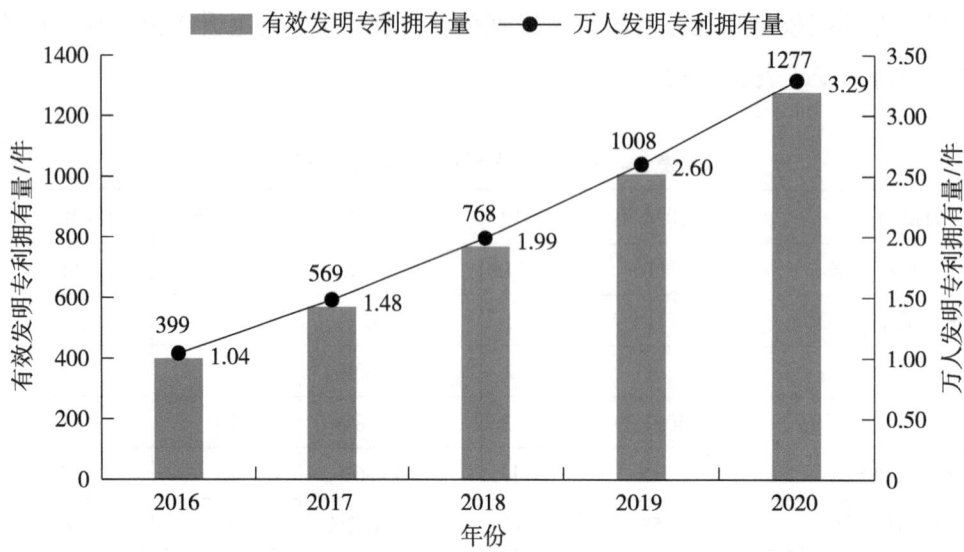

图 5-159　2016—2020 年清远市有效发明专利拥有量和万人发明专利拥有量

（4）新经济发展情况

2020 年，清远市有高新技术企业 370 家，比 2019 年增加 49 家，高新技术产品产值为 714.49 亿元，同比增长 20.55%，高技术制造业增加值为 56.27 亿元，较上年增长 114.12%，省内排名较 2019 年上升 4 位，排在第 11 位（表 5-56、图 5-160）。

表 5-56　清远市新经济发展相关指标

指标名称	2020 年	2019 年	同比增速	2020 年排名	2019 年排名	排名变化
高新技术产品产值/亿元	714.49	592.67	20.55%	11	11	0
高新技术企业数/家	370	321	15.26%	11	11	0

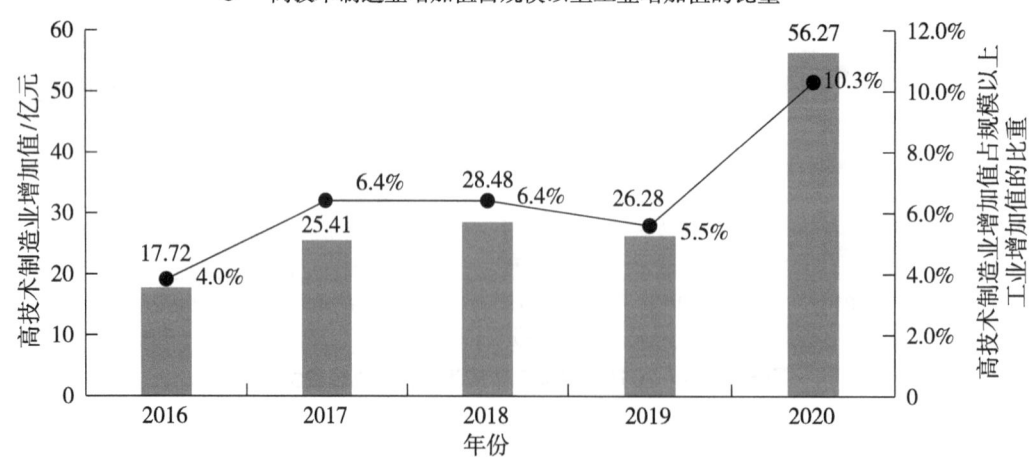

图 5-160　2016—2020 年清远市高技术制造业发展情况

2020年，清远市数字普惠金融指数为257.96，在全国排第122位，在广东省排第12位。覆盖宽度、使用深度和数字化程度分别居全国第140位、第103位、第151位，省内第10位、第17位和第9位（表5-57）。

表5-57 2020年清远市数字普惠金融综合指标

指标名称	指标值	全国排名	广东排名
数字普惠金融指数	257.96	122	12
覆盖宽度	248.97	140	10
使用深度	255.81	103	17
数字化程度	291.58	151	9

数据来源：《北京大学数字普惠金融指数（2011—2021）》。

5.18.3 主要企业和行业创新活动分析

近年来，清远市积极引进资源支持地区科技创新，坚定不移提升发展质量效益，经济发展稳中有进。具体而言，一方面加快推动天安智谷、华南863等创新平台发展；另一方面积极推动陶瓷、钢铁、有色金属等传统产业绿色化改造。在此期间，涌现出一批具有地方特色的高新技术企业。

（1）清远市齐力合成革有限公司

清远市齐力合成革有限公司（简称"齐力公司"）位于清远高新技术产业开发区雄兴工业城内，是一家集研发、生产、销售于一体的现代化企业。齐力公司新的研发中心以创新为核心，致力于发展高新技术产品，着力增强企业的创新力，推进和实施技术创新战略。研发中心以绿色、生态、环保、适应国内外市场需求的开发与产业化合成革研究为重点，力求充分发挥研发中心自主创新能力。同时，齐力公司在资金链、产品研发、工艺技术、综合管理、市场营销等方面与同行相比具有很大优势，在行业中具有很高的知名度、诚信度和美誉度，是国内上、中、下游产业链较为完善的合成革企业，生产规模、影响力居广东省乃至全国前茅。此外，齐力公司注重产业升级，不断加强生产工艺和技术改造，加强自主创新、自主研发，不断完善产业链，与四川大学、仲恺农业工程学院等多家高校和研发机构建立了产学研基地并达成了高新技术合作，同时注重生态环保、绿色生产、节能减排等工作，投入大量资金，加强安全生产和环境治理，成效明显。

（2）广东豪美新材股份有限公司

广东豪美新材股份有限公司（简称"豪美新材"）成立于2004年，在改革开放的大潮中不断发展和壮大。豪美新材是一家集研发、制造、销售于一体的国内大型铝型材制造商，一直致力于向产业链上下游拓展，追求高技术集成、高品牌价值和高产品附加值，已成功由一家传统铝制品企业转型为一家从事铝合金材料、节能系统门窗及汽车轻量化材料技术创新和产业化应用的国家重点高新技术企业。豪美新材现已成为经营实力雄厚、产品规格配套齐全、研发设施完善及产品创新能力显著的大型企业,并在汽车轻量化领域独树一帜,实现高度节能产业化。豪美新材信息化水平高、生产质量稳定、营销网络和售后服务体系健全,正驶入高速发展的轨道,并将跻身世界铝型材大型企业行列。豪美新材从市场需求出发,以高、精、尖新型型材为研发主导,努力提高产品的档次,抓住市场机遇,不断成长并发展壮大,扩大国际交流与合作,进一步提升企业在市场、品牌、产品、技术、网络、机制和观念上的国际化水平,走民族企业国际名牌之路,努力成为具有国际竞争力的百年企业。

5.18.4 政府部门引导创新的典型做法

近年来,在各级政府的领导下,清远市持续推进"工业强区"建设,加快产业转型升级,打造经济发展新引擎。一方面,持续培育和发展新兴产业,先后引进了海大、敏实、华润、腾讯等集团投资,生物科技、汽车零部件、大数据、新能源等新兴产业取得新发展;另一方面,随着企业生产技术水平不断提高,清远市加速产业转型,一是实施扶优计划,目前已有海贝、先导、万邦等3家企业入选市扶优计划,二是实施"专精特新"工程,引导企业技术改造和科技创新,推动传统优势产业不断做大做强。2021年,在省政府批准下设立广东清远经济开发区,以"一区两带三基地"的总体布局,打造飞水片区的现代服务创新基地、太平片区的先进制造产业基地和禾云片区的新材料应用创新基地,集聚高端发展要素,构筑发展新格局。

5.18.5 小结

清远市近年来高度重视新兴产业发展,电商、智慧城市和大数据建设取得初步成效,但由于地处粤北山区,经济基础较为薄弱,在创新发展过程中不可避免地遇到一些问题,如经济总量相对较小、产业结构相对单一、重大工业项目及规模以上工业企业不多、创新能力不足等。在今后的发展中,应坚持广清一体化发展道路,集中力量建设与广州市毗邻的片区,持续推进广清产业园、广佛(佛冈)产业园等合作产业园项目,聚焦生物医药、汽车零部件、新材料等产业,有针对性地加强招商引资,强化清远市工业实力。此外,在做好基础设施建设的前提下,进一步完善创新配套政策,推动各类创新要素集聚,激发市场主体创新活力,鼓励企业加大研发投入,建设出完整的"众创空间—孵化器—加速器—产业园"创新链。

5.19 潮州市创新能力分析

潮州市位于广东省东北部、粤东地区韩江三角洲北部,地势北高南低,全市陆地面积3146平方千米,其中山地、丘陵占65%。潮州市有丰富的水资源、海洋资源和矿产资源。陶瓷产业是潮州市最重要的支柱产业，陶瓷历来是潮州市出口创汇产品，远销多个国家和地区，潮州市已获"中国瓷都"称号，潮州市致力于将陶瓷产业打造成为世界级先进制造业。此外，潮州市提出要打造包括食品、服装、印刷包装和不锈钢在内的产业集群，同时打造新能源、新材料、生物医药等新兴产业集群，为此，潮州市引进华丰LNG项目、华瀛LNG项目等，在5G、智能制造等领域持续发力。

5.19.1 创新能力排名

2022年，潮州市创新能力在广东省排第21位，过去5年，潮州市创新能力与其他较为发达的地市相比明显处于劣势地位，连续4年排第21位（图5-161）。

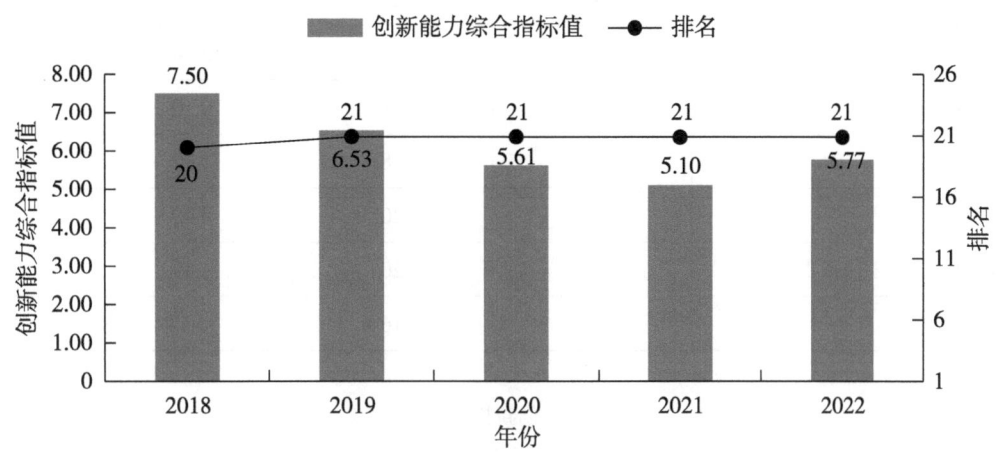

图5-161 2018—2022年潮州市创新能力变化趋势

分指标分析，2022年潮州市创新投入指标排广东省第16位，较上年下降1位；创新产出指标排全省第17位，较上年上升1位；产业升级指标排全省第17位，较上年上升2位；创新环境指标和创新绩效指标均排全省第20位，其中创新环境指标排名较上年下降2位，创新绩效指标排名与上年齐平（表5-58、图5-162）。

表5-58 潮州市创新能力指标分析

指标名称	2022年		2021年	
	指标值	排名	指标值	排名
综合	5.77	21	5.10	21
1 创新投入	4.37	16	5.25	15
1.1 人员投入	3.30	18	3.26	16
1.2 经费投入	5.44	16	7.24	15

续表

指标名称	2022年		2021年	
	指标值	排名	指标值	排名
2 创新产出	7.63	17	2.93	18
2.1 专利产出	0.79	13	0.74	13
2.2 产业创新	14.46	17	5.11	18
3 产业升级	9.46	17	7.30	19
3.1 结构优化	9.46	17	7.30	19
4 创新环境	1.09	20	1.60	18
4.1 政策环境	0	21	2.04	17
4.2 市场环境	3.24	15	2.94	15
4.3 技术要素流动	0	21	0.10	18
4.4 创新平台	1.11	18	1.33	18
5 创新绩效	6.29	20	8.40	20
5.1 生活质量	2.12	20	1.69	20
5.2 技术水平	10.46	16	15.11	17

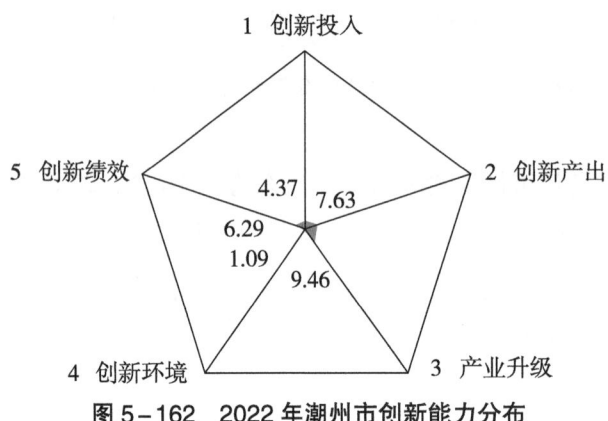

图 5-162 2022年潮州市创新能力分布

5.19.2 决定创新能力的关键指标分析

（1）国民经济综合发展情况

2020年，潮州市实现地区生产总值1097亿元，居广东省第20位，较上年增长1.5%。2016—2020年潮州市占广东省地区生产总值比重如图5-163所示，占比保持在1.00%左右。

2020年，潮州市常住人口为256万人，人均生产总值为42 605元，排广东省第16位，低于广东省平均水平（88 210元）45 605元。2020年，潮州市第一产业生产总值为107亿元，列广东省第17位；第二产业生产总值为519亿元，居广东省第15位；第三产业生产总值为471亿元，居广东省第21位（图5-164）。全员劳动生产率为187 451元/人，排在广东省第16位。农村人均可支配收入为17 265.7元，城市人均可支配收入为26 440.19元，分别在广东省排第19位和第21位。总体上看，潮州市主要经济指标在广东省排名靠后，国民经济综合发展水平与广东省平均水平差距较大。

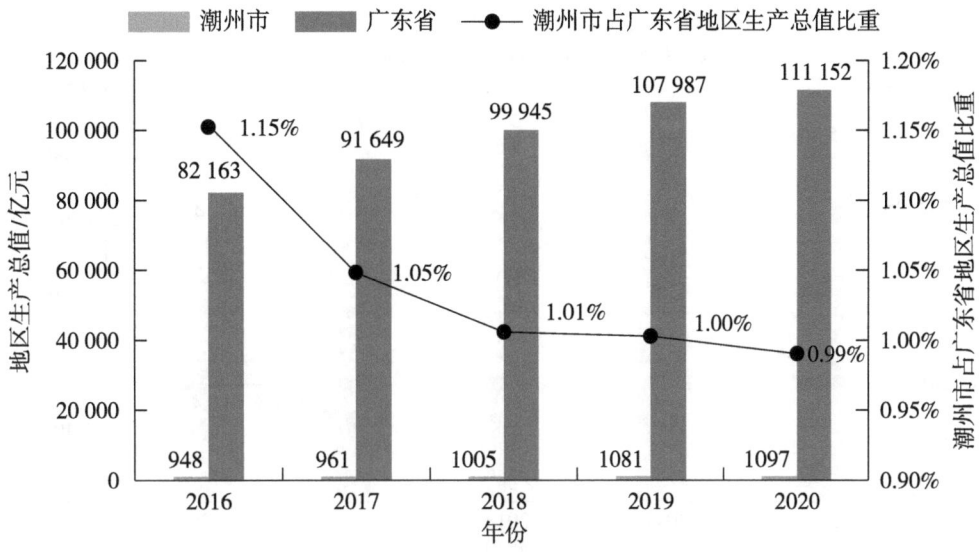

图5-163 2016—2020年潮州市地区生产总值变化情况

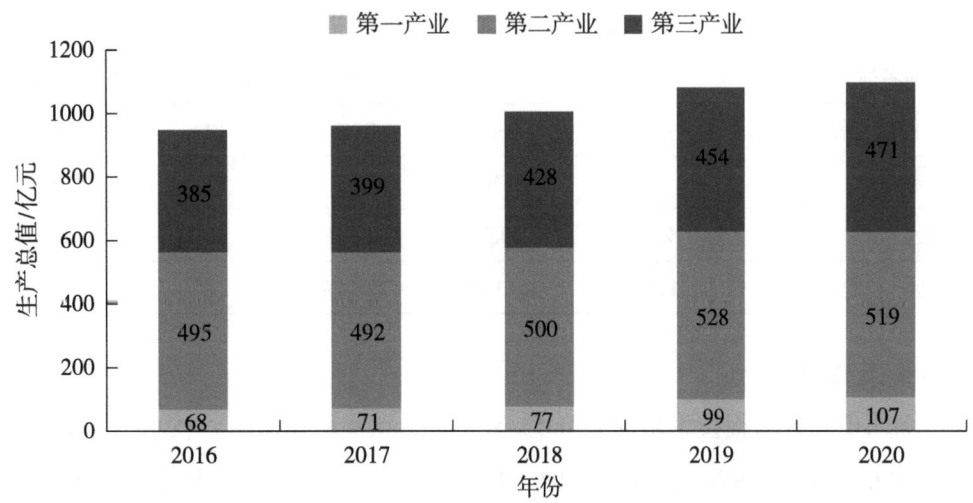

图5-164 2016—2020年潮州市三次产业生产总值

(2) 工业发展情况

2016—2020年，潮州市规模以上工业企业研发经费内部支出有所波动，规模以上工业企业研发经费内部支出占营业收入的比重也存在波动（图5-165）。综合而言，2020年潮州市工业发展相关指标大多降幅明显。其中规模以上工业企业营业收入为1103.2亿元，比2019年减少24.36%；研发经费内部支出为4.57亿元，同比减少24.34%；工业增加值为251.75亿元，工业总产值为1196.57亿元，分别较上年减少6.74%和22.46%。规模以上工业企业数、研发人员数量分别同比增加0.32%和4.29%（表5-59）。

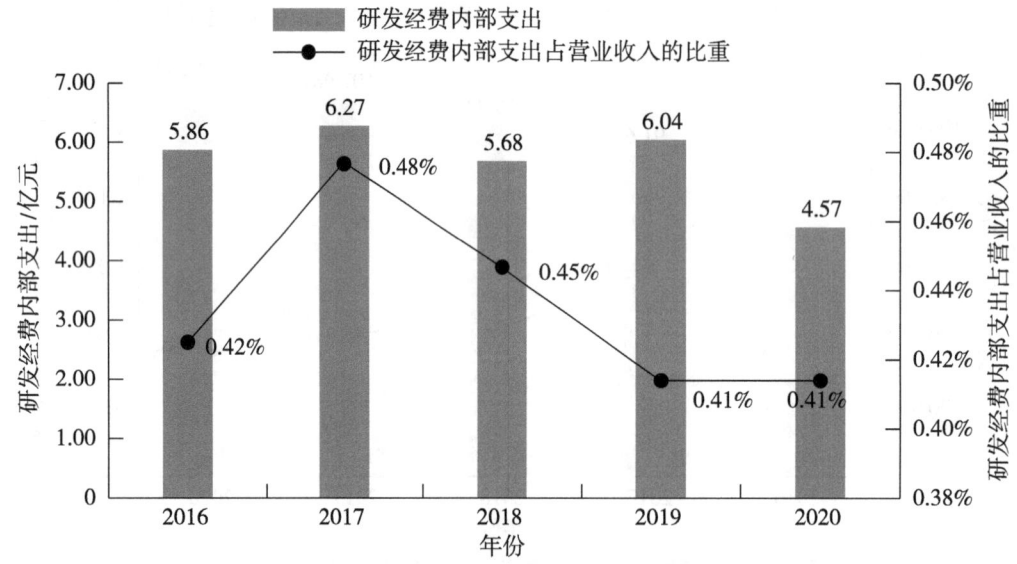

图5-165　2016—2020年潮州市规模以上工业企业研发情况

表5-59　潮州市工业发展相关指标

指标名称	2020年	2019年	同比增速	2020年排名	2019年排名	排名变化
规模以上工业企业数/家	939	936	0.32%	12	12	0
研发人员数量/家	3692	3540	4.29%	15	15	0
工业增加值/亿元	251.75	269.93	-6.74%	18	18	0
工业总产值/亿元	1196.57	1543.11	-22.46%	18	15	-3

(3) 科技发展情况

2020年，潮州市有省工程技术研究中心51家、省重点实验室1家，技术市场成交合同金额为37.20万元，较上年减少94.24%。在专利方面，有效发明专利拥有量为791件，发明专利授权量为123件，专利授权量为9682件，分别较上年增长15.31%、53.75%、55.58%。全市2020年地方财政科技拨款为9732万元，同比下降49.53%，R&D经费和R&D人员数量与2019年相比均有小幅增长（表5-60）。

表 5-60 潮州市科技发展相关指标

指标名称	2020 年	2019 年	同比增速	2020 年排名	2019 年排名	排名变化
省工程技术研究中心 / 家	51	59	-13.56%	18	18	0
省重点实验室 / 家	1	1	0	19	17	-2
技术市场成交合同金额 / 万元	37.20	645.49	-94.24%	21	18	-3
技术市场成交合同数 / 项	2	2	0	21	20	-1
PCT 国际专利申请量 / 件	5	3	66.67%	19	21	2
发明专利授权量 / 件	123	80	53.75%	16	17	1
专利授权量 / 件	9682	6223	55.58%	10	10	0
地方财政科技拨款占地方财政支出的比重	0.45%	0.98%	-54.08%	21	16	-5
地方财政科技拨款 / 万元	9732	19 282	-49.53%	21	21	0
R&D 人员数量 / 人	2897	2895	0.07%	16	16	0

2016—2020 年，潮州市 R&D 经费和 R&D 经费占 GDP 的比重均在波动后趋于平缓（图 5-166）。

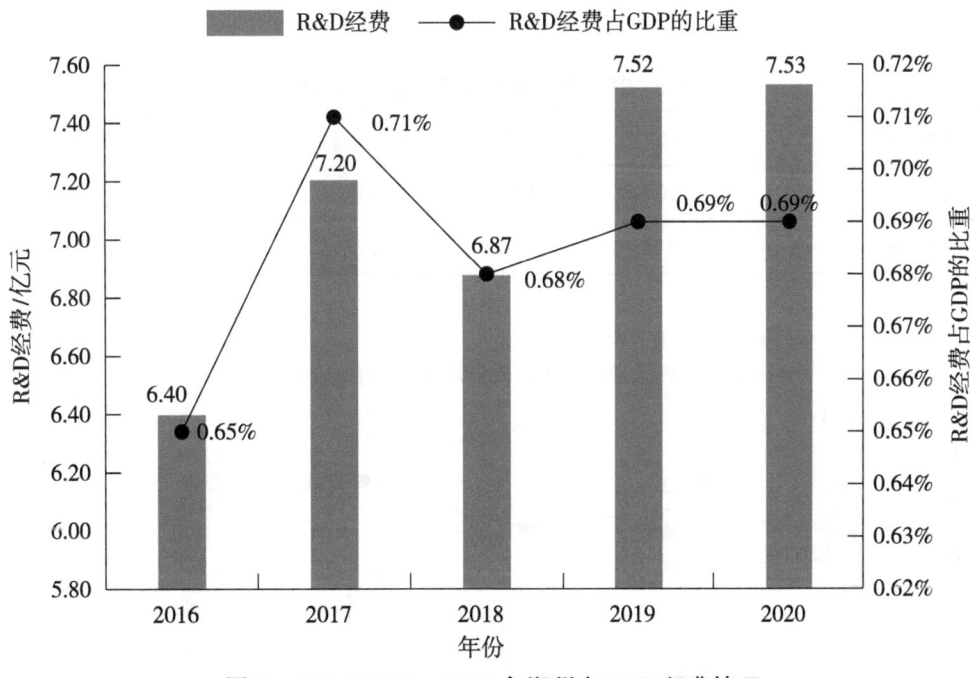

图 5-166　2016—2020 年潮州市 R&D 经费情况

2016—2020 年，潮州市有效发明专利拥有量和万人发明专利拥有量均逐年增加，但增幅不大（图 5-167）。

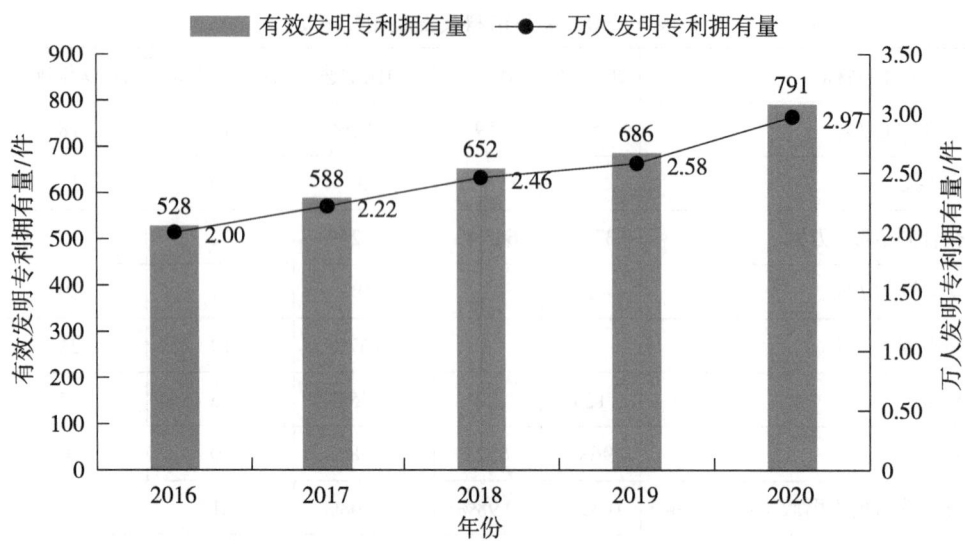

图 5-167　2016—2020 年潮州市有效发明专利拥有量和万人发明专利拥有量

（4）新经济发展情况

2020 年，潮州市有高新技术企业 129 家，比 2019 年增加 19 家，高新技术产品产值为 190.66 亿元，同比增长 16.95%，高技术制造业增加值为 27.66 亿元，同比增长 9.46%（表 5-61、图 5-168）。

表 5-61　潮州市新经济发展相关指标

指标名称	2020 年	2019 年	同比增速	2020 年排名	2019 年排名	排名变化
高新技术产品产值/亿元	190.66	163.03	16.95%	18	19	1
高新技术企业数/家	129	110	17.27%	18	18	0

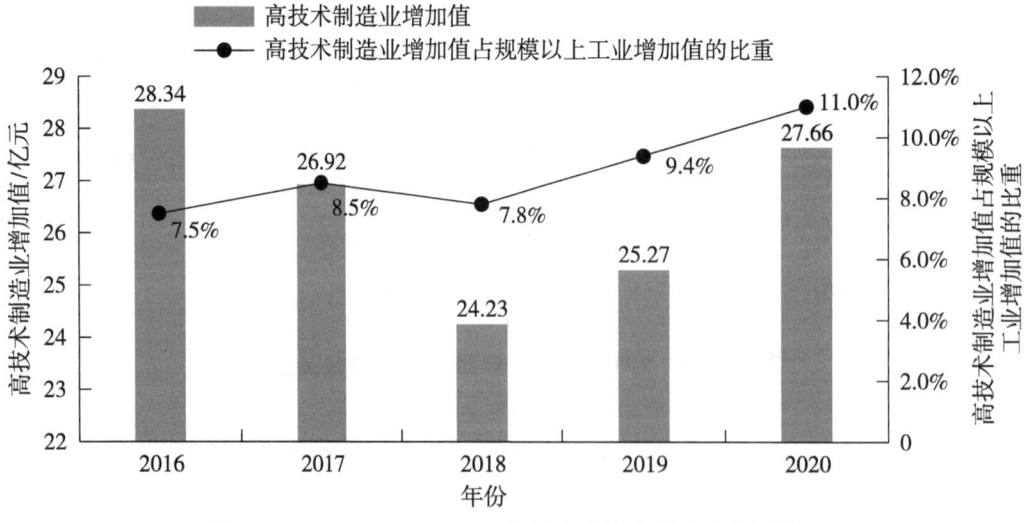

图 5-168　2016—2020 年潮州市高技术制造业发展情况

2020年，潮州市数字普惠金融指数为266.92，全国排第83位，覆盖宽度全国排第164位，使用深度全国排第12位，数字化程度全国排第222位。同时，数字普惠金融指数排广东省第10位，使用深度排广东省第3位，覆盖宽度和数字化程度分别在广东省排第14位和第20位（表5-62）。

表5-62　2020年潮州市数字普惠金融综合指标

指标名称	指标值	全国排名	广东排名
数字普惠金融指数	266.92	83	10
覆盖宽度	243.86	164	14
使用深度	300.59	12	3
数字化程度	281.91	222	20

数据来源：《北京大学数字普惠金融指数（2011—2021）》。

5.19.3　主要企业和行业创新活动分析

近年来，潮州市紧紧围绕陶瓷、食品等特色主导产业，从产业转型升级迫切需要和高质量发展长远需求出发，对标国际先进技术和产品，在高性能陶瓷粉体材料、封装陶瓷劈刀、呈味肽应用基础研究等方面开展产学研协同攻关，在5G通信等应用领域加快突破，打破国外技术垄断，加速国产化进程，实现关键核心技术自主可控。目前，潮州市多家企业已具备自主研发能力和自主创新能力。

（1）潮州三环（集团）股份有限公司

潮州三环（集团）股份有限公司（简称"三环集团"）成立于1970年，是一家致力于研发、生产及销售电子基础材料、电子元件、通信器件等产品的综合性企业。其产品覆盖光通信、电子、电工、机械、节能环保、新能源和时尚等众多应用领域，其中光纤连接器陶瓷插芯、氧化铝陶瓷基板、电阻器用陶瓷基体等的产销量均居全球前列，被评为高新技术企业、制造业单项冠军示范企业，连续多年名列中国电子元件百强企业榜单前十。

三环集团始终坚持以技术创新为引领，设置材料研究院和装备设计院，拥有以院士、学科专家为顾问，博士为技术带头人的创新攻关团队，不断开展新材料、新产品、新装备、新技术的研究，多次承担并完成国家、省级重点科研项目，产品专利覆盖多个国家与地区。并且，秉持"科技创新、诚信服务、质量第一、精益求精、满足用户"的质量方针，建立了完整的产品质量控制体系，主要产品获得了ISO 9001和IATF 16949质量管理体系认证、ISO 14001环境管理体系认证、IECQ国际电子元器件质量认证，产品进入全球采购链，深受广大用户认可。

（2）广东凯普生物科技股份有限公司

广东凯普生物科技股份有限公司（简称"凯普生物"）成立于 2003 年，是国内领先的核酸分子诊断产品提供商，专注于分子诊断试剂、分子诊断配套仪器等核酸诊断相关产品的研发、生产和销售，并提供相关服务。

凯普生物凭借自主创新，在 2008 年获评为高新技术企业，2012 年获评为广东省创新型企业。2012 年，获得广东省科技厅、发展改革委及经济和信息化委批准，建设广东省人乳头状瘤病毒（HPV）相关疾病分子诊断工程技术研究开发中心，成为国内分子诊断领域少数有能力建造省级研发中心的企业之一。2013 年，凯普生物获人力资源社会保障部、全国博士后管理委员会批准组建博士后科研工作站。2015 年 9 月，国家战略性新兴产业发展专项——广东凯普生物芯片研发产业基地在中新广州知识城正式启动，产学研的有机结合促进形成了具有凯普特色的生物技术链、产业链双链发展模式。2017 年，凯普生物被评为国家知识产权优势企业、国家基因检测技术应用示范中心。2018 年，凯普生物获广东省人力资源和社会保障厅批准组建广东省博士工作站。

凯普生物始终专注于分子诊断技术的自主研发，积极拓展核酸分子诊断技术的应用领域，并不断推动核酸分子诊断应用技术的改造升级。全球多家实验室采用凯普生物的产品连续 6 次参与由世界卫生组织（WHO）举办的 WHO HPV 网络监测评估，其结果完全符合临床应用水平和实验室能力要求。此外，在分子诊断产业化取得重大成果的基础上，凯普生物在全国各重点城市建立了 30 家分子医学检验所，将业务向下游产业链扩展，实现"平台+试剂+服务"的一体化经营模式。

5.19.4　政府部门引导创新的典型做法

为深入实施创新驱动发展战略，全面提升潮州市科技创新发展水平，2019 年潮州市人民政府印发了《关于进一步促进科技创新的若干政策措施》，强调要构建灵活高效的粤港澳大湾区重要拓展区科技合作机制，鼓励潮州市企业与高校、科研机构合作，并对在潮州市设立分支机构的企业、科研机构等实施优惠政策。此外，潮州市坚定不移地走自主创新道路，以科技赋能全面增强陶瓷、食品等优势特色产业核心竞争力，全力打造具有核心竞争力的特色产业创新发展高地。为此，潮州市大力推进微纳陶瓷粉体、功能陶瓷薄膜、粤东特色食品加工等核心技术攻关，并联合三环集团研发 5G 通信用 MLCC、半导体封装用劈刀等核心技术产品，同时举办"市长杯"工业设计大赛、"中国瓷都·潮州杯"陶瓷设计大奖赛，有效促进制造与设计融合发展。

5.19.5 小结

近年来,潮州市高度重视科技创新对经济社会发展的支撑引领作用,因企施策、分类指导,探索建立了形式多样、机制灵活的科技创新平台发展模式。但由于地理因素的限制且在科技发展方面起步较晚,潮州市的整体科技创新水平不高。一方面,科研经费和科研人员投入不足,与广东省创新投入平均水平仍有很大差距;另一方面,地方产业发展滞后,高新技术产品研发乏力,创新产出有限。未来,潮州市应发挥所在区域高校和科研机构的作用,寻求与国内外高校、科研机构在人才培养、协同研发、成果转化等方面的合作,力争在地方共性技术和关键核心技术上有所突破,从而促进地方产业转型升级。

5.20 揭阳市创新能力分析

揭阳市位于广东省东南部,地处粤港澳大湾区与海西经济区的地理轴线中心。1991 年设立为地级市,辖榕城、揭东 2 个区,揭西、惠来 2 个县,代管普宁市,并设揭阳产业园、空港经济区、大南海石化工业区、粤东新城等经济功能区,构建揭阳中心城区、普宁主城区、揭阳滨海新区(惠来)3 个粤东城市群城市中心和揭西生态发展示范区"三中心一示范区"区域协调发展布局。全市陆地面积 5240 平方千米,海域面积 9300 平方千米,现有常住人口 705 万人,海外侨胞、港澳台同胞和外出乡贤近 600 万人,是粤东地区面积最大、人口最多的地市。揭阳市是广东省沿海经济带东翼主战场,有望建成粤东城市群新城市中心和临港万亿级新兴产业集群。揭阳市是空铁港综合枢纽,也是广东省制造业重要基地,拥有五金不锈钢、纺织服装、制鞋、医药、玉器等优势传统产业。揭阳市是宜业宜居宜游新兴城市,成功创建广东省文明城市,获提名创建国家文明城市。揭阳市对接建设粤港澳大湾区重大国家战略,围绕"融湾建带"目标,按照"三中心一示范区"布局,未来将成为广东省沿海经济带新增长极。

5.20.1 创新能力排名

2022 年,揭阳市创新能力在全省排第 20 位,与 2021 年相比下降 1 位(图 5-169)。从过去 5 年看,揭阳市创新能力在省内排名比较靠后,需要加大产业创新环境的建设和保障力度,重视高技术制造业、先进制造业的发展,营造良好的创新环境,鼓励企业创新。

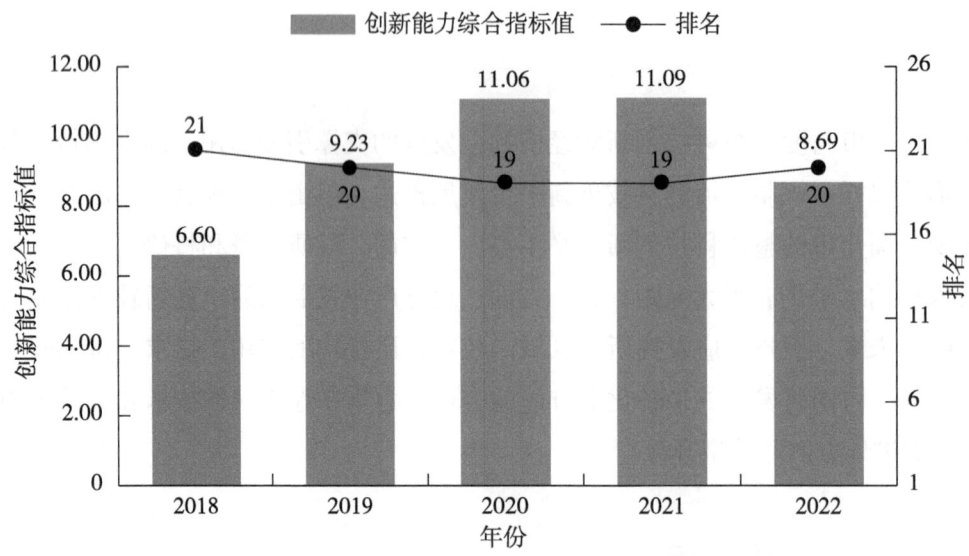

图 5-169　2018—2022 年揭阳市创新能力变化趋势

分指标分析，与 2021 年相比，2022 年揭阳市一级指标排名持平或下降。其中，创新产出指标连续两年居全省最后 1 位，包括专利产出和产业创新。创新投入指标、创新环境指标排名均与上年持平，分别排第 13 位、第 19 位。产业升级指标排第 13 位，较上年下降 5 位，创新绩效指标排第 17 位，较上年下降 1 位（表 5-63、图 5-170）。

表 5-63　揭阳市创新能力指标分析

指标名称		2022 年		2021 年	
		指标值	排名	指标值	排名
综合		8.69	20	11.09	19
1	创新投入	9.93	13	10.00	13
1.1	人员投入	3.90	17	4.86	15
1.2	经费投入	15.96	10	15.15	12
2	创新产出	0.01	21	0.01	21
2.1	专利产出	0.02	21	0.01	21
2.2	产业创新	0	21	0	21
3	产业升级	19.33	13	25.73	8
3.1	结构优化	19.33	13	25.73	8
4	创新环境	1.91	19	1.13	19
4.1	政策环境	4.03	18	1.06	18

续表

指标名称	2022年		2021年	
	指标值	排名	指标值	排名
4.2 市场环境	1.65	19	1.48	19
4.3 技术要素流动	0.03	19	0.01	20
4.4 创新平台	1.93	17	1.98	16
5 创新绩效	12.27	17	18.60	16
5.1 生活质量	0.75	21	1.17	21
5.2 技术水平	23.80	12	36.02	9

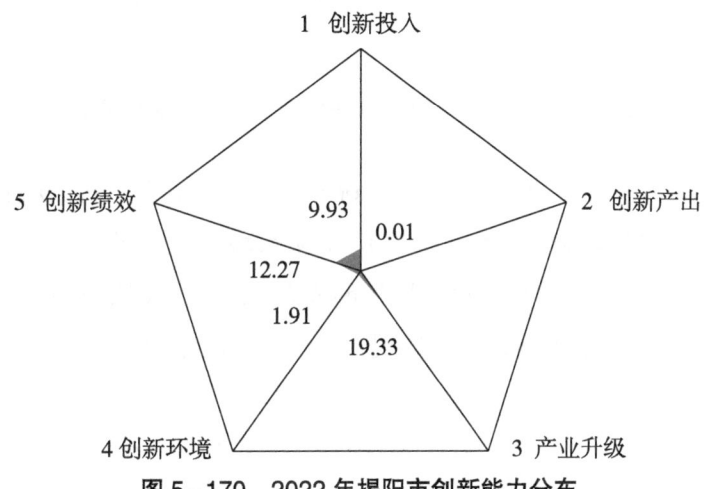

图 5-170　2022 年揭阳市创新能力分布

5.20.2　决定创新能力的关键指标分析

（1）国民经济综合发展情况

2020 年，揭阳市实现地区生产总值 2102 亿元，与上年基本持平，5 年年均增长 3.9%，较 2010 年翻一番，居广东省第 13 位。其中，第一产业生产总值 204 亿元，同比增长 9.1%；第二产业生产总值 775 亿元，同比下降 5.4%；第三产业生产总值 1123 亿元，同比增长 2.4%。三次产业结构由 2019 年的 8.9∶38.9∶52.2 演变为 2020 年的 9.7∶36.9∶53.4（图 5-171）。

2020 年，揭阳市常住人口为 557.9 万人，人均生产总值为 37 688 元，排广东省第 20 位，较广东省平均水平（88 210 元）低 50 522 元。总体而言，揭阳市总量指标位于广东省中下游水平，相较珠三角经济发达地市差距很大，占广东省地区生产总值比重在波动中略有下降。

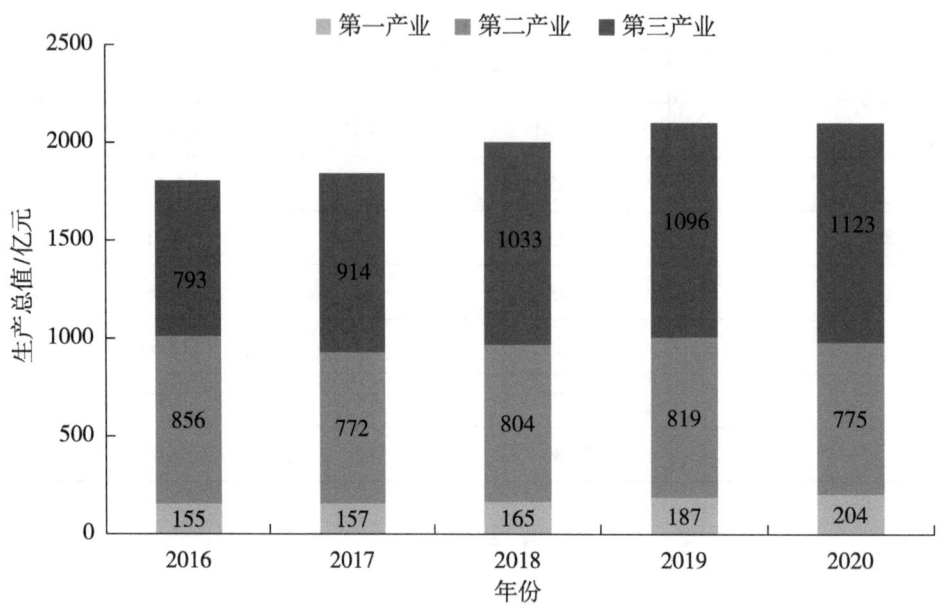

图 5-171　2016—2020 年揭阳市三次产业生产总值

2020 年，揭阳市城市人均可支配收入为 27 066.42 元，同比增长 1.20%；农村人均可支配收入为 16 311.90 元，同比增长 4.06%（图 5-172）。揭阳市城乡人均可支配收入比 2016 年为 1.87，到了 2020 年则为 1.66，城乡人均可支配收入比下降了 0.21。揭阳市城乡人均可支配收入比不断缩小，说明揭阳市城乡发展更趋平衡，这也体现出乡村振兴战略取得明显成效。

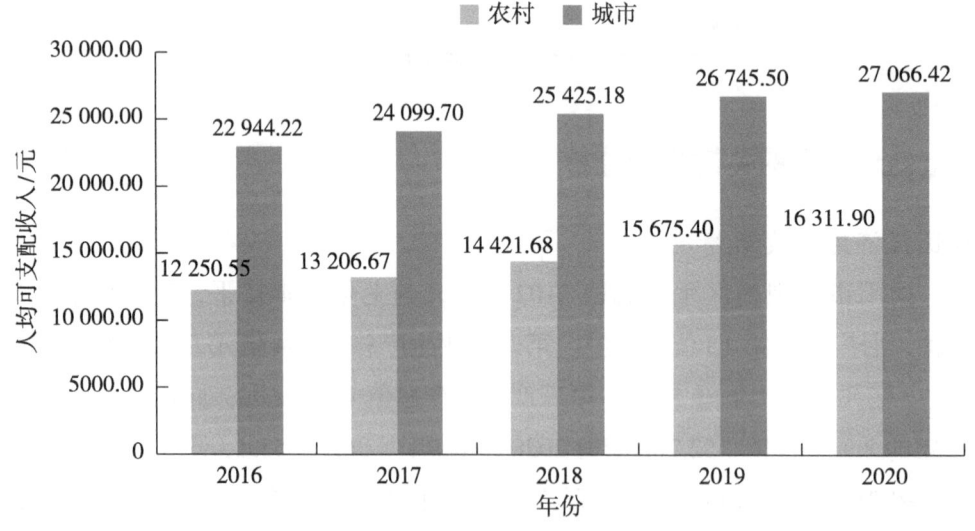

图 5-172　2016—2020 年揭阳市农村和城市人均可支配收入

（2）工业发展情况

2020 年，揭阳市规模以上工业增加值为 462.04 亿元，同比下降 12.04%，规模以上工业企业数为 1376 家，同比下降 1.2%（图 5-173），实现利润总额 84.72 亿元，比上年下降 31.9%。规模以上工业企业实现营业收入 2588.43 亿元，同比下降 8.2%（图 5-174）。高技术制造业增加值为 5.32 亿元，比上年下降 90.34%，占规模以上工业增加值的比重为 1.2%，比上年回落 9.3 个百分点。其中，医药制造业同比下降 57.6%，电子及通信设备制造业同比下降 11.8%，医疗设备及仪器仪表制造业同比增长 33.4%。

2020 年，先进制造业增加值为 196.64 亿元，比上年下降 9.0%，占规模以上工业增加值的比重为 42.6%。其中，高端电子信息制造业同比下降 13.7%，生物医药及高性能医疗器械制造业同比下降 53.2%，先进装备制造业同比增长 12.0%，先进轻纺制造业同比下降 3.2%，新材料制造业同比增长 7.3%，石油化工产业同比下降 2.0%。

2020 年，优势传统产业增加值比上年下降 3.6%，其中，化工和矿物加工业同比增长 7.3%，纺织服装业同比增长 10.6%，金属行业同比增长 6.7%，食品业同比下降 1.0%，制鞋业同比下降 13.4%，电气机械和设备（配件）制造业同比增长 5.6%。

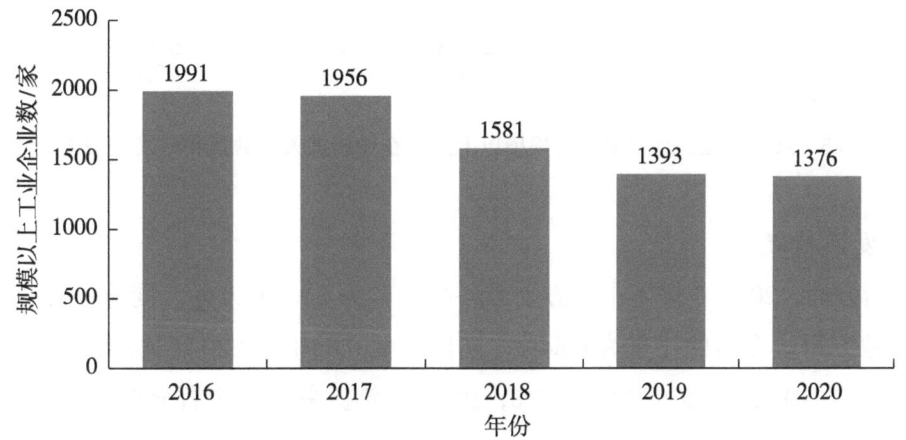

图 5-173　2016—2020 年揭阳市规模以上工业企业数

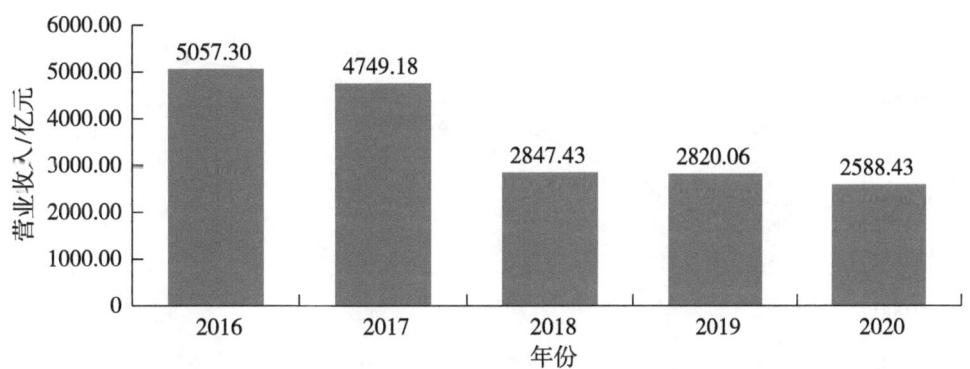

图 5-174　2016—2020 年揭阳市规模以上工业企业营业收入

2020年，揭阳市规模以上工业企业研发人员数量达到6606人，研发人员数量较上年减少364人，同比降低5.22%。规模以上工业企业研发经费内部支出为20.82亿元，比上年上涨8.49%（图5-175）。

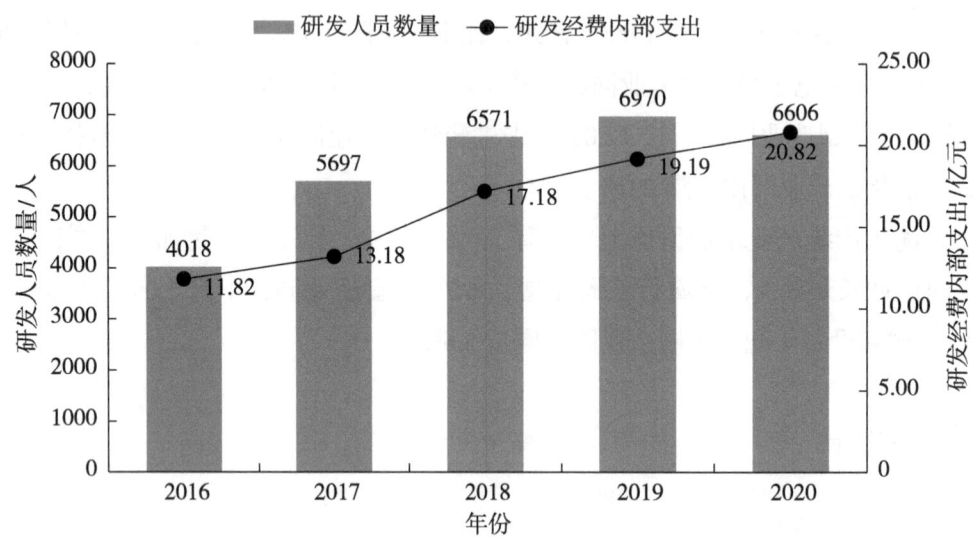

图5-175　2016—2020年揭阳市规模以上工业企业研发人员数量和研发经费内部支出

（3）科技发展情况

在科技创新方面，2020年揭阳市地方财政科技拨款为31 306万元，同比提升2.66%，地方财政科技拨款占地方财政支出的比重为0.84%，同比降低0.03%。2020年揭阳市R&D经费为21.54亿元，R&D经费占GDP的比重提高到1.02%，比2019年提高0.07个百分点（图5-176）。

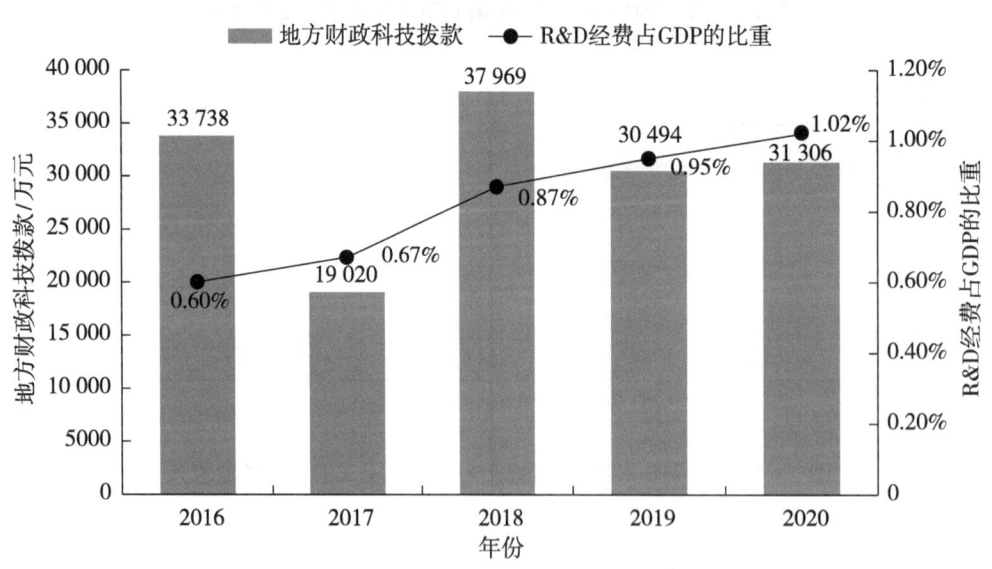

图5-176　2016—2020年揭阳市地方财政科技拨款和R&D经费占GDP的比重

2020年，揭阳市有效发明专利拥有量达到718件，比上年增长15.4%。专利授权量为9126件，比上年增长53.9%，其中，发明专利授权量为100件，同比增长42.9%。PCT国际专利申请量为1件，万人发明专利拥有量达1.18件（图5-177）。截至2020年年底，全市有省工程技术研究中心65家、省重点实验室3家。

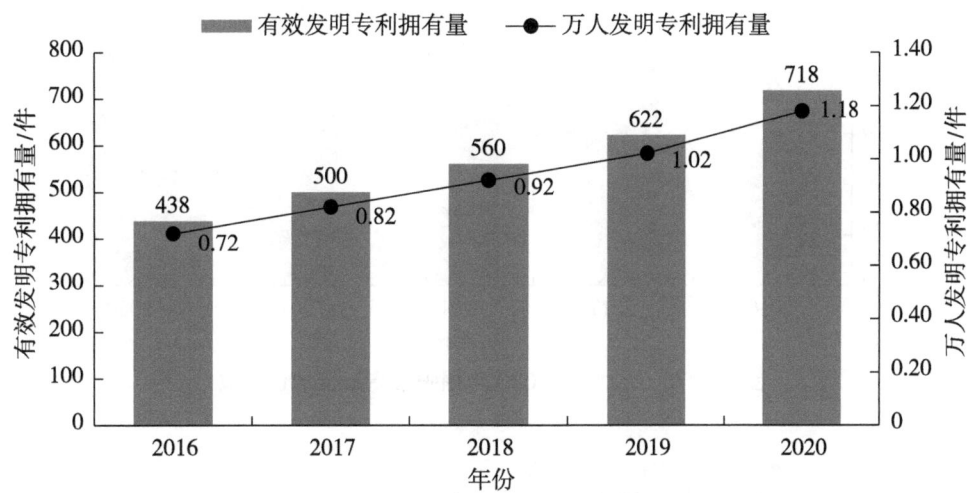

图5-177　2016—2020年揭阳市有效发明专利拥有量和万人发明专利拥有量

2020年，揭阳市拥有国家企业技术中心2家、省级企业技术中心24家、省级新型研发机构2家、省级技术创新专业镇22个。全年统计科技成果5项，其中应用技术成果5项。全年经各级科技行政部门登记技术合同1项，技术合同成交额达580万元。

（4）新经济发展情况

2020年，揭阳市共有188家高新技术企业，较上年新增29家，同比上涨18.2%。揭阳市高新技术企业数连续5年保持增长（图5-178）。2020年，揭阳市高新技术产品产值达175.31亿元，同比下降16.9%。高技术制造业增加值达5.32亿元，高技术制造业增加值占规模以上工业增加值的比重为1.2%，较上年呈断崖式下降（图5-179）。

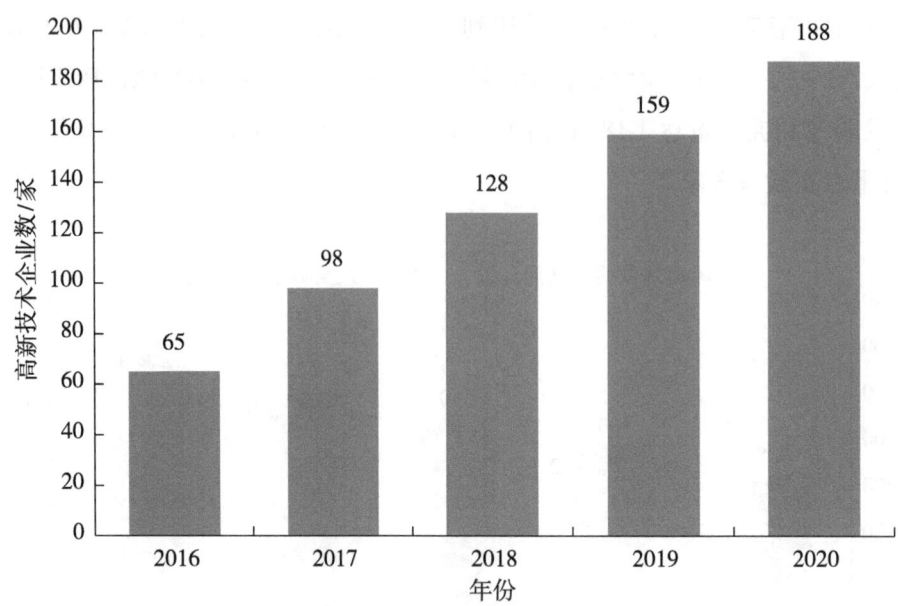

图 5-178　2016—2020 年揭阳市高新技术企业数

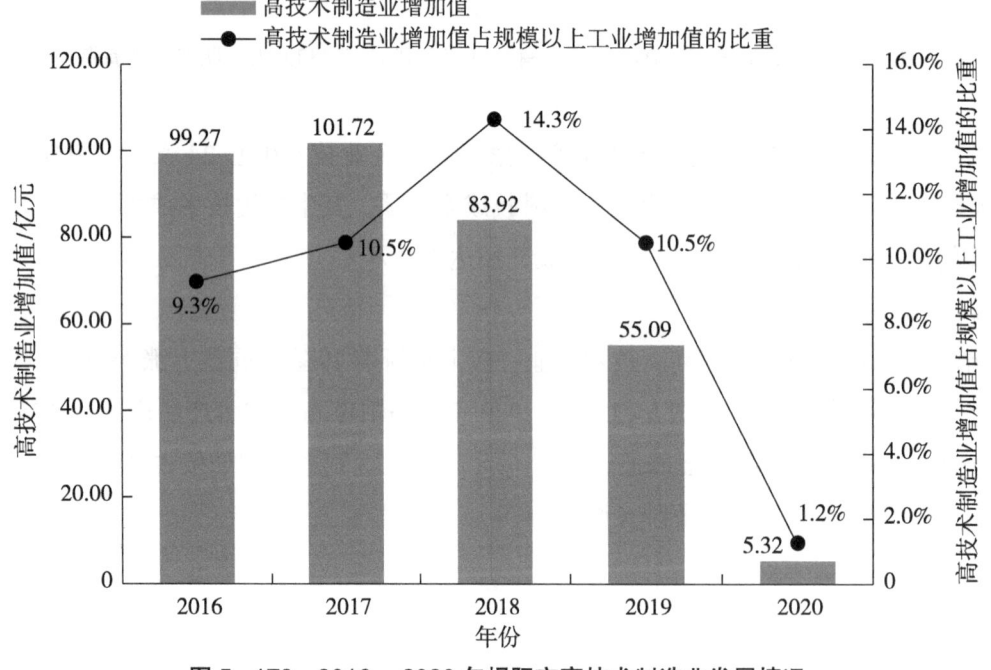

图 5-179　2016—2020 年揭阳市高技术制造业发展情况

2020 年，揭阳市数字普惠金融指数达到 259.01，排全国第 118 位、广东省第 11 位。分指标分析，覆盖宽度位于全省靠后位置，数字化程度位于全省中游位置，分别排第 18 位和第 11 位。在使用深度方面，相对全国和全省均较为领先，分别排第 34 位和第 7 位（表 5-64）。

表 5-64 2020 年揭阳市数字普惠金融综合指标

指标名称	指标值	全国排名	广东排名
数字普惠金融指数	259.01	118	11
覆盖宽度	235.62	208	18
使用深度	286.18	34	7
数字化程度	286.85	186	11

数据来源：《北京大学数字普惠金融指数（2011—2021）》。

5.20.3 主要企业和行业创新活动分析

揭阳市加快发展智能装备制造、新材料和现代服务等产业，为打造沿海经济带新增长极注入强劲动能。其中，揭阳高新区涌现了巨轮、海兴、蒙泰、华能达等一批制造业专精特新、隐形冠军、单项冠军企业。例如，专精特新"小巨人"企业广东蒙泰高新纤维股份有限公司是国内丙纶长丝首家上市企业，并获评国家功能性聚丙烯纤维研发生产基地，产品实际产量、市场占有率在国内行业中均排名第一；广东华能达电器有限公司目前已发展成为行业里生产链较齐全的电吹风制造企业，其产品从设计、模具制作到零部件等各环节均为自主研发与制造。

注塑行业是揭阳市制造业的重要支柱，需要通过技术革新实现绿色发展。近年来，揭阳市加快产业优化升级，围绕创新链布局产业链，充分发挥广大企业的主体作用，实现传统产业嫁接数字化、智能化，探索推广"中央工厂"等模式，引导推动中小企业实施数字化改造。在《广东揭阳高新技术产业开发区发展战略规划（2021—2025年）》的"构建全过程创新生态链"中，提到了要强化科技创新载体建设，力争到2025年形成一批具有核心竞争力的创新型企业，到2035年，形成具有全国影响力的特色产业集群及一批具有国际竞争力的企业和品牌。比较典型的企业，如广东高乐股份有限公司，是当地比较有名的上市企业，属于智能制造行业。

广东高乐股份有限公司（简称"高乐股份"）成立于1989年10月，前身为普宁市振兴制造厂有限公司，2010年成功在深圳证券交易所中小板上市（股票代码：002348），是国内最早上市的玩具企业之一。总部位于广东省普宁市，在中国香港、深圳、上海、广州、天津、美国等地设有分公司、子公司、研发中心、办事处等。高乐股份深入布局互联网教育业务，实现战略转型，成为产业控股集团。通过并购、增资多家企业，形成"玩具+互联网教育"双主营业务协同发展新格局，成为拥有知名高端自主品牌、强大科研创新能力、广泛全球销售网络、专业运营服务团队的高新技术企业。

高乐股份的玩具业务拥有独立自主的"GOLDLOK"品牌和涵盖研发、设计、模具制造、生产、销售的完整产业体系。玩具业务以"创意无限，欢乐童年"为核心理念，集休闲娱乐与益智教育等功能于一体，助力少年儿童快乐成长。其玩具业务通过国际玩具业协会（ICTI）认证，拥有省级企业技术中心和广东省电子玩具及模具工程研究开发中心，凭借先进技术实力、过硬产品品质、优质服务体系，在国内外获得了良好的用户口碑，知名度及品牌影响力不断提升。

高乐股份玩具业务主要产品包括电动火车、互动对打机器人、电动汽车、线控仿真飞机、环保磁性学习写字板等，品类覆盖电子电动玩具、塑胶玩具、毛绒玩具、益智玩具、智能互动玩具、IP授权玩具等，规格超过1000种，依托成熟销售网络直销和经销全球各地，国际市场覆盖北美、欧洲、亚洲、拉丁美洲、中东、澳洲等地区，国内市场通过批发贸易商及百货商场、超市、玩具连锁专卖店、礼品市场、早幼教机构等实现多渠道销售。

高乐股份的互联网教育业务围绕国家教育政策导向及各级教育部门、学校、教师、学生、家长等需求，提供K12互联网教育平台开发运营、智慧教育软硬件产品及服务、教育信息化系统集成等智慧教育一站式解决方案，助力教育精准扶贫，推进教育现代化。业务上以国家教育信息化系列政策为指引，以云计算、大数据、物联网、VR、人工智能等核心技术为支撑，以市、区（县）级互联网教育平台开发运营，软硬件产品销售及系统集成为主要市场切入点，以教育部门、学校购买服务及面向家长、教师、学生的增值服务业务为核心，构建可持续发展模式，提供云、网、端一体化的智慧教育系统性解决方案。

高乐股份的愿景是打造国际知名品牌，成为国际一流企业，其价值观是坚持自主研发、以质为本、诚信合作、用户至上，其发展战略是紧跟全球市场形势、国家政策趋势和产业发展态势，结合市场需求和自身优势，通过内生增长与外延扩张双轮驱动，巩固自身在玩具行业的竞争优势，力争成为智慧教育领跑者，持续促进双主业稳健发展，不断优化资产结构和业务布局，打造一个长期可持续发展的产业集团，助力中国新生代美好生活。

5.20.4 政府部门引导创新的典型做法

揭阳市以建设现代产业体系和提升产业竞争力为目标，坚持把发展经济着力点放在实体经济上，重点发展战略性制造业，加快推进绿色石化、新能源、海工装备、新一代信息技术、生物医药、新材料产业发展；做大做强传统制造业，加快纺织服装、金属、制鞋、电气机械和设备（配件）制造等传统制造业盘活存量、做大增量，实现动能转换、提质增效；稳步发展现代服务业，推动建设科技企业总部基地，发展科技金融、生产性服务业，完善现代服务业政策体系；培育发展战略性产业集群，以打造"8+3"战略性产业集群为重点，形成以战略性支柱产业为主导、战略性新兴产业为先导的先进制造业发展格局。

揭阳市坚持以经济建设为中心，坚持以习近平新时代中国特色社会主义思想为指导，深入学习贯彻习近平总书记对广东重要讲话和重要指示批示精神，把握新发展阶段，贯彻新发展理念，构建新发展格局，坚持稳中求进工作总基调，深化落实省委"1+1+9"工作部署，深度融入"一核一带一区"区域发展格局，坚决落实省委对揭阳市发展的定位要求，推动高质量发展、创造高品质生活，加快建设宜居宜业宜游的活力古城、滨海新城和沿海经济带上的产业强市。具体未来发展的目标为：坚持创新驱动，推动经济实力大提升；坚持统筹协调，推动城乡品质大提升；坚持绿色发展，推动生态文明大提升；坚持改革开放，推动治理能力大提升；坚持共建共享，推动民生福祉大提升。

政府部门重点抓住以下几个方面：做大绿色石化产业，做优战略性新兴产业，做强特色传统产业，做实重点产业园区，优化城市空间格局，完善城市功能配套，发展城市服务业，提升城市管理水平，大力发展现代农业，提升乡村治理水平，建设美丽镇村，解决好群众身边事，办好人民满意教育，繁荣文旅体育事业，努力建设健康揭阳，健全社会保障体系，持续优化法治环境，强化便企暖企惠企，建设有为有效政府，强化生态环境问题整治，推进环保基础设施建设，完善节能减排监管机制，深化管理体制改革，推进财政和国资改革，强化对外交流合作，守牢疫情防控底线，全力强化安全保障，坚决维护社会稳定。

5.20.5 小结

总体来看，揭阳市产业转型升级效果显著，第三产业生产总值占 GDP 的比重提升明显，但是先进制造业和高技术制造业发展缓慢，有待进一步优化升级产业结构。同时，在创新产出和创新环境方面发展缓慢，处于省内下游水平，亟待调整发展。为进一步提高揭阳市创新能力，政府应该大力推动产业创新环境建设，加大对科技财政的支持力度，优化产业结构。

5.21 云浮市创新能力分析

云浮市是广东省最年轻的地市，位于广东省中西部、西江河畔，是广东省连接祖国西南地区的大西关。全市总面积 7779.1 平方千米，现有总人口 286 万人，下辖 5 个县、市、区。云浮市交通便利，高速公路、国道、铁路、航道贯穿全市，其自然风光优美，旅游资源丰富，是健康、生态、幸福的宜居城市。云浮市坚持以科学发展观统领经济社会发展全局，围绕"建设全省农村改革发展试验区、循环经济和人居环境建设示范市、广东富庶文明大西关"的奋斗目标，坚持工业强市、农业稳市、商贸活市、旅游富市、科教兴市，实施人才强市战略，把创业人才集聚工程作为十大发展工程之一，并出台了《云浮市中长期人才发展规划纲要（2011—2020年）》等多项引才政策措施。云浮市是全国"三网融合"试点城市、全省"智慧城市"建设试点市。

5.21.1 创新能力排名

2022年,云浮市创新能力在全省排第11位,与2021年相比下降1位(图5-180)。云浮市创新能力排名近3年保持相对稳定。当前,受疫情的影响,云浮市创新能力的持续提升正面临挑战。

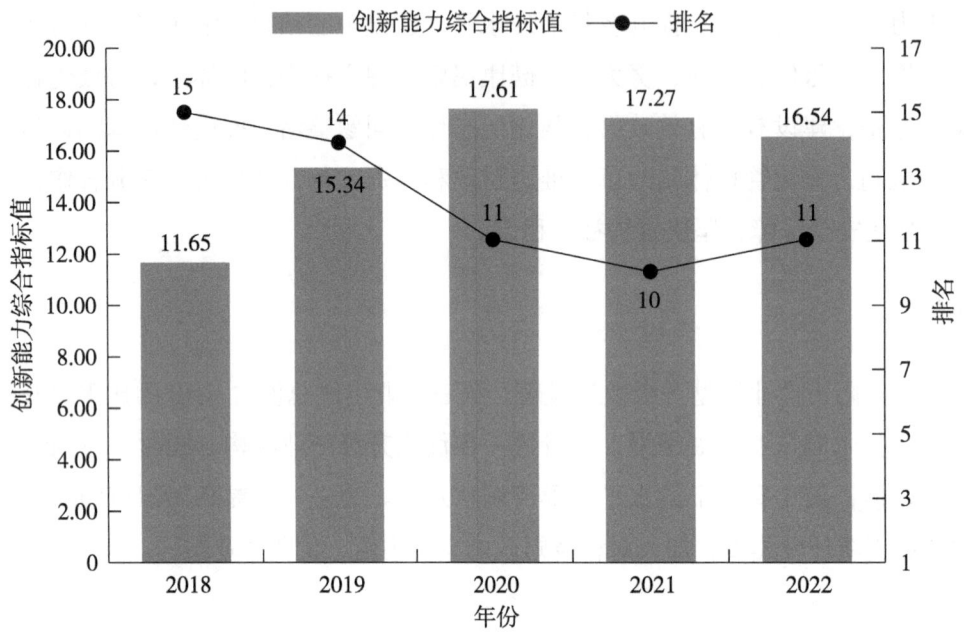

图5-180 2018—2022年云浮市创新能力变化趋势

分指标分析,与2021年相比,2022年云浮市创新投入指标排名上升2位至全省第17位;创新产出指标居全省第一梯队,排第5位,较上年下降1位;产业升级指标排全省第11位,较上年上升1位;创新环境指标排名提升1位至全省第13位,其中技术要素流动排名提升幅度较大,排全省第4位;创新绩效指标排名连续两年保持不变,排全省第18位(表5-65、图5-181)。

表5-65 云浮市创新能力指标分析

指标名称	2022年		2021年	
	指标值	排名	指标值	排名
综合	16.54	11	17.21	10
1 创新投入	3.14	17	1.83	19
1.1 人员投入	4.74	15	1.17	20
1.2 经费投入	1.54	20	2.49	19
2 创新产出	44.10	5	49.85	4
2.1 专利产出	0.14	18	0.11	17

续表

指标名称	2022年		2021年	
	指标值	排名	指标值	排名
2.2 产业创新	88.05	2	99.59	2
3 产业升级	20.54	11	20.55	12
3.1 结构优化	20.54	11	20.55	12
4 创新环境	5.30	13	3.15	14
4.1 政策环境	9.10	12	8.94	12
4.2 市场环境	2.28	18	1.98	18
4.3 技术要素流动	9.00	4	0.66	12
4.4 创新平台	0.84	19	1.04	19
5 创新绩效	9.61	18	10.96	18
5.1 生活质量	5.51	18	3.65	18
5.2 技术水平	13.72	15	18.28	15

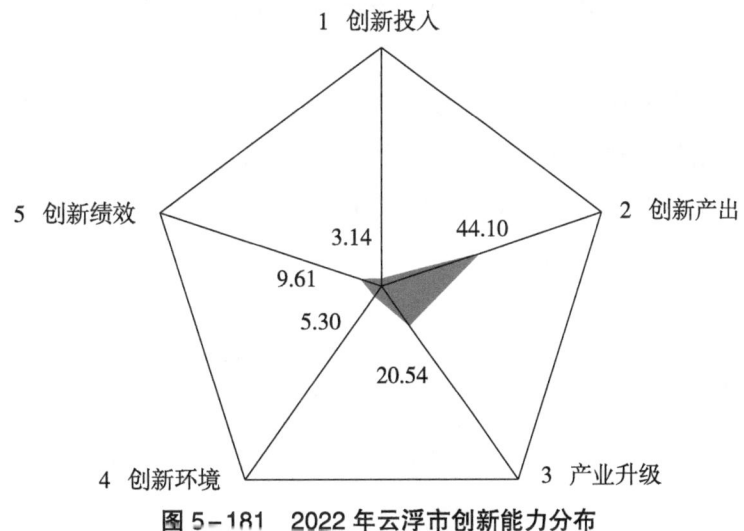

图 5-181　2022年云浮市创新能力分布

5.21.2　决定创新能力的关键指标分析

（1）国民经济综合发展情况

2020年，云浮市实现地区生产总值1003亿元，居广东省第21位，比上年增长8.7%。第一产业生产总值为193亿元，比上年增长11.6%，对地区生产总值的贡献度为19.3%；第二产业生产总值为312亿元，同比增长9.1%，对地区生产总值的贡献度为31.1%；第三产业生产总值为497亿元，同比增长7.3%，对地区生产总值的贡献度为49.6%。三次产业结构为19.3∶31.1∶49.6

（图5-182）。

2020年，云浮市户籍人口为302.11万人，人均生产总值为42 049元，排广东省第17位，低于广东省平均水平（88 210元）46 161元，差距仍然较大。总体而言，云浮市国民经济综合发展较广东省其他地市仍处于起步阶段，存在很大的发展空间。

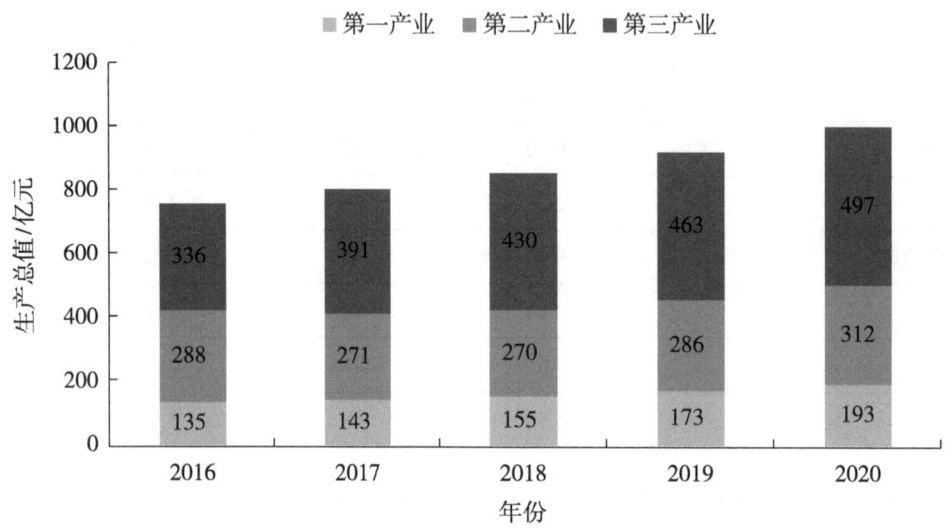

图5-182　2016—2020年云浮市三次产业生产总值

2020年，云浮市城市人均可支配收入为28 329.77元，同比增长5.7%；农村人均可支配收入为17 776.90元，同比增长6.8%（图5-183）。云浮市城乡人均可支配收入比2016年为1.68，到了2020年则为1.59。城乡人均可支配收入比下降了0.09，云浮市城乡人均可支配收入比呈不断缩小趋势，说明云浮市城乡发展趋于平衡。

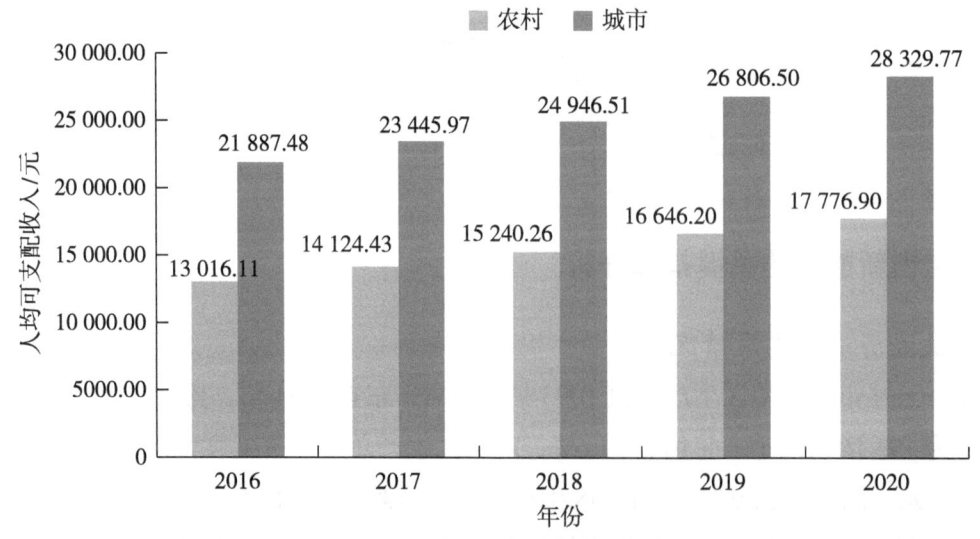

图5-183　2016—2020年云浮市农村和城市人均可支配收入

（2）工业发展情况

2020年，云浮市规模以上工业企业共有383家，比上年增加28家，同比增长7.89%（图5-184），实现利润总额47.6亿元。规模以上工业增加值为147.47亿元，同比增长3.7%。其中，国有及国有控股企业同比增长1.9%，外商及港澳台商投资企业同比增长0.1%，股份制企业同比增长5.6%。分轻重工业看，轻工业同比增长5.9%，重工业同比增长2.9%。分企业规模看，大型企业同比下降5.1%，中型企业同比增长6.3%，小微型企业同比增长6.3%。2020年，云浮市工业总产值为578.59亿元，比2019年上涨11%。2020年，云浮市规模以上工业企业实现营业收入577.18亿元，同比上涨5.79%（图5-185）。2020年，云浮市规模以上工业企业资产贡献率为11.5%，比2019年下降0.4个百分点。

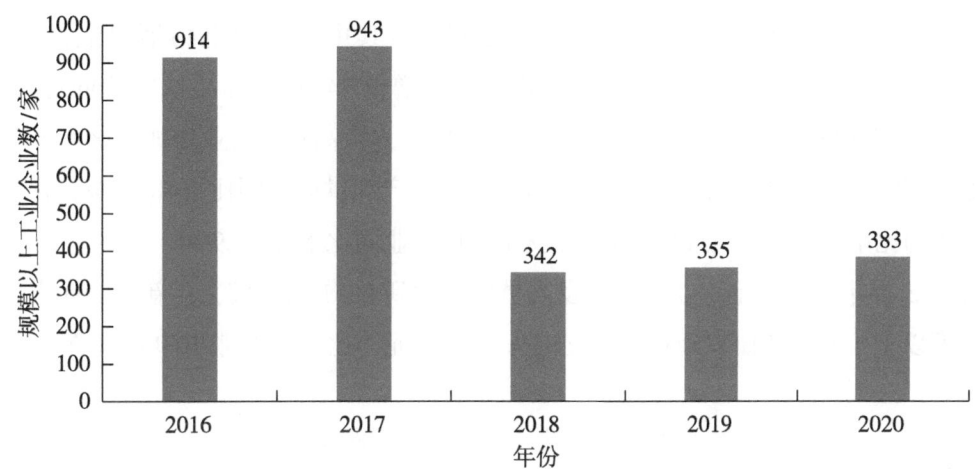

图5-184　2016—2020年云浮市规模以上工业企业数

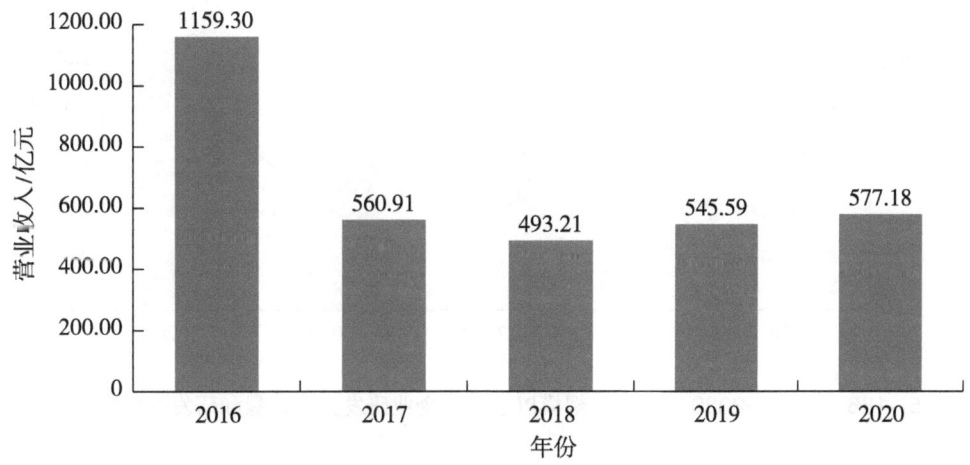

图5-185　2016—2020年云浮市规模以上工业企业营业收入

高技术制造业增加值比上年上升16.8%，占规模以上工业增加值的比重为11.2%，比上年提升0.5个百分点。其中，医药制造业同比增长2.7%，电子及通信设备制造业同比下降19.5%，医疗设备及仪器仪表制造业同比增长70.5%。

2020年，先进制造业增加值比上年增长0.4%，占规模以上工业增加值的比重为24.2%，比上年下降2.6个百分点。其中，高端电子信息制造业同比下降16.3%，生物医药及高性能医疗器械制造业同比增长2.8%，先进装备制造业同比增长13.9%，先进轻纺制造业同比下降2.1%，新材料制造业同比增长36.4%，石油化工产业同比增长2.3%。

2020年，装备制造业增加值比上年增长6.0%，占规模以上工业增加值的比重为13.9%，比上年提高1.1个百分点。其中，电气机械和器材制造业同比下降30.5%，计算机、通信和其他电子设备制造业同比下降11.6%，汽车制造业同比增长22.4%。

2020年，优势传统产业增加值比上年增长3.9%。其中，家用电力器具制造业同比增长40.4%，建筑材料业同比增长2.8%，金属制品业同比增长24.6%，食品饮料业同比增长6.0%，家具制造业同比下降39.9%，纺织服装业同比下降26.3%。六大高耗能行业增加值比上年增长4.8%。其中，非金属矿物制品业同比增长4.6%，电力、热力生产和供应业同比下降2.8%，化学原料和化学制品制造业同比增长3.5%，有色金属冶炼及压延加工业同比下降46.9%。

2020年，云浮市规模以上工业企业研发人员数量达到2051人，较上年新增804人，同比增长64.47%。规模以上工业企业研发经费内部支出为2.43亿元，比上年上涨10.96%（图5-186）。

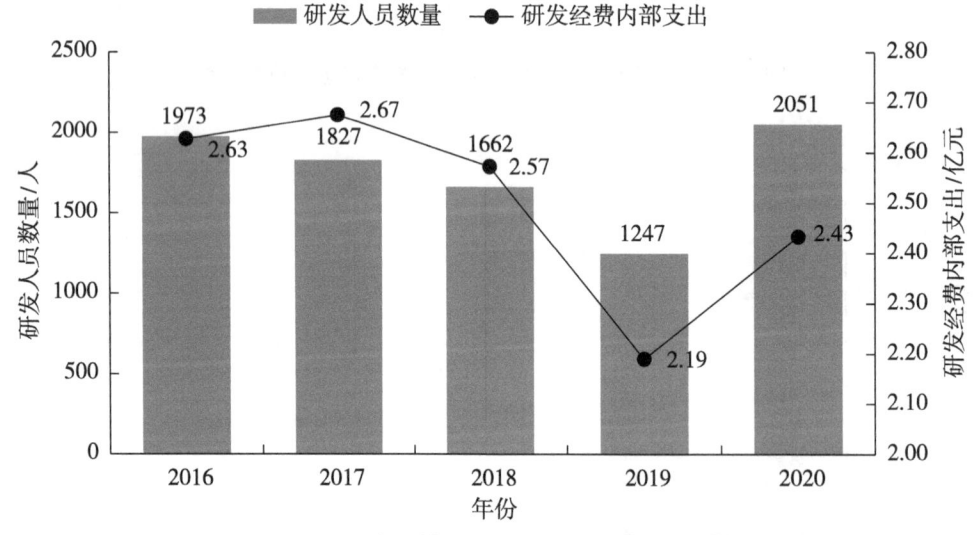

图5-186 2016—2020年云浮市规模以上工业企业研发人员数量和研发经费内部支出

（3）科技发展情况

在科技创新方面，2020年云浮市地方财政科技拨款为34 976万元，同比下降18.32%，地方财政科技拨款占地方财政支出的比重为1.33%。2020年云浮市R&D经费为2.69亿元，R&D经费占

GDP 的比重为 0.27%，与 2019 年持平（图 5-187）。

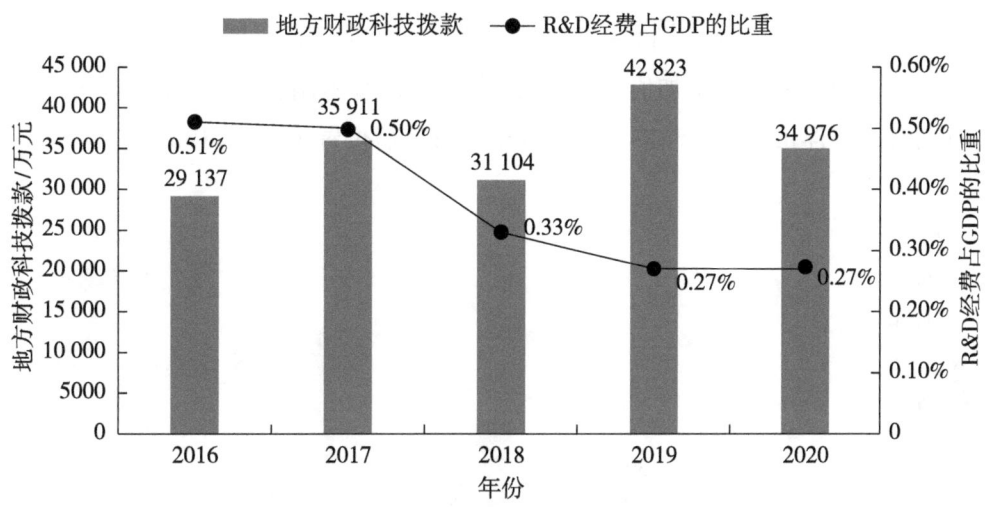

图 5-187 2016—2020 年云浮市地方财政科技拨款和 R&D 经费占 GDP 的比重

2020 年，云浮市有效发明专利拥有量达到 371 件，比上年增长 19.68%。专利授权量为 1915 件，比上年增长 41.95%，其中，发明专利授权量为 72 件。PCT 国际专利申请量为 3 件。万人发明专利拥有量为 1.46 件（图 5-188）。

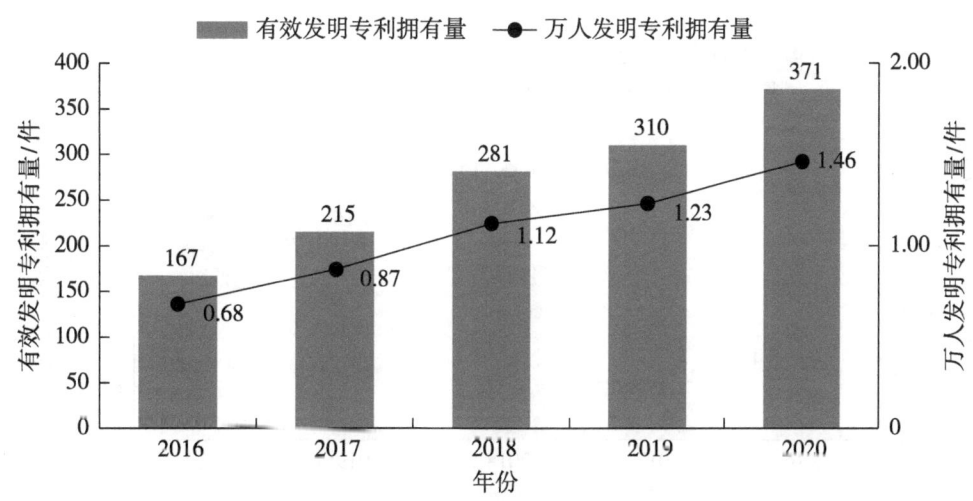

图 5-188 2016—2020 年云浮市有效发明专利拥有量和万人发明专利拥有量

2020 年，云浮市有国家工程技术研究中心 1 家、省工程技术研究中心 35 家、市工程技术研究中心 49 家，省重点实验室 2 家，国家企业技术中心 1 家、市企业技术中心 13 家。截至 2020 年年底，获得资质认定计量认证的实验室为 72 家，获得质量、环境、职业健康三大管理体系认证的企业分别为 249 家、127 家和 92 家，获得 3C 产品认证的企业为 33 家。

（4）新经济发展情况

2020年，云浮市拥有96家高新技术企业，较上年年新增17家，同比上涨21.52%。云浮市高新技术企业数连续5年保持增长（图5-189）。2020年，云浮市高新技术产品产值达373.3亿元，同比下降1.93%。高技术制造业增加值达到16.54亿元，高技术制造业增加值占规模以上工业增加值的比重达11.2%，云浮市高技术制造业发展处于全省靠后位置（图5-190）。

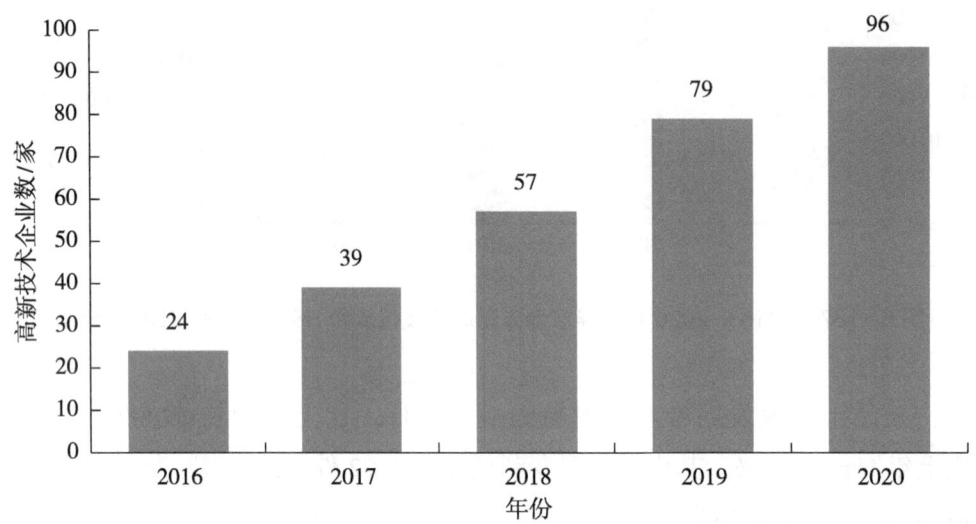

图5-189　2016—2020年云浮市高新技术企业数

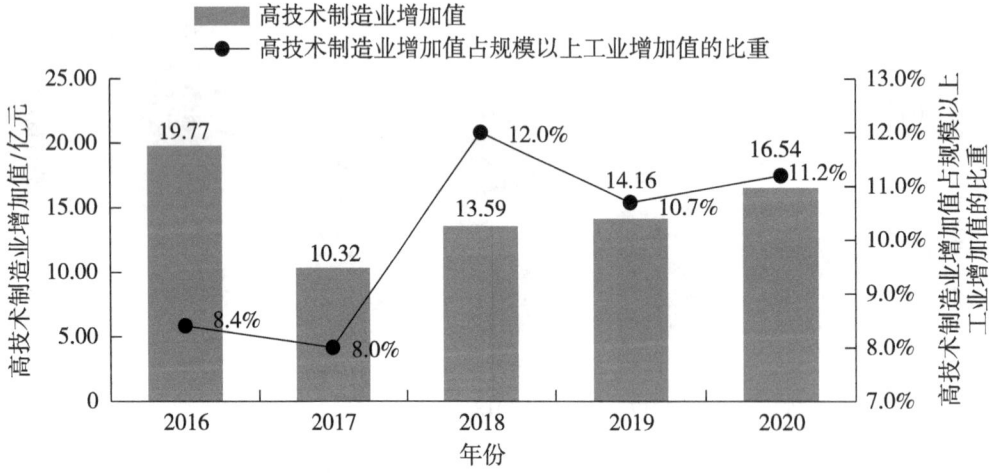

图5-190　2016—2020年云浮市高技术制造业发展情况

2020年，云浮市数字普惠金融指数达到246.38，排全国第191位、广东省第20位。分指标分析，覆盖宽度全国排第232位，低于数字普惠金融指数排名，省内排第20位；使用深度全国排第119位，高于数字普惠金融指数排名，省内排第20位；数字化程度全国排第198位，低于数字普惠金融指数排名，省内排第15位（表5-66）。

表 5-66　2020 年云浮市数字普惠金融综合指标

指标名称	指标值	全国排名	广东排名
数字普惠金融指数	246.38	191	20
覆盖宽度	231.75	232	20
使用深度	251.57	119	20
数字化程度	285.27	198	15

数据来源:《北京大学数字普惠金融指数（2011—2021）》。

5.21.3　主要企业和行业创新活动分析

云浮市把打造一流营商环境作为工作的重点，持续深化"放管服"改革，全面推动政务服务效能提档升级。近几年，大力支持信息技术应用创新产业发展，着力推动一批信息技术应用创新和数字经济产业项目在云浮市落地，创新"应用+研发+产业"发展模式。例如，云宏信息科技股份有限公司为国内最早拥有自主知识产权、深耕信创产业的云计算基础软件厂商，正着力打造全国信创应用的标杆。此外，云浮市也着力发展汽车零部件企业。广东溢康通空气弹簧有限公司大力建设省级电控空气减震工程技术研究中心，目前已拥有近 40 件技术专利，率先突破技术壁垒，成功研发电控空气减震器，填补了国内空白，并在磁流变减震和 CDC 减震研发上取得突破性进展，其产品部分技术指标已达到或超过国外同类产品水平。云浮市着力提升中小企业技术创新能力，解决中小微企业融资难、融资贵等问题，推动中小微企业绿色可持续发展，降低中小企业生产经营成本，促进中小企业上规模，优化经济发展环境，推动中小微企业平稳有序发展，加大政策扶持力度，不断优化企业服务，从而进一步推动全市民营经济发展，为民营经济发展提供坚实保障。根据中国企业联合会、中国企业家协会发布的数据，在 2021 中国企业 500 强榜单中，云浮市有 1 家企业入围（表 5-67）。

表 5-67　云浮市入围 2021 中国企业 500 强榜单的企业

序号	企业名称	营业收入/亿元	排名
1	温氏食品集团股份有限公司	749.39	279

数据来源：中国企业联合会、中国企业家协会发布的 2021 中国企业 500 强榜单。

（1）温氏食品集团股份有限公司

温氏食品集团股份有限公司（简称"温氏股份"）创立于 1983 年，2020 年温氏股份实现营业收入 749.39 亿元，利润总额达 79.72 亿元，居《财富》中国 500 强第 138 位。2015 年 11 月 2 日，温氏股份在深交所挂牌上市（股票代码：300498）。截至 2021 年年底，温氏股份在全国 20 多个省拥有402家控股公司，员工数达到52 809名。现已发展成为一家以畜禽养殖为主业并配套相关业务的跨地区现代农牧企业集团，为农业产业化国家重点龙头企业、国家级创新型企业，组建有国家生猪种业工程技术研究中心、国家企业技术中心、博士后科研工作站、农业部重点实验室等重要科研平台，并与多家高校院所长期开展深度的产学研合作。温氏股份掌握了畜禽育种、饲料营养、疫病防治等方面的关键核心技术，拥有多项国内领先、世界先进的育种技术，完成了"原料采购—畜禽养殖—屠宰加工—终端门店"贯通的全产业链条构建。

截至2020年6月30日，温氏股份累计获得国家级科技奖项8项、省部级科技奖项58项，畜禽新品种9种（其中猪2种，鸡7种），新兽药证书37项，国家计算机软件著作权63件；拥有有效发明专利142件（其中美国发明专利3件）、实用新型专利266件。近年来，温氏股份积极推动传统养殖业转型升级，构建了适合中国农村实际的养殖业现代化生产方式，在生产技术科学化、生产规模化和信息化等方面持续发力。一方面，通过推进现代化家庭农场建设，推动"公司+农户（家庭农场）"模式向"公司+养殖小区"模式发展，促进了中国养殖业由农民散养向规模化养殖的转变；另一方面，注重科研创新，通过研发关键核心养殖技术、推广高效智能化生产方式，引领养殖业现代化发展。

温氏股份的不断发展存在4个驱动力——文化驱动力、模式驱动力、技术驱动力和资本驱动力，其践行"齐创共享"型企业文化，通过生物技术、农牧设备提升劳动效率，通过信息技术提升管理效率，通过资本力量构建温氏特色的产业链生态圈。

（2）广东惠云钛业股份有限公司

广东惠云钛业股份有限公司（简称"惠云钛业"）是云浮市比较有名的上市企业，属于材料行业。惠云钛业成立于2003年9月28日，主要从事钛白粉产品的研发、生产和销售，产品为金红石型钛白粉、锐钛型钛白粉系列。惠云钛业以"发展循环经济，创造绿色未来"为使命，采用清洁联产硫酸法工艺生产钛白粉，是一家具有独特循环经济优势的区域龙头钛白粉企业。注册资本为4.0亿元，占地面积约为40万平方米，员工逾1000人，拥有钛白粉产能近10万吨/年，总销售额超15亿元。

惠云钛业已建立质量、环境、职业健康安全管理体系，并通过ISO 9001、ISO 14001、ISO 45001标准认证，产品质量达到国际先进水平。金红石型钛白粉有：R-K95、R-666、R-668、R-18、R-2021。锐钛型钛白粉有：HTA-301、HTA-201。产品具有粒度分布均匀、高稳定性、高白度、带蓝相、高亮度、高纯度、高遮盖力、高分散性等优点，受到国内外用户的高度认可。

惠云钛业依托当地丰富的硫铁矿资源，与云浮市水泥、石材等支柱产业紧密结合，在国内首创并形成了完整的"硫—钛—铁—钙"循环经济产业链，实现了以废治废和资源综合利用，提高了经济效益和环境效益，是我国第一家硫酸法钛白粉清洁生产和循环经济产业链示范基地。惠云钛业先后被评为高新技术企业、广东省清洁生产企业、广东省省级企业技术中心和广东省

"硫—钛—铁—钙"产业工程技术研究中心等。产品广泛应用于涂料、塑料、造纸、印刷油墨、橡胶、化纤、陶瓷、化妆品、食品、医药、电子工业、微机电、汽车和环保工业等领域，畅销全国并出口葡萄牙、俄罗斯、土耳其、巴西、墨西哥、韩国、马来西亚、菲律宾、印度、越南和新加坡等国家。

5.21.4 政府部门引导创新的典型做法

云浮市坚持以提高科技自主创新能力为核心，以推进产业转型升级为重点，着力在提升关键核心技术攻关能力、推进创新平台建设、服务产业发展和乡村振兴等方面，不断增强科技创新服务水平，各项工作取得了明显成效。例如，推动氢能燃料电池、超高速电机、现代种业等领域的关键技术攻关和石材智能化装备制造、不锈钢、南药等产业共性技术攻关，并实现重大科技成果转化。创新平台建设取得重大突破，成功打造一批具有云浮特色创新平台；科技创新支撑能力显著增强，高技术制造业、先进制造业增加值显著提高；科技创新赋能乡村振兴成效显著，创建国家农业科技园区和省级农业科技园区，赋能农业产业做大做强；科技创新创业环境持续优化，制定"1+10"系列创新驱动发展政策文件，推动落实企业研发费用税前加计扣除、高新技术企业税收优惠等普惠性政策，创新政策环境不断优化。

在模式创新上，云浮市推出"双区合一+一区多园"发展模式，构建定位明确、产业集聚、优势互补、特色突出的"一核两翼"创新发展格局，发挥产业园的集聚力，重点发展金属智造、氢能、生物医药等特色产业。大力推进以钢铁、汽车零部件为主导的制造业，以氢能汽车制造为主的氢能产业和以南药为主的生物医药产业为"3"，信息技术应用创新产业为"1"的"3+1"产业发展，加大金属智造、氢能、信创、南药等产业创新资源的引进和整合力度。发挥广东药科大学资源优势，协助推动药用资源种质库及南药研发中心等项目建设，形成定位清晰、布局合理、功能科学的发展格局，推动产业链纵向延伸、价值链高端跃迁。同时，现代物流业、文旅产业、服务业等正逐步形成新的经济增长点。

云浮市出台《云浮市促进工业经济平稳增长行动方案》，分别从全面落实减税降费政策、加大金融对实体经济支持力度、保障生产要素供应和稳定物价、抓好招商引资和项目建设、强化资源要素保障、持续做大做强做优产业链、持续促进消费带动生产、持续提高企业发展质量和效益等方面加大对工业经济的政策支持力度。涉及企业创新方面，要全面落实减税降费政策，包括中小微企业设备器具税前扣除、制造业中小微企业税费缓缴延期、"六税两费"减免扩围、降低企业社保负担、房屋租金减免等政策及组织开展涉企收费专项检查；加大金融对实体经济支持力度方面，包括加强信贷政策评估督导、加大对小微企业信贷支持力度、引导金融系统向实体经济让利等；抓好招商引资和项目建设方面，包括加强对制造业重大项目服务和支持、支持清洁能源产业发展、加快新型基础设施项目建设等；持续提高企业发展质量和效益方面，包括大力支持企业成长、支持制造业数字化转型。

云浮市还出台了《云浮市 2020 年促进重点群体就业创业十项服务活动工作方案》，切实抓好高校毕业生、贫困劳动力、农民工、退役军人、就业困难人员等重点群体就业创业服务工作，促进其更高质量就业创业。

5.21.5 小结

云浮市在"十三五"期间的科技创新工作取得了良好成效，但云浮市作为广东省经济欠发达地区的基本情况没有发生改变，仍存在科技创新投入不足、科技创新各项指标排名在全省仍处于相对靠后的状态、与高质量发展要求还存在一定差距等问题。具体包括：高校院所数量少，原始创新能力弱；企业自主创新能力不强、创新主体地位还不够突出；产学研合作形式较为单一；科技服务机构数量少，社会化科技服务体系尚未形成；科技金融结合不够紧密，高层次人才匮乏，科技管理体制机制尚待健全。总体而言，云浮市科技创新发展依然面临着较大困难和挑战。"十四五"时期，云浮市要面向国家和广东省发展战略，聚焦科技创新短板，充分发挥科技创新的后发优势，从国内外新形势、新格局中找准新坐标，从广东省赋予云浮市的新使命中找准新定位，围绕产业链部署创新链，聚焦重点产业关键核心技术攻关，改造提升传统优势产业，培育创新发展新动能，推动科技创新有力支撑乡村振兴和高质量发展。围绕市委"打造粤北生态发展新高地、建设高质量发展的美丽云浮"的目标定位，立足"一区"、融入"一核"、协同"一带"，紧扣创新联动传导，坚持以推动高质量发展为主线，聚焦高水平科技自立自强，主动融入"双区"、两个合作区提质发展，聚力打造具有云浮特色科创平台，深度激发企业创新主体作用，大力集聚科创人才"第一资源"，全面加速创新要素在云浮市落地转化，促进科技创新能力迈向新台阶，为实现云浮市高质量发展提供科技支撑。

第6章　区域创新能力评价的方法与意义

6.1　区域创新能力评价的意义

自20世纪90年代以来，区域创新体系逐渐受到学者的关注（Cooke，1997）。从理论上讲，在丰富创新系统理论体系的同时，它还有自身的重要意义。首先，区域创新体系的研究将创新的变量延伸到空间的维度，使创新体系有了地理的内涵，丰富了国家创新体系的研究内容；其次，区域创新体系让创新资源配置中的区域极化与均衡成为一个重要的研究命题；最后，区域创新体系的研究为各级政府对创新的政策支持、规制模式等相关研究提供了多样性的支撑。

从现实意义上讲，区域创新能力的评价，一方面，可以为广东省政府提供协调区域发展的新模式，为创新提供更多更大的空间；另一方面，也可以为地方政府推动当地经济工作提供新的思路，更加突出创新在区域发展中的地位，发挥地方政府在产业升级和经济发展方式转变中的能动作用。

6.2　评价体系与分析框架

在本报告中，一个地区的创新能力是指该地区创新能力与其他地区相比的相对排名，不是该地区创新能力的直接衡量。评价一个地区的创新能力，需要一套较好的指标。指标的选取、指标的数量、权重的选取及指标中主观与客观指标的比例，都影响到最终创新能力的排名。因此，我们在指标选取、评价方法等多个方面都非常谨慎，本报告借鉴了包括《世界竞争力年鉴》《全球竞争力报告》《全球创新指数报告》《国家创新指数报告》在内的诸多国内外知名报告，采用了《中国区域创新能力评价报告》的指标评价方法，并根据广东省创新体系的特征进行了适当的调整。

6.2.1　评价原则

第一，框架必须考虑区域创新体系建设情况，即强调研发机构、企业、政府等创新要素的网络化，把知识在几个要素间流动的程度作为衡量区域技术创新系统化的关键，同时也结合考虑数据可得性。

第二，框架必须考虑区域科技创新的链条建设。强调链条，首先是因为在大多数情况下，技术创新先是来自于一个创新的思想、发明或科技突破，其中大学、科研院所的知识创造活动是重要的创新来源。其次，有了很强的知识创造活动，不等于该地区就有较强的创新能力，科技实力强不等于技术创新能力强，许多地区没有较强的科技基础，但仍然有很高的技术创新能力。问题的关键是能否有效地利用全球范围内的各种知识为本地区的创新服务。因此，必须考虑知识流动或技术转移的能力。最后，技术创新的主体是企业，而不是科研部门或高校。因此，一个地区技术创新能力的高低关键是看企业有没有足够的创新动力和创新能力。我们在考察企业的技术创新能力时，注重引入创新链条来进行评价。因此，与已有的科技竞争力评价体系不同的是，本报告的指标框架强调企业是技术创新主体这一价值判断。

第三，框架强调创新环境建设的重要性。在市场经济体系下，衡量地方政府工作的重要内容不是传统的计划和干预的多少，而是如何创造一个有利于企业创新的环境。因为政府远离市场，不能直接指导企业的技术创新流动，其职能调整的关键就是从依赖计划转向创造创新环境来推动企业的技术创新。

6.2.2 指标体系

依据上述原则，我们在充分吸取以前评价经验的基础上，对指标体系进行了优化调整，提出了如表 6-1 所示的广东省区域创新能力评价指标体系，包括 5 个一级指标、17 个三级指标。一级指标包括创新投入、创新产出、产业升级、创新环境和创新绩效。其中，创新投入用来衡量地区对创新的投入和重视程度；创新产出用来衡量地区投入之后所获得的创新成果；产业升级用来衡量地区新旧转型的能力；创新环境用来衡量创新主体所处环境对创新活动的支持能力；创新绩效用来衡量持续创新对人民生活质量提高和生产技术水平提高的影响。

表 6-1 广东省区域创新能力评价指标体系

一级指标	二级指标	三级指标	一级指标	二级指标	三级指标
创新投入	人员投入	R&D 人员数量	创新环境	政策环境	地方财政科技拨款占地方财政支出的比重
		研发人员数量		市场环境	高新技术企业数
	经费投入	R&D 经费占 GDP 的比重		技术要素流动	技术市场成交合同金额占 GDP 比重
		研发经费内部支出占营业收入的比重		创新平台	省级以上重点实验室数量
创新产出	专利产出	万人发明专利拥有量			省级以上工程技术研究中心数量
		PCT 国际专利申请量占全省比重	创新绩效	生活质量	城市人均可支配收入
	产业创新	高新技术产品产值占工业总产值比重			农村人均可支配收入
产业升级	结构优化	第三产业生产总值占 GDP 比重		技术水平	全员劳动生产率
		高技术制造业增加值占规模以上工业增加值的比重			

6.2.3 评价方法

《广东省区域创新能力评价报告》采用《中国区域创新能力评价报告》的评价方法——加权综合评价法，基础指标无量纲化后，采用分级等权方式确定权重，分层逐级综合，最后得出每个地级市创新能力的综合指标值。

单一指标采用直接获取的区域数据来表示，在无量纲化处理时采用效用值法，效用值规定的值域是[0，100]，即该指标下最优值的效用值为100，最差值的效用值为0，计算方法如下：

如设i表示第i项指标，j表示第j个区域；

x_{ij}表示i指标j区域的指标获取值；

y_{ij}表示i指标j区域的指标效用值；

$x_{i\max}$——该指标的最大值；

$x_{i\min}$——该指标的最小值；

$$y_{ij} = \frac{x_{ij} - x_{i\min}}{x_{i\max} - x_{i\min}} \times 100。 \tag{6-1}$$

在效用值法的基础上，基于逐级等权法，计算得到各地区综合指标值和各维度指标值。加权计算是分层逐级进行的，以图6-1为例说明：

a、b、c分别表示分层；

$x(a, i)$，$x(b, i)$分别表示分层分区域的指标效用值，则计算时从右向左进行。

如计算b_i的指标值，设$x(b_i, i)$是区域i在b_i指标下的效用值；$x(c_i, i)$是区域i在c_i指标下的效用值。那么

$$x(b_1, i) = (x(c_1, i)f(c_1) + x(c_2, i)f(c_2) + \cdots + x(c_n, i)f(c_n))/n。$$

其中，n为对应指标数量。

以此类推，求出$x(b_2, i)$，$x(b_3, i)$，……

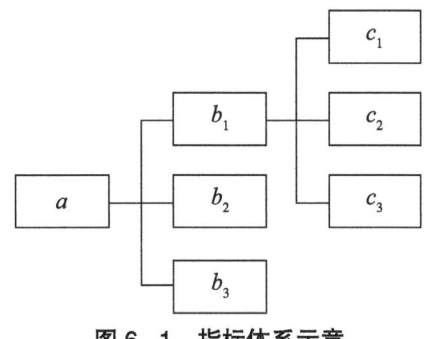

图6-1 指标体系示意

6.2.4 数据来源

为了保证研究的可检验性,本报告的数据均来源于公开出版的统计年鉴和政府工作报告,主要包括《广东统计年鉴》《中国火炬统计年鉴》、21个地市统计年鉴、《广东科技统计数据》、21个地市国民经济和社会发展统计公报、政府工作报告等。

此外,报告中也引用了部分公开数据来丰富报告内容,包括《北京大学数字普惠金融指数(2011—2021)》《全球创新指数报告》、Incopat 国际专利数据库等。